Daniel Wolf

Doppik und Rechnungslegung der Evangelischen Kirche in Deutschland

Eine kritische Analyse unter besonderer Berücksichtigung der Immobilienbewertung

Die Deutsche Nationalbibliothek verzeichnet diese Publikation in
der Deutschen Nationalbibliografie; detaillierte bibliografische
Daten sind im Internet über http://dnb.d-nb.de abrufbar.

Zugl.: Chemnitz, Univ., Diss., 2014

ISBN 978-3-8487-1480-3 (Print)
ISBN 978-3-8452-5521-7 (ePDF)

1. Auflage 2014
© Nomos Verlagsgesellschaft, Baden-Baden 2014. Printed in Germany. Alle Rechte, auch
die des Nachdrucks von Auszügen, der fotomechanischen Wiedergabe und der Übersetzung, vorbehalten. Gedruckt auf alterungsbeständigem Papier.

Vorwort

Die vorliegende Arbeit wurde im Frühjahr 2014 von der Fakultät für Wirtschaftswissenschaften der Technischen Universität Chemnitz als Dissertation angenommen. Sie resultiert aus meiner beratenden Tätigkeit bei der Doppik-Umstellung in einer großen evangelischen Landeskirche. Hieraus entstand der Wunsch, sich dem Thema wissenschaftlich zuzuwenden.

Prof. Dr. Ludwig Gramlich und *Prof. Dr. Rainer Bossert* begleiten diese Dissertation. Dafür sage ich ihnen herzlich Danke. Ihre stetige Bereitschaft zum intensiven fachlichen Austausch trug nicht nur zur iterativen Verbesserung der Arbeit bei, sondern war auch ein wichtiger mentaler Stützpfeiler für mich. Eine bessere und fairere Betreuung als diese kann ich mir nicht vorstellen.

Meine Frau und meine Kinder haben die Rahmenbedingungen geschaffen, um mein Ziel zu erreichen. Ihnen widme ich dieses Buch.

Ulm, im Sommer 2014　　　　　　　　　　　　　　　　　　　*Daniel Wolf*

Inhaltsverzeichnis

Abkürzungsverzeichnis	13
Tabellenverzeichnis	15
1 Einleitung	17
1.1 Problemstellung und Zielsetzung	17
1.2 Gang der Untersuchung	22
2 Grundlagen der Doppik-Reform in der EKD	25
2.1 Verfassungs- und kirchenrechtliche Grundlagen der Doppik	25
2.1.1 Verfassungsrechtliche Grundlagen	25
2.1.1.1 Begriff und Quellen des Staatskirchenrechts	25
2.1.1.2 Inhalte des kirchlichen Selbstbestimmungsrechts	27
2.1.1.3 Haushaltsrecht und Doppik als kirchliche Selbstbestimmungsrechte	30
2.1.2 Gesetzgeberische Kompetenzverteilung in der EKD	32
2.1.2.1 Normsetzungskompetenz der Landeskirchen	32
2.1.2.2 Normsetzungskompetenz der EKD	34
2.1.2.3 Fehlende einheitliche gesamtkirchliche Rechtsetzung	36
2.2 Materialien zur Doppik-Reform in der EKD	38
2.2.1 Initiativen der EKD zur Weiterentwicklung der kirchlichen Rechnungslegung	38
2.2.2 Haushaltsrichtlinien der EKD	40
2.2.3 Bilanzierungs- und Bewertungsrichtlinien der EKD	42
2.2.4 Reformstand in den Landeskirchen Hannovers, im Rheinland und in Baden	43
2.3 Zusammenhänge mit dem nicht-kirchlichen Bilanzrecht	45
2.3.1 Historischer Abriss handels- und kommunalrechtlicher Rechnungslegung	45
2.3.1.1 Anfänge der kodifizierten Rechnungslegung im 16. und 17. Jahrhundert	45
2.3.1.2 Entwicklung der Rechnungslegung in Deutschland seit dem 18. Jahrhundert	46

2.3.1.3 Entwicklung kommunaler Rechnungslegung
seit dem 20. Jahrhundert 48
2.3.2 Einfluss nicht-kirchlicher Doppik-Vorschriften auf
den Reformprozess in der EKD 50
2.3.2.1 Einfluss des Handelsrechts 50
2.3.2.2 Einfluss des Kommunalrechts 51
2.3.2.3 Kirchliches Bilanzrecht als Ausfluss nicht-
kirchlicher Regelungen 52

3 Aspekte der Aufgaben des kirchlichen Jahresabschlusses vor dem Hintergrund handelsrechtlicher Ansätze und Probleme 54
3.1 Handelsrechtliche Abschlusszwecke 54
3.1.1 Abschlusszwecke im Lichte klassischer
Bilanzauffassungen 54
3.1.1.1 Statische Bilanzauffassungen 54
3.1.1.2 Dynamische Bilanzauffassungen 57
3.1.1.3 Organische Bilanzauffassungen 59
3.1.2 Hauptfunktionen handelsrechtlicher Rechnungslegung 61
3.1.2.1 Interdependenzen von Abschlusszwecken und
Grundsätzen ordnungsmäßiger Buchführung 61
3.1.2.2 Abschlusszweck Kapitalerhaltung 63
3.1.2.3 Abschlusszweck Rechenschaft 66
3.1.3 Handelsrechtliche Grundsätze ordnungsmäßiger
Buchführung 68
3.1.3.1 Begriff und Übersicht handelsrechtlicher
Grundsätze ordnungsmäßiger Buchführung 68
3.1.3.2 Zusammenhang von Grundsätzen ordnungsmäßiger Buchführung und Generalnorm 71
3.1.3.3 Betriebswirtschaftliche Deduktion von
Grundsätzen ordnungsmäßiger Buchführung
aus Werturteilen 73
3.2 Betrachtung möglicher kirchlicher Abschlusszwecke 76
3.2.1 Auswertung von Rechtsquellen zum kirchlichen
Jahresabschluss 76
3.2.1.1 Haushaltsrichtlinie der EKD 76
3.2.1.2 Weitere Materialien 78
3.2.2 Versuch einer Identifikation kirchlicher bilanzieller
Werturteile 79
3.2.2.1 Mögliche Werturteile und Rechnungszwecke
der kirchlichen Rechnungslegung 79
3.2.2.2 Möglicher Gewinnbegriff der EKD 82

            3.2.2.3 Unsicherheiten bezüglich bilanzieller
                    Werturteile   84
        3.2.3 Exemplarische Diskussion weiterer denkbarer
              Abschlusszwecke   86
            3.2.3.1 Möglichkeiten und Grenzen der Darstellung
                    einer ‚finanziellen Bedürftigkeit'   86
            3.2.3.2 Innerkirchlicher Finanzausgleich   89
    3.3 Gemeinsamkeiten und Unterschiede handelsrechtlicher
        und kirchlicher Abschlusszwecke   92
        3.3.1 Anwendbarkeit der klassischen Bilanzauffassungen   92
            3.3.1.1 Kritik an den klassischen Bilanzauffassungen   92
            3.3.1.2 Auf kirchliche Abschlüsse übertragbare
                    Aspekte   94
        3.3.2 Anwendbarkeit handelsrechtlicher Abschlusszwecke   97
            3.3.2.1 Kapitalerhaltungsfunktion   97
            3.3.2.2 Gläubigerschutz   98
            3.3.2.3 Rechenschaftsfunktion   100
        3.3.3 Probleme der Anwendbarkeit von Grundsätzen
              ordnungsmäßiger Buchführung im kirchlichen
              Abschluss   102
            3.3.3.1 Fehlender Begriff der Grundsätze
                    ordnungsmäßiger Buchführung in der
                    Haushaltsrichtlinie   102
            3.3.3.2 Notwendigkeit von Grundsätzen ordnungs-
                    mäßiger Buchführung   104
            3.3.3.3 Grenzen einer bilanziellen Generalnorm   105
    3.4 Praktische Bedeutung der Abschlusszwecke am Beispiel
        des Paradigmenwechsels der Landeskirchen in Baden
        und im Rheinland   109
    3.5 Handlungsvorschläge   111

4 Formelle und materielle Besonderheiten der Rechnungslegung
  der EKD   112
    4.1 Grundlagen der kirchlichen Rechnungslegung   112
        4.1.1 Formelle Bestandteile der Rechnungslegung der
              EKD und ausgewählter Landeskirchen im Vergleich   112
        4.1.2 Aspekte der Publizität der kirchlichen Rechnungs-
              legung   116
        4.1.3 Begriff und Bedeutung der Eröffnungsbilanz   118
    4.2 Kirchliche Besonderheiten in der Eröffnungsbilanz   120
        4.2.1 Bewertung von Immobilien   120

Inhaltsverzeichnis

	4.2.2	Bewertung des Reinvermögens über die Eigenschaft als Residualgröße hinaus	123
	4.2.3	Kritische Würdigung der Bewertungsspielräume des Reinvermögens	127
4.3	Kirchliche Besonderheiten der laufenden Rechnungslegung		130
	4.3.1	Bildung und Bewertung von Rücklagen	130
	4.3.2	Bildung, Ausweis und Bewertung von Finanzanlagen	133
	4.3.3	Kritische Würdigung der Bewertungsspielräume	134
4.4	Tabellarische Zusammenfassungen der Vor- und Nachteile der kirchlichen Doppik, auch gegenüber der Kameralistik		138
4.5	Handlungsvorschläge		142

5 Die Immobilienbewertung in der Eröffnungsbilanz – Darstellung, Problematik und kritische Würdigung   144

5.1	Thematische Einordnung und Relevanz		144
	5.1.1	Wirtschaftliche Bedeutung	144
	5.1.2	Bilanzielle Bedeutung	145
	5.1.3	Regelungen der Landeskirchen, der öffentlichen Verwaltung und des Baurechts als methodischer Bezugsrahmen	147
5.2	Bilanzierung von Grundstücken nach landeskirchlichen sowie kommunal- und baurechtlichen Regelungen		150
	5.2.1	Grundstücksbewertung ausgewählter Landeskirchen im Vergleich zur EKD	150
		5.2.1.1 Evangelisch-lutherische Landeskirche Hannovers	150
		5.2.1.2 Evangelische Kirche im Rheinland	151
		5.2.1.3 Evangelische Landeskirche in Baden	152
		5.2.1.4 Tabellarische Gegenüberstellungen zur Grundstücksbewertung	153
		5.2.1.5 Rechenbeispiel zu den Auswirkungen unterschiedlicher Bewertungsverfahren	159
	5.2.2	Bewertung von Grundstücken nach Vorschriften für die öffentliche Verwaltung	163
		5.2.2.1 Bewertung nach IDW ERS ÖFA 1	163
		5.2.2.2 Bewertung nach den IPSAS	165
		5.2.2.3 Bewertungsaspekte ausgewählter Bundesländer mit Rechenbeispiel	167
		5.2.2.4 Implikationen für die Rechnungslegung der EKD	171

	5.2.3			Verkehrswertermittlung von Grundstücken nach baurechtlichen Vorschriften	172
		5.2.3.1		Grundzüge der Wertermittlung von Immobilien	172
		5.2.3.2		Gemeinbedarfsgrundstücke als Sonderfall der Wertermittlung	175
		5.2.3.3		Wertermittlung kirchlicher Grundstücke als Sonderimmobilien	177
		5.2.3.4		Implikationen für die Rechnungslegung der EKD	179
5.3	Kritische Würdigung der Immobilienbewertung					180
	5.3.1			Würdigung der Bilanzierung von nicht realisierbaren Immobilien	180
		5.3.1.1		Maßstab und Gegenstand der kritischen Würdigung	180
		5.3.1.2		Begriff Vermögensgegenstand in der Haushaltsrichtlinie der EKD	181
		5.3.1.3		Zulässigkeit von Erinnerungswerten für Kirchen und Kapellen	185
	5.3.2			Einzelfragen hinsichtlich der Verwendung von Zeitwerten bezüglich aller Immobilienarten	189
		5.3.2.1		Einschränkung des Zeitwertbegriffs im Lichte bestehender Bewertungsmöglichkeiten	189
		5.3.2.2		Vor- und Nachteile von Versicherungswerten	191
		5.3.2.3		Vor- und Nachteile von Sachwerten	193
		5.3.2.4		Bewertungsaspekte bei Grund und Boden	195
	5.3.3			Gesamtschau der Problematik der Grundstücksbewertung	197
		5.3.3.1		Tabellarische Zusammenfassungen zur Immobilienbewertung	197
		5.3.3.2		Grundstücksbewertung und das Dilemma des ‚Reichtums' der Kirchen	199
5.4	Handlungsvorschläge					201

6 Zusammenfassung 202

Rechtsquellenverzeichnis 207

Literaturverzeichnis 213

Abkürzungsverzeichnis

a. F.	alte Fassung
ABl.	Amtsblatt
Abs.	Absatz
AHK	Anschaffungs- und Herstellungskosten
AktG	Aktiengesetz
AllMBl.	Allgemeines Ministerialblatt
Art.	Artikel
Aufl.	Auflage
BAnz.	Bundesanzeiger
BGBl.	Bundesgesetzblatt
BVerfG	Bundesverfassungsgericht
bzw.	beziehungsweise
DM	Deutsche Mark
EG	Europäische Gemeinschaft
EKD	Evangelische Kirche in Deutschland
GBl.	Gesetzblatt
EUR	Euro
ff.	fortfolgende
GE	Geldeinheiten
ggf.	gegebenenfalls
GmbH	Gesellschaft mit beschränkter Haftung
GoB	Grundsätze ordnungsmäßiger Buchführung
GVBl.	Gesetz- und Verordnungsblatt
Hg.	Herausgeber
Hs.	Halbsatz
i.V.m.	in Verbindung mit
IDW	Institut der Wirtschaftsprüfer in Deutschland e.V.
IFAC	International Federation of Accountants
IFRS	International Financial Reporting Standard(s)
IPSAS(B)	International Public Sector Accounting Standard(s) (Board)
i.S.d.	im Sinne des
KABl.	Kirchliches Amtsblatt
lit.	Buchstabe
m^2	Quadratmeter
m^3	Kubikmeter

Abkürzungsverzeichnis

Mio.	Million(en)
Mrd.	Milliarde(n)
NHK	Normalherstellungskosten
Nr.	Nummer
o.J.	ohne Jahresangabe
OECD	Organisation for Economic Co-operation and Development
RBW	Restbuchwert
RGBl.	Reichsgesetzblatt
s.	siehe
S.	Seite(n)
sog.	sogenannte(r/s/n)
Sp.	Spalte
T	Tausend
Tz.	Textziffer
vgl.	vergleiche

Bezüglich der Abkürzungen von Gesetzen, Richtlinien, Standards und ähnlichen Verlautbarungen wird auf das Rechtsquellenverzeichnis verwiesen.

Tabellenverzeichnis

Tabelle 1:	Aufbau der Haushaltsrichtlinie der EKD	41
Tabelle 2:	Vergleich von Kapitalbegriffen bei Inflation	61
Tabelle 3:	Bewertungsgrundsätze und ‚true and fair view' in ausgewählten Haushaltsordnungen	113
Tabelle 4:	Bestandteile der Jahresabschlüsse ausgewählter Haushaltsordnungen	114
Tabelle 5:	Übersicht zu den Konsolidierungsgrundsätzen	115
Tabelle 6:	Aspekte der finanziellen Zielorientierung	138
Tabelle 7:	Aspekte der Transparenz	139
Tabelle 8:	Aspekte der Vollständigkeit	140
Tabelle 9:	Aspekte der Vergleichbarkeit	141
Tabelle 10:	Bewertungs- und Ausweisgrundsätze von Immobilien	154
Tabelle 11:	Bewertung von Grund und Boden, soweit die Anschaffungskosten unbekannt sind	155
Tabelle 12:	Besondere Bewertungsgrundsätze für Kirchen- und Kapellen-Gebäude	156
Tabelle 13:	Allgemeine Bewertungsgrundsätze für (sonstige) Gebäude, soweit fortgeführte Anschaffungskosten nicht ermittelbar sind	156
Tabelle 14:	Besonderheiten hinsichtlich Substanzerhaltungsrücklagen	158
Tabelle 15:	Bewertungsunterschiede bei einer Kirche	159

Tabellenverzeichnis

Tabelle 16:	Prämissen für die Erweiterung des Bewertungsbeispiels einer Kirche für bilanzielle Zwecke	161
Tabelle 17:	Berechnung der Erweiterung des Bewertungsbeispiels einer Kirche für bilanzielle Zwecke	162
Tabelle 18:	Bewertungsunterschiede bei Grundstücken im Kommunalrecht	170
Tabelle 19:	Aspekte der wirtschaftlichen Bedeutung kirchlicher Immobilien	197
Tabelle 20:	Bilanzielle Aspekte der Immobilienbewertung	198
Tabelle 21:	Auswirkungen der Gebäudebewertung auf die Liquidität	199

1 Einleitung

1.1 Problemstellung und Zielsetzung

Das gesellschaftliche Interesse und die Kritik an den Vermögensverhältnissen und Einkünften der christlichen Großkirchen in Deutschland haben in der jüngeren Vergangenheit deutlich zugenommen. Im Fokus dieser Kritik stehen vor allem die Finanzierung der Kirchen im Allgemeinen, staatliche Finanzierungsbeiträge an die Kirchen für deren subsidiäre Übernahme gemeinnütziger Aufgaben[1] sowie die anhaltenden kirchlichen Einnahmen aus der Entschädigungsverpflichtung des Staates infolge der Säkularisierung nach dem Reichsdeputationshauptschluss von 1803.[2] Verstärkt wird die Diskussion mit medialer Unterstützung, indem über spektakuläre Fälle kritisch und ausführlich berichtet wird, wie etwa im Jahr 2013 über die Ausgaben für den Umbau des Limburger Bischofssitzes. Da hierbei auch der Reichtum der Kirchen generell thematisiert wird,[3] erscheint eine Versachlichung nötig.

Im Rahmen dieser kritischen Äußerungen wird eine transparentere und weniger pauschale Offenlegung kirchlicher Finanzen verlangt. Ein Problem der Zurverfügungstellung, Offenlegung und Analyse solcher Informationen wird zurecht darin gesehen, dass die christlichen Großkirchen in sehr komplexen, konzernähnlichen Strukturen aufgebaut sind.[4] Insofern sind Kirchen mit Publikumsgesellschaften vergleichbar. Denn auch der Adressatenkreis der Großkirchen ist aufgrund der Zahl der Kirchenmitglieder[5] bzw.

---

[1] So wird beispielsweise in der Frankfurter Allgemeinen Sonntagszeitung kritisiert, die Zuschüsse aus öffentlichen Mitteln seien mit rund 19 Mrd. Euro (Basis 2009) größer als die Kirchensteuer der Evangelischen und Katholischen Kirchen, die sich auf rund 10 Mrd. Euro (Basis 2012) beziffert, vgl. hierzu Bollmann 2013.

[2] Die Staatsdotationen der Bundesländer betragen jährlich rund 0,5 Mrd. Euro. Vgl. zur Finanzierung der Kirchen die Tabellen bei Frerk 2010, S. 257, 259.

[3] Die Bild-Zeitung titelt im Zusammenhang mit dem Limburger Bischofssitz beispielsweise über »Milliarden-Geschäfte mit Immobilien, Bier, Wein und Fernsehen«, Rossberg und Saure 2013, S. 1 und 6.

[4] So Frerk 2010, S. 14-19; Schwarz 2005, S. 15-17.

[5] Rund 24,5 Mio. Menschen sind Angehörige der römisch-katholischen Kirche, 23,6 Mio. Menschen Angehörige der Evangelischen Kirche in Deutschland (Basis 2011), vgl. Evangelische Kirche in Deutschland 2013c, S. 4.

1 Einleitung

Kirchensteuerzahler sehr breit gestreut. Nicht zuletzt sind die Finanzen für die verantwortlichen kirchlichen Organe von elementarem Interesse, um knappe Ressourcen vor dem Hintergrund sinkender Mitgliederzahlen[6] bestmöglich messen und steuern zu können.

Im Rahmen dieser Arbeit sollen weder die Kirchenfinanzen generell noch die Vertretbarkeit bestimmter Einkünfte beurteilt werden. Vielmehr soll erörtert werden, welche Bemühungen derzeit von den Kirchen selbst in Richtung einer verständlichen und umfassenden Finanzberichterstattung ausgehen. Im Mittelpunkt stehen dabei die Reformbemühungen der Evangelischen Kirche in Deutschland (EKD) sowie dreier ausgewählter Landeskirchen. Diese zielen im Kern darauf ab, dass kirchliche Körperschaften Jahresabschlüsse erstellen müssen. Die EKD orientiert sich hierfür an den Vorschriften für Unternehmen sowie den reformierten Vorschriften für die öffentliche Verwaltung.

Der Ausgangspunkt der Reform besteht darin, die bislang bei Kirchen vorherrschende Kameralistik abzulösen. Die Grenzen der Kameralistik sollen am Beispiel der Evangelischen Kirche in Hessen und Nassau verdeutlicht werden, deren Berichterstattung als vergleichsweise transparent[7] gilt:

- Laut Haushalt für das Jahr 2012 wurden rund 590 Mio. Euro vereinnahmt und verausgabt. Die Einnahmen resultieren z. B. zu 76,7 % aus der Kirchensteuer und zu 10,5 % aus Rücklagenentnahmen. Wesentliche Ausgaben betrafen mit rund 299 Mio. Euro (50,7 %) die kirchliche Arbeit auf der Gemeinde- und Dekanatsebene und mit 129 Mio. Euro (21,8 %) das ‚allgemeine Finanzwesen', worunter auch Versorgungsleistungen fallen.[8]
- Die Evangelische Kirche in Hessen und Nassau geht über die Angabe des Haushalts hinaus. Sie erstellt eine Vermögensübersicht[9], wonach die Landeskirche Ende 2012 über eine allgemeine Rücklage von

---

6   Der EKD gehörten 1991 nach der Wiedervereinigung noch 29,2 Mio. Mitglieder an, vgl. Evangelische Kirche in Deutschland 2003. Somit sank die Zahl der Mitglieder von 1991 bis 2011 (23,6 Mio. Mitglieder) um 19,2 %.
7   So Vogelbusch 2012, S. 16.
8   Vgl. Evangelische Kirche in Hessen und Nassau 2013, S. 66-71.
9   Die Evangelische Kirche in Hessen und Nassau hat Teile des Vermögens und der Schulden bewertet. Somit können beispielsweise die Abschreibungen auf den Gebäudebestand den Substanzerhaltungsrücklagen zugeführt werden. Kirchen, die lediglich die einfache Kameralistik anwenden, können derartige Informationen in der Regel nicht darstellen. Dort sind also nur die Einnahmen und Ausgaben ersichtlich.

459 Mio. Euro und eine Kirchbaurücklage von 192 Mio. Euro verfügt.[10] Dabei ist der Begriff Rücklagen nach dem kameralen Sprachgebrauch zu verstehen und meint somit im Wesentlichen liquide Mittel oder Finanzanlagen (nicht etwa eine Position des Eigenkapitals). Wie sich diese ‚Rücklagen' zusammensetzen und bewertet wurden, ist ebenso wenig erläutert wie die Frage, ob weitere Rücklagen bestehen (Vollständigkeit).[11]

- Die Versorgungsstiftung besitzt ferner ein Vermögen von 549 Mio. Euro. Das entspricht angabegemäß einem Deckungsgrad von 97 % der Versorgungsansprüche.[12] Ein Rückschluss auf die sog. Pensionsrückstellung ist somit nur indirekt möglich, wobei der Jahresbericht auch keine Aussage zu den versicherungsmathematischen Annahmen enthält, die sich schon bei kleinen Änderungen erheblich auf die Bewertung von Pensionsrückstellungen auswirken würden.
- Ferner gehören der Landeskirche 56 Gebäude, die mit 160 Mio. Euro bewertet wurden und für die im Jahr 2012 eine Substanzerhaltungsrücklage von rund 10 Mio. Euro gebildet wurde.[13]

Der Evangelischen Kirche in Hessen und Nassau ist zugute zu halten, dass ihre Bemühungen zur Rechenschaft über die anderer kirchlicher Körperschaften hinausgehen.[14] In einem Zeitungsartikel wirbt die Landeskirche für ihr Finanzwesen, da sie doch einen Haushaltsplan mit 426 Seiten, den Haushalt nach Gruppierungen mit 140 Seiten und den Prüfungsbericht mit 137 Seiten publiziere.[15] Bei all diesen Bemühungen stößt jedoch der Rechnungsstil der Kameralistik systembedingt an seine Grenzen. Folgende grundlegende Fragen können damit nicht beantwortet werden:

---

10 Vgl. Evangelische Kirche in Hessen und Nassau 2013, S. 8-9.
11 Um Teile dieser Informationen zu erhalten, müsste der Leser auf weitere Berichte ausweichen. So enthält der Haushaltsplan für das Jahr 2014 beispielsweise ab S. 407 diverse Verzeichnisse zu Vermögen und Schulden zum Stichtag 31.12.2012 im Sinne der erweiterten Kameralistik, vgl. Synode der Evangelischen Kirche in Hessen und Nassau 2013.
12 Vgl. Evangelische Kirche in Hessen und Nassau 2013, S. 9.
13 Vgl. Evangelische Kirche in Hessen und Nassau 2013, S. 9. Die Vermögensübersicht im Jahresbericht der Evangelischen Kirche in Hessen und Nassau ist also inhaltlich erheblich enger zu verstehen als eine Bilanz im Sinne eines doppischen Jahresabschlusses. Wie der Immobilienbestand im Einzelnen bewertet wurde, geht aus dem Jahresbericht nicht hervor.
14 Einen in ähnlicher Weise um Vermögensübersichten ergänzten Haushalt präsentiert z. B. die EKD, s. hierzu Evangelische Kirche in Deutschland 2013b, S. 156-158.
15 Vgl. Schäfer 2013.

- Wie hoch ist das vollständig inventarisierte Vermögen einer kirchlichen Körperschaft und unter welchen Annahmen wurde es bewertet?
- Wie hoch sind die vollständig inventarisierten Rückstellungen und Verbindlichkeiten und wie wurden sie – insbesondere die Rückstellungen – bewertet?
- Wie hoch war der Gewinn oder Verlust im abgelaufenen Jahr?
- Wie haben sich die Liquidität bzw. der Liquiditätsstatus entwickelt, insbesondere wenn man neben den liquiden Mitteln und Finanzanlagen auch Verbindlichkeiten berücksichtigt?
- Wie ist die Vermögens-, Finanz- und Ertragslage einer Landeskirche insgesamt zu bewerten, wenn sämtliche eingegliederten Körperschaften und kontrollierten Beteiligungen im Wege der Konsolidierung berücksichtigt werden?

Statt mit vielen hundert Seiten wäre den Adressaten schon mit ‚drei Seiten' geholfen, die die Antworten zu den eben genannten Fragen in Form einer Bilanz, einer Gewinn- und Verlustrechnung sowie einer Kapitalflussrechnung geben, deren wesentliche Bewertungsgrundlagen daneben in einem prägnanten Anhang dokumentiert sind.

Um die Schwächen der Kameralistik zu beseitigen, begann eine Arbeitsgruppe im Jahr 2002 mit dem Entwurf neuer Rechnungslegungsvorschriften. Der Rat der EKD beschloss im Jahr 2006, dass statt der Kameralistik zukünftig nur noch die Rechnungsstile der Doppik oder der erweiterten Kameralistik zulässig sind. Die EKD verabschiedete hierfür entsprechende Haushaltsrichtlinien, an denen sich die Landeskirchen bei eigenen Reformprojekten orientieren sollen. Die Landeskirchen sind jedoch aufgrund ihrer rechtlichen Eigenständigkeit nicht dazu verpflichtet, die Haushaltsrichtlinien der EKD unverändert zu übernehmen. Hierdurch kommt es in den Landeskirchen zu Abwandlungen, die zu Bewertungsunterschieden führen.

Gegenstand der Untersuchung ist primär die von der EKD verlautbarte, als Leittext dienende ‚Ordnung für das kirchliche Finanzwesen auf der Basis der kirchlichen Doppik' (im Folgenden auch als Haushaltsrichtlinie der EKD, kurz: HHR-EKD bezeichnet). Die EKD strebt mit ihrer Reform – auf Grundlage der Änderung des Rechnungsstils – Verbesserungen bei Kriterien wie finanzielle Zielorientierung, Transparenz, Vollständigkeit und Vergleichbarkeit an. Ob Ziele wie ‚Vergleichbarkeit' erfüllt werden, kann naturgemäß nur in Verbindung mit den Rechnungslegungsvorschriften der Landeskirchen beurteilt werden. Deshalb werden zentrale Vorschriften dreier exemplarisch ausgewählter Landeskirchen[16] jenen der EKD gegenübergestellt.[17]

Ziel der vorliegenden Untersuchung ist, die Haushaltsrichtlinie der EKD vor dem Hintergrund der Aufgaben des kirchlichen Jahresabschlusses sowie seiner formellen und materiellen Besonderheiten zu würdigen. Dabei dienen die Vorschriften und Kommentierungen zum Handelsrecht sowie zur öffentlichen Verwaltung der thematischen Anknüpfung und als Ausgangspunkt für kritische Anmerkungen. Den thematischen Schwerpunkt bilden die Ansatz- und Bewertungsvorschriften für Immobilien. Die Landeskirchen und ihre Untergliederungen besitzen beispielsweise rund 75.000 Gebäude, sodass Immobilien neben dem Kapitalvermögen (dessen Bewertung vergleichsweise geringe Probleme verursacht) die wesentliche Vermögensposition der evangelischen Kirchen darstellen.

Bisherige wissenschaftliche Arbeiten decken den Untersuchungsgegenstand und die beschriebenen Untersuchungsziele nur in Teilbereichen ab und betrachten insbesondere die Rechnungslegung der Katholischen Kirche. *Leimkühler* widmet sich neben Fragen der Rechnungslegung auch der Prüfung und Publizität von Abschlüssen sowie der Verwendung von Rechnungslegungsdaten beispielsweise in der Kosten- und Leistungsrechnung.[18] Die Arbeit von *Thomes* konzentriert sich auf Fragen der Rechnungslegung der Katholischen Kirche unter besonderer Berücksichtigung der Pensionsverpflichtungen gegenüber Priestern.[19] Ferner ist die Arbeit von *Mertes* über Anforderungen an ein kirchliches Controlling zu erwähnen.[20]

16　Dabei handelt es sich um die Evangelisch-lutherische Landeskirche Hannovers, die Evangelische Kirche im Rheinland sowie die Evangelische Landeskirche in Baden.
17　Bei den Rechnungslegungsvorschriften wird der bis zum 31.12.2013 veröffentlichte Rechtsstand berücksichtigt.
18　S. Leimkühler 2004.
19　S. Thomes 2006.
20　S. Mertes 2000.

1 Einleitung

1.2 Gang der Untersuchung

Den Ausgangspunkt der Untersuchung bildet die Darstellung der Doppik-Reform der EKD in Kapitel 2. Die Rechnungslegung der EKD wird dort zunächst in einen verfassungs- bzw. kirchenrechtlichen Kontext eingeordnet. Aus diesem Kontext resultiert nicht nur die gesetzgeberische Eigenständigkeit der EKD, sondern vor allem auch die der Landeskirchen. Dies hat erhebliche Auswirkungen auf die Rechnungslegungsvorschriften und im Ergebnis auf deren Vergleichbarkeit. Ferner werden die Gesetzesmaterialien zur Doppik-Reform sowie deren Kernaussagen vorgestellt. Kapitel 2 schließt mit einem Abriss der historischen Entwicklung der kaufmännischen und kommunalen Doppik, um damit entstehungsgeschichtliche und inhaltliche Interdependenzen zur Haushaltsrichtlinie der EKD zu verdeutlichen.

Kapitel 3 widmet sich bilanztheoretischen Erwägungen. Dabei steht die Frage im Mittelpunkt, welche Aufgaben der kirchliche Jahresabschluss nach dem Vorbild der Haushaltsrichtlinie erfüllen soll. Wie bei der Anwendung handelsrechtlicher Vorschriften, steht man auch bei der Erstellung kirchlicher Jahresabschlüsse vor dem Problem, dass sich die Aufgaben bzw. Zwecke der Rechnungslegung nicht unmittelbar aus dem Gesetz ergeben. Deshalb werden zunächst handelsrechtliche Bilanzauffassungen und Abschlusszwecke vorgestellt. Sodann wird versucht, mögliche kirchliche Zwecke aus den entsprechenden Materialien der EKD herzuleiten. Damit ist zum Beispiel die Frage verbunden, worin die Hauptfunktion eines kirchlichen Jahresabschlusses liegt, wenn diese – so die EKD – nicht im Gläubigerschutz zu sehen ist. Vor diesem Hintergrund wird diskutiert, welche Gemeinsamkeiten oder Unterschiede zwischen handelsrechtlichen Bilanzauffassungen und Abschlusszwecken und kirchlichen Grundsätzen bestehen. Dabei wird auch thematisiert, ob die Haushaltsrichtlinie ein Konstrukt wie ‚Grundsätze ordnungsmäßiger Buchführung' benötigt und wo die Grenzen der Aussagefähigkeit eines (kirchlichen) Jahresabschlusses gezogen werden müssen. Kapitel 3 greift den Paradigmenwechsel bei der Immobilienbewertung am Beispiel der Evangelischen Landeskirche in Baden sowie der Evangelischen Kirche im Rheinland auf und zeigt, dass das Thema ‚kirchliche Bilanzauffassung' keinesfalls nur theoretischer Natur ist.

Kapitel 4 befasst sich im Einzelnen mit formellen und materiellen Besonderheiten des doppischen Jahresabschlusses gemäß der Haushaltsrichtlinie der EKD. Dabei bergen die Bestandteile des Jahresabschlusses, die auch für die drei ausgewählten Landeskirchen untersucht werden, kaum Unerwartetes, während die Publizitätsvorschriften Anlass zur Kritik geben. Sie stellen sich als heterogen und wenig adressatenfreundlich heraus. Einen weiteren Untersuchungsschwerpunkt bilden Vorschriften zur (ersten, doppischen) Eröffnungsbilanz. Die Eröffnungsbilanz ist im Sinne einer Bestandsaufnahme für interne und externe Adressaten von großem Interesse. Zwei Bilanzpositionen, die besondere Bewertungsspielräume eröffnen, sollen näher betrachtet werden. Erstens sind dies die kirchlichen Immobilien, deren Bewertung mangels einer Dokumentation von Anschaffungs- und Herstellungskosten beim Umstieg von der Kameralistik Schwierigkeiten verursacht. Hier sind alternative Bewertungsverfahren nötig, deren Vor- und Nachteile in Kapitel 5 im Einzelnen erörtert und gewürdigt werden. Zweitens handelt es sich um das Reinvermögen, dessen Darstellung nach der Haushaltsrichtlinie der EKD mit Spielräumen verbunden ist, die neben dem Ausweis auch dessen Bewertung betreffen. Bei den Besonderheiten für die an die Eröffnungsbilanz anknüpfende Rechnungslegung wird die Bewertung von Rücklagen und Finanzanlagen thematisiert. Insbesondere die Substanzerhaltungsrücklagen (Passivposten) hängen unmittelbar von der Gebäudebewertung und -abschreibung ab. Wegen des sog. Grundsatzes der Finanzdeckung beeinflussen sie wiederum die durch Finanzanlagen (Aktivposten) vorzuhaltende Liquidität. Kapitel 4 schließt mit einer Gegenüberstellung der aus der Doppik-Reform resultierenden Vor- und Nachteile.

Kapitel 5 greift sodann die Grundstücksbewertung nochmals auf. Vor dem Hintergrund der wirtschaftlichen und bilanziellen Bedeutung werden einzelne Bewertungsprobleme herausgestellt. Dabei ist zu berücksichtigen, dass sich Unterschiede bei der Bewertung der Immobilien erheblich auf die Darstellung der Vermögens- und Finanzlage in der Eröffnungsbilanz sowie – aufgrund von Abschreibungen – auch auf die zukünftige Ertragslage niederschlagen. Den Vorschriften der EKD werden dabei rechtsvergleichend die Ansätze der Landeskirchen gegenübergestellt. Somit kann insbesondere die von der EKD geforderte Vergleichbarkeit kirchlicher Abschlüsse gewürdigt werden. Zudem werden Bewertungsvorschriften aus dem Bereich der öffentlichen Verwaltung vorgestellt, die hinsichtlich der Datenerhebung für die Eröffnungsbilanz ähnliche Herausforderungen bewältigen muss wie die Kirchen. Schließlich werden baurechtliche Wertermittlungsvorschriften analysiert, die, abstrahiert von bilanziellen Motiven, die eigentlichen immobilienspezifischen Bewertungsgrundlagen beinhalten. Bei der abschließenden Würdigung wird zunächst die Bewertung von sakralen Immobilien wie Kirchen und Kapellen kritisiert. Hier gewährt die EKD ein Wahlrecht zwischen der Bewertung zum Erinnerungswert oder zu Anschaffungs- oder Herstellungskosten. Dieses Wahlrecht wird von den Landeskirchen heterogen ausgeübt, was negative Auswirkungen auf die Vergleichbarkeit und Transparenz kirchlicher Jahresabschlüsse erwarten lässt. Ferner werden Einzelfragen der Eignung verschiedener Bewertungsverfahren erörtert. Die kirchlichen Vorgaben entsprechen nicht den Verfahren baurechtlicher Wertermittlungsvorschriften, sondern widersprechen diesen teilweise ohne Rücksicht auf Art und Nutzung beispielsweise von Verwaltungsgebäuden. Kapitel 5 schließt mit einer tabellarischen Übersicht zu wesentlichen Kritikpunkten bei der Immobilienbewertung.

Kapitel 6 fasst die wesentlichen Ergebnisse und Handlungsempfehlungen der Arbeit zusammen.

2 Grundlagen der Doppik-Reform in der EKD

2.1 Verfassungs- und kirchenrechtliche Grundlagen der Doppik

2.1.1 Verfassungsrechtliche Grundlagen

2.1.1.1 Begriff und Quellen des Staatskirchenrechts

Die Frage, warum Kirchen Vorschriften zur Rechnungslegung selbst erlassen können, wird mit Erklärungen folgenden oder sinngemäßen Inhalts beantwortet: »Denn aufgrund ihres Status als Körperschaft öffentlichen Rechts sind die evangelischen Kirchen in Deutschland bei der Bilanzierung nicht an die Vorschriften des Handels- oder Steuerrechts gebunden.«[21] Derartige Begründungen beruhen auf der Tatsache, dass die Haushaltsrichtlinien der EKD und der Landeskirchen unter das nachfolgend diskutierte kirchliche Selbstbestimmungsrecht fallen. Wie weit die kirchliche Gesetzgebungskompetenz der EKD reicht und ob dadurch auch das Haushaltsrecht einzelner Landeskirchen beeinflusst werden kann, ist Gegenstand von Kapitel 2.1.2.

Das Staatskirchenrecht umfasst »alle Materien, die in irgendeiner Form die institutionellen Beziehungen des Staates zu den Religionsgemeinschaften oder die rechtliche Stellung des einzelnen Menschen in seiner religiösen Dimension betreffen«[22]. Es grenzt somit die Bereiche staatlicher Regulierung von den Bereichen innerkirchlicher Angelegenheiten ab. Die Normsetzungskompetenz im Sinne des Staatskirchenrechts ist deshalb von Interesse, da sie auch die Regulierung der Rechnungslegung, beispielsweise in Form der Doppik, bestimmt.

Das verfassungsrechtliche Verhältnis von Staat und Kirche in Deutschland ist heute durch deren Trennung gekennzeichnet. Die Reichsverfassung vom 28. März 1849 (sog. Paulskirchenverfassung) gewährleistete: »Jede

---

21 BBR-EKD, S. 2.
22 Winter 2001, S. 9.

Religionsgesellschaft ordnet und verwaltet ihre Angelegenheiten selbstständig«.[23] Mit der Wende vom 19. zum 20. Jahrhundert war für die evangelischen Kirchen »fast überall auch die institutionelle und organisatorische Trennung von staatlicher und kirchlicher Verwaltung vollzogen«[24]. Das zeigt sich in eigenen Kirchenverfassungen und eigenen kirchlichen Gesetzgebungen. Die Verfassung des Deutschen Reichs vom 11. August 1919 (sog. Weimarer Reichsverfassung) überträgt die seit der Paulskirchenverfassung geltenden Grundlagen des Staatskirchenrechts der einzelnen deutschen Staaten auf die Verfassung der Weimarer Republik.[25] Die Weimarer Reichsverfassung bestimmt: »Es besteht keine Staatskirche«[26] und beendet damit das von Kaiser Konstantin im 4. Jahrhundert eingeleitete sog. Bündnis von Thron und Altar.[27] Die evangelischen und katholischen Kirchen (sog. Großkirchen) werden durch die Weimarer Reichsverfassung mit freiheitlichen Rechten ausgestattet: »Jede Religionsgesellschaft ordnet und verwaltet ihre Angelegenheiten selbständig innerhalb der Schranken des für alle geltenden Gesetzes. Sie verleiht ihre Ämter ohne Mitwirkung des Staates oder der bürgerlichen Gemeinde.«[28] Neben dieser Emanzipation vom Staat blieben »Religionsgesellschaften .. Körperschaften des öffentlichen Rechtes, soweit sie solche bisher waren«[29], sodass die evangelischen und katholischen Kirchen nicht den juristischen Personen des Privatrechts gleichgestellt werden.[30] Aufgrund der durch den Körperschaftsstatus fortbestehenden Schnittmenge sprach man von einer »hinkenden Trennung«[31] von Kirche und Staat.

Das heutige Staatskirchenrecht knüpft an die Weimarer Reichsverfassung an. Seine wesentlichen Rechtsquellen sind neben dem Grundgesetz für die Bundesrepublik Deutschland einzelne Landesverfassungen, Staatskirchenverträge sowie einfache Gesetze. Im Übrigen verwendet das Staatskirchenrecht den Begriff Kirche nicht. Die Weimarer Reichsverfassung spricht

---

23 § 147 S. 1, 1. Hs. Paulskirchenverfassung.
24 Campenhausen und de Wall 2006, S. 30.
25 Vgl. Campenhausen und de Wall 2006, S. 29-31.
26 Art. 137 Abs. 1 WRV.
27 Vgl. Campenhausen und de Wall 2006, S. 5.
28 Art. 137 Abs. 3 WRV.
29 Art. 137 Abs. 5 S. 1 WRV.
30 Vgl. Campenhausen und de Wall 2006, S. 32; Wick 2007, S. 6.
31 Stutz 1926, S. 54, zitiert nach Wick 2007, S. 6.

vielmehr von Religionsgesellschaften[32], das Grundgesetz von Religionsgemeinschaften[33]. Ein inhaltlicher Unterschied besteht nicht. Manche Autoren verwenden den Begriff ‚Großkirche' für die in der EKD zusammengeschlossenen evangelischen Landeskirchen und die römisch-katholische Kirche.[34] Religionsgemeinschaften können in drei Gruppen eingeteilt werden:[35] Erstens Großkirchen, die zugleich Körperschaften des öffentlichen Rechts sind, zweitens andere Religionsgemeinschaften mit dem Status von Körperschaften des öffentlichen Rechts[36] und drittens Religionsgemeinschafen des Privatrechts, die privatrechtlichen Vereinen gleichgestellt sind. Die vorliegende Arbeit konzentriert sich auf die Rechnungslegung der EKD sowie dreier exemplarisch ausgewählter Landeskirchen als Teilmenge der Großkirche EKD.

2.1.1.2 Inhalte des kirchlichen Selbstbestimmungsrechts

Art. 4 und 140 Grundgesetz[37] bestimmen das Verhältnis von Kirche und Staat in Form von Grundrechten.[38] Art. 4 GG gewährleistet die Glaubens- und Gewissensfreiheit. Art. 140 GG inkorporiert die kirchenrechtlichen Bestimmungen der Art. 136-139, 141 WRV. Die vorgenannten Bestimmungen der Weimarer Reichsverfassung bilden mit dem Grundgesetz ein »organisches Ganzes«[39], sind also nicht isoliert zu betrachten.

---

32 S. Art. 137 Abs. 2 S. 1 WRV.
33 S. Art. 7 Abs. 3 S. 2 GG.
34 Vgl. Weber 1966, S. 21-22; Hollerbach 1989, S. 562.
35 Vgl. zur dieser Einteilung Weber 1966, S. 25.
36 Vgl. zu deren Rechtsstellung Solte 1994.
37 Neben Art. 4, 140 GG bestehen weitere individuelle religiöse Rechte wie das Diskriminierungsverbot (Art. 3 Abs. 3 GG), die religiös-weltanschauliche Neutralität des Staates (Art. 33 Abs. 3 GG) sowie die Ausgestaltung des Religionsunterrichts an Schulen (Art. 7 Abs. 2 und Abs. 3, Art. 141 GG).
38 Vgl. Campenhausen und de Wall 2006, S. 40-41. Weitere staatskirchenrechtliche Normen finden sich in den Landesverfassungen. Sie regeln beispielsweise das Schul- und Hochschulwesen, vgl. Winter 2001, S. 10. Ferner bestehen Staatskirchenverträge mit dem Bund und den Bundesländern, die etwa seelsorgerliche Tätigkeiten der Kirchen bei der Polizei, Einzelheiten des Religionsunterrichts oder – in den neuen Bundesländern – grundsätzliche Fragen zum Verhältnis von Kirche und Staat regeln, vgl. Campenhausen und de Wall 2006, S. 45-49.
39 BVerfGE 19, 226, 236.

Im Ergebnis steht das Staatskirchenrecht somit auf drei Säulen:[40] erstens der Religionsfreiheit, zweitens der Trennung von Staat und Kirche sowie drittens dem kirchlichen Selbstbestimmungsrecht.[41] Für die vorliegende Untersuchung ist insbesondere das kirchliche Selbstbestimmungsrecht der Religionsgemeinschaften im Sinne von Art. 137 Abs. 3 WRV relevant. Es garantiert den Religionsgemeinschaften, ihre Angelegenheiten selbst zu ordnen und zu verwalten.[42] Das ‚Ordnen der Angelegenheiten' bedeutet, dass die Kirchen gesetzgeberisch tätig werden können, ohne dabei von staatlichen Genehmigungen abhängig zu sein. Das Verwalten der Angelegenheiten gewährleistet die freie Besetzung der kirchlichen Organe und die Festlegung der kircheninternen Verfahren. Der Umfang des institutionellen Selbstbestimmungsrechts wird in der Literatur weit ausgelegt und unterliegt nicht der Interpretation durch den Staat.[43] Auch das *Bundesverfassungsgericht* folgt in seiner Rechtsprechung einer weiten Auslegung, da die Selbstbestimmungsgarantie »der Freiheit des religiösen Lebens und Wirkens der Kirchen die zur Wahrnehmung ihrer Aufgaben unerläßliche Freiheit der Bestimmung über Organisation, Normsetzung und Verwaltung hinzufügt«[44]. Selbstbestimmung meint auch nicht, dass der Staat Teilaufgaben aus seiner Hoheit den Kirchen zur Erledigung überlassen hat, sondern dass die Kirchen diese Rechte aufgrund ihrer Hoheitsfunktionen autonom wahrnehmen.[45] Zu den Ausprägungen der Selbstbestimmung gehören kirchliche Lehre, Ausgestaltung der Gottesdienste, Kirchenverfassung, Organisation, Festlegung der Rechte und Pflichten der Kirchenmitglieder, kirchliches Dienst- und Arbeitsrecht sowie Vermögensverwaltung.[46] Letztere ist für das (nunmehr doppische) Haushaltsrecht relevant. Das umfassende kirchliche Selbstbestimmungsrecht wird durch die verfassungsrechtliche Schrankenregel dahingehend begrenzt, dass die Religionsgemeinschaften die »Schranken des für alle geltenden Gesetzes«[47] zu beachten haben. Diese für alle geltenden Gesetze finden sich sowohl im Zivilrecht als auch in Teilen

---

40 Vgl. zu dieser Einteilung Campenhausen und de Wall 2006, S. 99.
41 S. zur Reichweite der kirchlichen Organisationsgewalt auch Mainusch 2004, S. 288-298.
42 S. Art. 137 Abs. 3 S. 1 WRV.
43 Vgl. Campenhausen und de Wall 2006, S. 101-102.
44 BVerfGE 66, 1, 20.
45 Vgl. Beulke 1957/58, S. 131.
46 Vgl. im Einzelnen Campenhausen und de Wall 2006, S. 104-106.
47 Art. 137 Abs. 3 S. 1 WRV.

des öffentlichen Rechts, beispielsweise im Bau-, Presse- oder Strafrecht.[48] Den Status als Körperschaft des öffentlichen Rechts erlangten diejenigen Kirchen gemäß Art. 137 Abs. 5 S. 1 WRV unmittelbar, die bei Inkrafttreten der Weimarer Reichsverfassung bereits den Körperschaftsstatus genossen. Hierzu zählen insbesondere die Katholische Kirche, die lutherischen und reformierten Landeskirchen sowie die Jüdische Kirche. Diese Kirchen werden als geborene oder altkorporierte Kirchenkörperschaften bezeichnet.[49] Andere Religionsgemeinschaften können gemäß Art. 137 Abs. 5 S. 2 WRV den Status als Körperschaft des öffentlichen Rechts erwerben, wenn sie die dort genannten Voraussetzungen erfüllen.[50] Insofern wird von gekorenen Kirchenkörperschaften gesprochen.

Kirchen sind als Körperschaften des öffentlichen Rechts, wie das *Bundesverfassungsgericht* ausführt, »angesichts der religiösen und konfessionellen Neutralität des Staates nicht mit anderen öffentlich-rechtlichen Körperschaften zu vergleichen, die in den Staat organisatorisch eingegliederte Verbände sind«[51]. Der Status als Körperschaft des öffentlichen Rechts bedeutet keine Einschränkung des Selbstbestimmungsrechts durch den Staat, sondern »eine Heraushebung über andere Religionsgemeinschaften, weil der Anerkennung als Körperschaft des öffentlichen Rechts die Überzeugung des Staates von der besonderen Wirksamkeit dieser Kirchen, von ihrer gewichtigen Stellung in der Gesellschaft und der sich daraus ergebenden Gewähr der Dauer zugrunde liegt«[52]. Kirchen sind also nicht Teil der mittelbaren Staatsverwaltung, nicht in die Staatsorganisation eingegliedert und nicht Gegenstand der Staatsaufsicht.[53] Einzelne Gesetze begünstigen Religionskörperschaften beispielsweise steuerlich, beim Vollstreckungsschutz oder beim Baurecht. Diese Vergünstigungen werden als Privilegienbündel bezeichnet.[54] *Liermann* fasst den Sonderstatus der Kirchen sehr pointiert wie folgt zusammen: »Die Rechte der Kirchen im Staate sind diejenigen einer öffentlich-rechtlichen Körperschaft, ihre Pflichten gegenüber dem Staate gehen über diejenigen eines privaten Vereins nicht hinaus.«[55]

---

48 Vgl. Campenhausen und de Wall 2006, S. 112.
49 Vgl. Winter 2001, S. 134-135.
50 Listen zu den zahlreichen als Körperschaft des öffentlichen Rechts anerkannten Religions- und Weltanschauungsgemeinschaften finden sich im Internet.
51 BVerfGE 66, 1, 19-20.
52 BVerfGE 66, 1, 20.
53 Vgl. Winter 2001, S. 136.
54 Vgl. zu einzelnen Tatbeständen BVerfGE 102, 370, 371-372.
55 Liermann 1933, S. 189 (im Original gesperrt).

Die Rechtsform kirchlicher Körperschaften und deren Eigenschaften wirken sich auch auf die Bilanzierung aus. Beispielsweise werden kirchliche Körperschaften als nicht insolvenzfähig erachtet.[56] Die Prämisse der Unternehmensfortführung (sog. Going-concern-Prämisse) findet dementsprechend in den Bilanzierungs- und Bewertungsvorschriften der EKD keinen Niederschlag.[57]

2.1.1.3 Haushaltsrecht und Doppik als kirchliche Selbstbestimmungsrechte

Wie oben dargelegt, können die Religionsgemeinschaften als Teil des Selbstbestimmungsrechts die Grundsätze ihrer Vermögensverwaltung selbst festlegen.[58] Vermögensverwaltung erklärt sich auch vor dem Hintergrund der historischen Entwicklung als anerkanntes Selbstbestimmungsrecht.[59] Denn zunächst standen die aufkommenden evangelischen Kirchen unter landesherrlichem Regiment und wurden durch die Säkularisation teilenteignet, bevor im 19. Jahrhundert die Kirchensteuer als Finanzquelle geschaffen wurde.[60] Später sahen preußische Gesetze eine Staatsaufsicht bei der Vermögensverwaltung vor.[61] Die Aufsicht wurde beispielsweise in Form von Zweckmäßigkeitsprüfungen ausgeübt.[62] Nach dem (preußischen) ‚Staatsgesetz, betreffend die Kirchenverfassungen der evangelischen Landeskirchen' vom 08. April 1924, mussten die evangelischen Landeskirchen kirchliche Gesetze dem zuständigen Minister vorlegen. Dieser hatte bei vermögensrechtlichen Gesetzen ein Einspruchsrecht.[63] Aus dieser »staatlichen Vormundschaft«[64] erhoben sich die Religionsgemeinschaften erst durch die Weimarer Reichsverfassung.

---

56 Vgl. Lindner 2002, S. 137-138. Zu den Auswirkungen des Wegfalls der Going-concern-Prämisse auf die Bilanzierung s. IDW RS HFA 17.
57 Die allgemeinen Bewertungsgrundsätze in § 65 Abs. 1 HHR-EKD entsprechen dem Wortlaut nach weitgehend jenen von § 252 Abs. 1 HGB, enthalten aber die einschlägige Vorschrift des § 252 Abs. 1 Nr. 2 HGB nicht.
58 Vgl. Campenhausen und de Wall 2006, S. 106.
59 Vgl. Leisner 1991, S. 62-65; Hollerbach 1989, S. 591-592; Beulke 1957/58, S. 148.
60 Vgl. Liermann 1933, S. 366-367.
61 Vgl. Fischer 1984, S. 191.
62 Vgl. Ebers 1930, S. 372-373.
63 S. Art. 2 Abs. 1 bis Abs. 3 Staatsgesetz, betreffend die Kirchenverfassungen der evangelischen Landeskirchen.
64 Hollerbach 1989, S. 591.

Den Begriff Vermögensverwaltung umreißt *Mainusch* kompakt und prägnant durch positive und negative Abgrenzungsmerkmale:[65] Erstens stellt er klar, dass die Kirchen so ihre finanzielle Grundlage sichern. Zweitens beschreibt er den Umfang, der den Kirchen freien Erwerb, Erhaltung und Verwendung von Vermögenswerten gewährleistet. Drittens grenzt er ab, dass kirchliche Vermögensverwaltung Freiheit von staatlicher Vermögensaufsicht bedeutet. Zuletzt grenzt er negativ ab, dass diese Freiheit den Staat von der Lenkung kirchlicher Mittel ebenso wie von der Einsichtnahme in kirchliche Haushalte ausschließt.[66] Das Recht der freien Vermögensverwaltung steht nicht nur den Religionskörperschaften, sondern allen Religionsgemeinschaften zu. Vermögensverwaltung ist nicht mit der Erhebung von Kirchensteuern[67] gleichzusetzen. Zum einen ist die Kirchensteuererhebung kein Grundrecht.[68] Zum anderen stellt die Kirchensteuer aus wirtschaftlicher Sicht einen der zentralen Finanzierungswege[69] der Kirchen dar und formt erst die Grundlage des zu verwaltenden Vermögens. Für die Steuererhebung stellt »der Staat den Religionsgesellschaften zur Beitreibung den Verwaltungszwang zur Verfügung«[70]. Nur die als Körperschaft des öffentlichen Rechts anerkannten Religionsgemeinschaften dürfen Steuern erheben. Dagegen dürfen *alle* Religionsgemeinschaften aus eigenem Recht auf Grundlage von Art. 137 Abs. 3 WRV sog. hoheitswirtschaftliche Einnahmen im Form von Beiträgen oder Gebühren erheben.[71]

In der evangelischen Kirche wird das Selbstbestimmungsrecht bezüglich der Vermögensverwaltung durch Haushaltsgesetze, -ordnungen und -richtlinien umgesetzt. Die Rechnungslegung in Form der Doppik, wie sie in Kapitel 2.2 eingeführt wird, ist eine Teilmenge hiervon.

---

65 Vgl. zum Folgenden Mainusch 1994, S. 737.
66 Es ist fraglich, in welcher Art und Tiefe dieser Anspruch vor dem Hintergrund eines wachsenden Druckes hinsichtlich der Publizität kirchlicher Haushalte noch durchzusetzen ist. Wenn Haushalte und andere Rechnungslegungen gegenüber internen und externen Adressaten kommuniziert werden, kann zwar eine Rechnungsprüfung durch den Staat, aber nicht die generelle Einsichtnahme in Finanzberichte verhindert werden.
67 S. Art. 140 GG i.V.m Art. 137 Abs. 6 WRV.
68 Vgl. BVerfGE 19, 206, 218.
69 Neben der Kirchensteuer sind die wesentlichen Finanzierungswege der Kirchen nach Blaschke 2002, S. 395: Staatsleistungen, widmungs-, hoheits- und privatwirtschaftliche Einnahmen sowie staatliche Förderung.
70 BVerfGE 19, 206, 217.
71 Vgl. BVerfGE 19, 206, 217; Blaschke 2002, S. 406-408. Gebühren werden beispielsweise für Friedhöfe erhoben, Beiträge für Kindergärten. S. zu den variierenden Formen der Kirchenfinanzierung in Europa weiterführend Böttcher 2007.

2.1.2 Gesetzgeberische Kompetenzverteilung in der EKD

2.1.2.1 Normsetzungskompetenz der Landeskirchen

In Deutschland besteht nicht *eine* evangelische Kirche, der ein Kirchenmitglied angehören könnte. Vielmehr stellen Landeskirchen »die wichtigste territoriale Gliederung im deutschen Protestantismus«[72] dar.[73] Die flächenbezogene Ausprägung der Landeskirchen stammt aus der Zeit der aufkommenden Reformation, als weltliche Herrscher in ihren Territorialstaaten die kirchliche Verwaltung bestimmten.[74] Die Landeskirchen lösten sich durch die Weimarer Reichsverfassung von der staatlichen Verwaltung.[75] Indem sich einige Landeskirchen mit regionalem Bezug bezeichnen (z. B. Evangelische Landeskirche in Württemberg), bekennen sie sich auch heute zu einem bestimmten Gebiet. Aus rechtlicher Sicht stehen sie »prinzipiell beziehungslos nebeneinander«[76], sind aber, beispielsweise durch den Finanzausgleich, auch finanziell miteinander verflochten. Nachdem sich am 27. Mai 2012 drei Landeskirchen zur sog. Nordkirche zusammenschlossen, bestehen derzeit 20 der EKD zugehörige Landeskirchen.[77]

Regelmäßig organisieren sich die Landeskirchen in einem dreistufigen Verfassungsaufbau[78]: Kirchengemeinden bilden die erste Ebene kirchlicher

---

72   Otto 2012, S. 154.
73   Die Grundordnung der EKD spricht von Gliedkirchen, s. § 1 Abs. 1 S. 1 GO-EKD. In dieser Arbeit wird einheitlich der Begriff Landeskirche verwendet, da sich einige der großen Landeskirchen auch als solche bezeichnen und bekannt sind. Der Begriff ist jedoch unscharf, da die Reformierte Kirche keine Territorialkirche ist, vgl. Evangelische Kirche in Deutschland 2013c, S. 8. S. zum Begriff Landeskirche auch Brunotte 1964, S. 26.
74   Eine Übersicht zur Entwicklung der kirchlichen Territorien seit dem 19. Jahrhundert findet sich bei Frost 1972, S. 16-22.
75   Vgl. Pirson 1965, S. 53, 59. *Pirson* weist darauf hin, dass vor dem 19. Jahrhundert Landeskirchen begrifflich und im Sinne von rechtlichen Einheiten nicht existierten.
76   Pirson 1965, S. 60.
77   Vgl. Evangelische Kirche in Deutschland 2013c, S. 7-8. Die Nordelbische Evangelisch-Lutherische Kirche, die Evangelisch-Lutherische Kirche Mecklenburgs und die Pommersche Evangelische Kirche schlossen sich zur Evangelisch-Lutherischen Kirche in Norddeutschland (kurz: Nordkirche) zusammen.
78   Der nachfolgend geschilderte dreistufige Aufbau ist eine Vereinfachung, die vom Aufbau in einzelnen Landeskirchen abweichen kann. Zuletzt hat die Nordkirche einen dreistufigen Verfassungsaufbau gewählt, s. FusV-Nordkirche, Anlage gemäß § 2 Absatz 2, Tz. I.2.1.

2.1 Verfassungs- und kirchenrechtliche Grundlagen der Doppik

Arbeit in einem »korporativen Zusammenschluß bekenntnisverbundener natürlicher Personen«[79]. Dabei herrscht ein parochiales, also am Wohnsitz orientiertes Zugehörigkeitsverständnis. Gemeinden werden als Basis der kirchlichen Organisation verstanden.[80] Die 20 Landeskirchen umfassten Stand 2011 15.007 Kirchengemeinden und 23,6 Mio. Mitglieder.[81] Eine mittlere Ebene umfasst mehrere Gemeinden und erfüllt überörtliche Aufgaben. Sie wird in den Landeskirchen als Kirchenkreis, Kirchenbezirk, Dekanat, Propstei oder Klasse bezeichnet.[82] In größeren Landeskirchen werden Kirchenkreise zu Sprengeln zusammengefasst.[83] Als dritte Ebene ummanteln die Landeskirchen ihre Kirchengemeinden und -kreise. Die Landeskirchen haben aufgrund ihrer unterschiedlichen Wurzeln kein einheitliches Verständnis der Strukturen ihrer Organe und Verwaltungen.[84] Ihre organisatorischen Grundlagen sind jeweils in Grundordnungen oder Kirchenverfassungen normiert.[85] Sowohl Kirchengemeinden als auch Kirchenkreise und Landeskirchen sind Körperschaften des öffentlichen Rechts.[86]

Die Organisationsstruktur in den Landeskirchen konterkariert das theologische Verständnis, Gemeinden seien »in ihrer Rechtsform die wichtigste Institution der Kirche«[87]. Insoweit stellt *von Campenhausen* zutreffend fest: »Das Recht zur Festsetzung der Organisationsstrukturen, die Kompetenz-Kompetenz, liegt meist bei den Landeskirchen und hat oft einen zentralisierenden Organisationsaufbau zur Folge.«[88] Daraus folgt für das Haushaltsrecht, dass für alle Körperschaften, die einer Landeskirche organisatorisch

---

79 Frost 1972, S. 60.
80 Vgl. Campenhausen 1994b, S. 383-384; Schilberg 2010, S. 94-96.
81 Vgl. Evangelische Kirche in Deutschland 2013c, S. 8 (Stand: Erhebung aus dem Jahr 2011).
82 Vgl. zum Aufbau der mittleren Ebene Frost 1972, S. 156-161. Im Folgenden wird vereinfachend nur der Begriff Kirchenkreis für Organisationen der mittleren Ebene verwendet. Daneben werden auf Ebene der Kirchenkreise für abgegrenzte Aufgaben Zweckverbände gebildet, vgl. Campenhausen 1994b, S. 389. Diese sollen hier nicht weiter betrachtet werden.
83 Vgl. Campenhausen 1994b, S. 388.
84 Eine Typisierung des Aufbaus der Kirchen findet sich bei Winter 2001, S. 166-174 und Campenhausen 1994b, S. 390-392.
85 Vgl. zu weiteren Bezeichnungen Frost 1972, S. 23.
86 Vgl. zusammenfassend Frost 1972, S. 60-63 für die Kirchengemeinden, S. 169-171 für die mittlere Ebene und S. 300-301 für die Landeskirchen. Im Rahmen der kirchlichen Organisationsgewalt können Körperschaften des öffentlichen Rechts weitere Körperschaften bilden und aufheben, vgl. Kirchhof 1994, S. 670.
87 Rosenstock 2000, S. 138.
88 Campenhausen 1994b, S. 386.

unterstehen, ein einheitliches Haushaltsrecht erwartet werden kann. Dies sei am Beispiel der größten Landeskirche, der Evangelisch-lutherischen Landeskirche Hannovers,[89] verdeutlicht: Zunächst besteht ein Haushaltsgesetz für die Landeskirche und die ihrer Aufsicht unterstehenden Körperschaften.[90] Die Landeskirche Hannovers hat sich ferner verpflichtet, bei der Durchführung des Haushaltsrechts die Richtlinien der EKD zu berücksichtigen.[91] Als Ausführungsverordnung erließ die Evangelisch-lutherische Landeskirche Hannovers eine doppische Haushaltsordnung[92], die ebenfalls für alle ihr unterstehenden Körperschaften gilt. Die Vorschriften über die Vermögensverwaltung[93] in den Kirchengemeinden und Kirchenkreisen enthalten demgegenüber keine Bilanzierungs- oder Bewertungsregeln. Somit sind die Körperschaften der Evangelisch-lutherischen Landeskirche Hannovers – und zwar auf allen Ebenen – verpflichtet, dasselbe Haushaltsrecht anzuwenden.

Die Normsetzungskompetenz wirkt sich beispielsweise auch auf die Möglichkeit aus, über mehrere Organisationsebenen hinweg eine bilanzielle Konsolidierung durchzuführen.[94] Nur wenn die Körperschaften einer Landeskirche einheitlichen Bilanzierungs- und Bewertungsvorschriften unterliegen, ermöglicht dies die Erstellung eines ‚kirchlichen Konzernabschlusses' auf Ebene der Landeskirche. Konkrete Regelungen stehen speziell hierzu jedoch noch aus.

2.1.2.2 Normsetzungskompetenz der EKD

Über drei Jahrhunderte bestanden die evangelischen Landeskirchen nebeneinander. Bis Mitte des 19. Jahrhunderts blieben die ersten Bemühungen

---

89 Die Evangelisch-lutherische Landeskirche Hannovers hatte Stand 2011 2,8 Mio. Mitglieder, vgl. Evangelische Kirche in Deutschland 2013c, S. 8.
90 S. § 1 Abs. 1 HhG-Hannover.
91 S. § 13 Abs. 1 HhG-Hannover.
92 Das ist die KonfHO-Doppik-Hannover.
93 S. §§ 56-66 KGO-Hannover und §§ 47-54 KKO-Hannover.
94 Konkrete Vorschriften zur Erstellung eines Konzernabschlusses liegen allerdings bei der EKD und den Landeskirchen noch nicht vor. Vielmehr herrscht hier eine Begriffsvielfalt, bei der zum Beispiel schon die Hinzurechnung von Sonder- und Treuhandvermögen als Konsolidierung verstanden (s. unten, Kapitel 4.1.1, Tabelle 5) oder die bloße Addition der Vermögensgegenstände in der Bilanz als »konsolidierte Bilanz« bezeichnet wird (so Vogelbusch et al. 2008, S. 10).

2.1 Verfassungs- und kirchenrechtliche Grundlagen der Doppik

zur Schaffung eines Kirchenbundes ohne Erfolg.[95] Erst nach dem Zweiten Weltkrieg schlossen sich die damals 27[96] Landeskirchen auf Grundlage der gemeinsamen Kirchenverfassung von 1948 zur EKD zusammen.[97] Die EKD tritt seither nach außen hin als »die Gemeinschaft ihrer lutherischen, reformierten und unierten Gliedkirchen«[98] auf.

Organe der EKD sind die Synode, die Kirchenkonferenz und der Rat der EKD.[99] Die Synode besteht aus Mitgliedern, die von den Landeskirchen gewählt, sowie aus Mitgliedern, die vom Rat berufen werden.[100] Die Synode berät und beschließt beispielsweise Kirchengesetze.[101] Die Kirchenkonferenz berät über die Arbeit der EKD und erstellt Vorlagen und Anregungen für die anderen Organe.[102] Bestimmte Kirchengesetze unterliegen der Zustimmung durch die Kirchenkonferenz.[103] Jede Landeskirche entsendet zwei Mitglieder ihrer Kirchenleitung in die Kirchenkonferenz.[104] Der Rat leitet und verwaltet die EKD.[105] Der Rat besteht aus dem Vorsitzenden der Synode sowie weiteren 14 Mitgliedern, die von Synode und Kirchenkonferenz mit Zweidrittelmehrheit gewählt werden.[106] Die EKD ist eine Körperschaft des öffentlichen Rechts.

Um Normen auf ihre Gliedkirchen ausstrahlen zu lassen, stehen der EKD[107] drei Instrumente der gesamtkirchlichen Rechtsetzung zur Verfügung[108]: Erstens kann sie den Landeskirchen – rechtlich unverbindliche –

---

95 Vgl. Brunotte 1964, S. 38-40.
96 Vgl. Brunotte 1964, S. 76.
97 Vgl. Brunotte 1964, S. 57-60.
98 Art. 1 Abs. 1 S. 1 GO-EKD.
99 S. Art. 22 Abs. 1 GO-EKD. Die Organe der EKD sind nicht hierarchisch geordnet, sondern stehen nebeneinander, vgl. Campenhausen und Munsonius 2009, S. 59.
100 S. Art. 24 Abs. 1 GO-EKD.
101 S. Art. 26a Abs. 2 GO-EKD.
102 S. Art. 28 Abs. 1 S. 1 GO-EKD.
103 S. Art. 28 Abs. 1 S. 2 GO-EKD.
104 S. Art. 28 Abs. 2 S. 2 GO-EKD.
105 S. Art. 29 Abs. 1 S. 1 GO-EKD.
106 S. Art. 30 Abs. 1 GO-EKD.
107 Vgl. zur Problematik der gesamtkirchlichen Rechtsetzung grundlegend Frank 1970. *Frank* nimmt auch auf andere kirchliche Zusammenschlüsse Bezug. Auch heute gibt es neben der EKD weitere kirchliche Zusammenschlüsse innerhalb der EKD, beispielsweise die Vereinigte Evangelisch-Lutherische Kirche Deutschlands (VELKD) oder die Union Evangelischer Kirchen (UEK).
108 Vgl. zu diesen Instrumenten Frank 1970, S. 120. Hinweis: Die von *Frank* referenzierten Artikel der GO-EKD stimmen allerdings in der Nummerierung nicht mehr mit der aktuellen Fassung der GO-EKD überein. Vgl. zudem Campenhausen und Munsonius 2009, S. 59-63.

2 Grundlagen der Doppik-Reform in der EKD

Anregungen geben (s. Art. 8 GO-EKD). Zweitens kann die EKD für bestimmte, in Art. 9 GO-EKD aufgezählte Sachgebiete Richtlinien verlautbaren. Richtlinie meint hier[109], dass grundsätzliche kirchenpolitische und verwaltungstechnische Fragen für die Landeskirchen einheitlich geregelt sein sollen, »ohne deren Eigenständigkeit in Frage zu stellen«[110]. Von den ausformulierten Richtlinientexten können die Gliedkirchen abweichen.[111] Drittens kann die EKD Kirchengesetze mit Wirkung für die Gliedkirchen oder gliedkirchliche Zusammenschlüsse erlassen (s. Art. 10a GO-EKD). Allerdings wirkt ein Kirchengesetz nur für diejenigen Landeskirchen oder gliedkirchlichen Zusammenschlüsse, die diesem zustimmen.[112]

Die EKD hatte bereits in der Vergangenheit auf Grundlage von Art. 9 lit. d) GO-EKD Richtlinien für die Vermögensverwaltung erlassen. So bestand mit der Ordnung für das kirchliche Finanzwesen vom 29. Mai 1999 bereits eine Richtlinie, die noch auf der Kameralistik gründete. Auch die nunmehr geltenden Ordnungen auf Grundlage der Doppik oder der erweiterten Kameralistik (s. Kapitel 2.2.2) sind Richtlinien im Sinne von Art. 9 lit. d) GO-EKD. Sie sollen – im Idealfall – von den Landeskirchen einheitlich umgesetzt und angewendet werden.[113]

2.1.2.3 Fehlende einheitliche gesamtkirchliche Rechtsetzung

Wie oben gezeigt, sieht die Grundordnung der EKD eine in Form von Anregungen, Richtlinien und Gesetzen abgestufte gesamtkirchliche Rechtsetzung vor. Die Landeskirchen haben eine eigene Normsetzungskompetenz, die ihre körperschaftlichen Untergliederungen einschließt. Ob und wie weit sich eine Landeskirche beispielsweise der haushaltsrechtlichen Richtlinie der EKD anschließt, bleibt ihr selbst überlassen. Die vorliegende Arbeit untersucht daraus resultierende Unterschiede für die Rechnungslegung der

---

109 Daneben kennt die GO-EKD an anderen Stellen weitere ‚Richtlinien', denen jedoch eine andere Bedeutung zukommt, vgl. Campenhausen und Munsonius 2009, S. 63.
110 Claessen 2007, S. 290.
111 Vgl. Campenhausen und Munsonius 2009, S. 63.
112 Daneben bestehen weitere Anforderungen, z. B. der Bekenntnisvorbehalt (s. Art. 2 Abs. 2, Art. 6 Abs. 2 GO-EKD), und Verfahrensvorschriften einzelner Gliedkirchen, vgl. Frank 1970, S. 120.
113 Die Umsetzung in der EKD erfolgt im Rahmen des Projekts ‚RESONANZ'; s. hierzu unten, Kapitel 2.2.1.

2.1 Verfassungs- und kirchenrechtliche Grundlagen der Doppik

EKD und der Landeskirchen in formeller und materieller Hinsicht. Wie noch zu zeigen ist, sind Unterschiede insbesondere bei der Bewertung sakraler Grundstücke festzustellen.[114]

Die EKD ist als Kirchenbund organisiert, wobei die Eigenständigkeit der Landeskirchen noch stärker betont wird als im staatlichen Bund-Länder-Föderalismus.[115] Zur uneinheitlichen Rechtslage zwischen der EKD und ihren Gliedkirchen kritisiert *Frank*, dass die Frage, »ob und in welchem Umfange die drängenden gesetzgeberischen Aufgaben in einer über die Landeskirchen hinausreichenden kirchlichen Gemeinschaft erfüllt werden ... die Frage nach der Wirksamkeit der gesamtkirchlichen Zusammenschlüsse«[116] ist. Die EKD erlässt zahlreiche Richtlinien, darunter die hier relevante Haushaltsrichtlinie. Diese sind zwar verbindlicher als Anregungen, da sie »durchgearbeitete und in Sätzen oder Paragraphen gegliederte Vorschläge«[117] enthalten. Jedoch stellt *Brunotte* bereits im Jahr 1954 fest, »daß Richtlinien an sich *unverbindlich* für die Gliedkirchen sind; sie müssen sie nicht befolgen und können im Ganzen wie im Einzelnen davon abweichen«[118]. Auch ein Gutachten des Kirchenrechtlichen Instituts in Göttingen kommt im Jahr 2009 zum Schluss, dass eine Abweichung von Richtlinien zwar moniert werden könne, aber nicht gegen die gesamtkirchliche Ordnung verstößt.[119]

Die rechtlichen Beziehungen zwischen der EKD und den Landeskirchen lassen a priori nicht zwingend eine wort- oder inhaltsgleiche Umsetzung der Vorschriften zur Rechnungslegung in den Landeskirchen erwarten. Tatsächlich sind solche Abweichungen – insbesondere bei der Bewertung sakraler Grundstücke – auch zu beobachten. Ein Vergleich mit den International Financial Reporting Standards (IFRS) bzw. den International Public Sector Accounting Standards (IPSAS) zeigt, dass es durchaus möglich ist, Rechnungslegungsvorschriften losgelöst von einzelnen Jurisdiktionen zu verlautbaren. Diese Standards fanden bis heute Akzeptanz, sodass sie in vielen Staaten verpflichtend anzuwenden sind oder freiwillig (befreiend)

---

114 S. zur Grundstücksbewertung der EKD und ausgewählter Landeskirchen unten, Kapitel 5.2.1.
115 Vgl. Brunotte 1964, S. 10.
116 Frank 1970, S. 115.
117 Brunotte 1954, S. 157.
118 Brunotte 1954, S. 157.
119 Vgl. Campenhausen und Munsonius 2009, S. 63.

angewendet werden dürfen.[120] Für die kirchliche Rechnungslegung leitet sich daraus die Frage ab, welche kircheninternen Maßnahmen der Kommunikation, Organisation oder Anreizsetzung dazu führen könnten, dass rechtlich selbstständige Landeskirchen einer einheitlichen Rechnungslegung folgen. Ferner ist denkbar, dass die öffentliche Kritik an der Transparenz kirchlicher Finanzen zu einer Konvergenz der kirchlichen Rechnungslegungsvorschriften beiträgt.

2.2 Materialien zur Doppik-Reform in der EKD

2.2.1 Initiativen der EKD zur Weiterentwicklung der kirchlichen Rechnungslegung

Zur Umsetzung des Doppik-Projekts berief der Rat der EKD am 06. Dezember 2002 die ‚Arbeitsgruppe zur Weiterentwicklung des kirchlichen Rechnungswesens' ein.[121] Sie bestand aus zwölf Mitgliedern verschiedener evangelischer Landeskirchen. Die Arbeitsgruppe erarbeitete den ‚Überblick der Vorschläge zur Novellierung des kirchlichen Haushalts-, Kassen- und Rechnungswesens', wobei Fragen zur kirchlichen Doppik einen Schwerpunkt darstellten. Die Arbeitsgruppe formulierte vier Ziele des neuen kirchlichen Finanzmanagements, die einen Rahmen für die Umsetzung der Reformansätze in den Landeskirchen darstellen:[122]

1. Finanzielle Zielorientierung: Die reformierten Haushaltsordnungen sollen die etatverantwortlichen Synoden bei finanziellen Entscheidungen unterstützen. Des Weiteren sollen sie verfeinerte Zielvorgaben und -vereinbarungen ermöglichen und das kirchliche Berichtswesen sowie die Erfassung und Darstellung von Kennzahlen[123] für kirchliche Statistiken verbessern.

---

120 Die für Unternehmen geltenden International Financial Reporting Standards (IFRS) werden beispielsweise von 70 Ländern zumindest für einige – z. B. kapitalmarktorientierte – Unternehmen angewendet, vgl. International Financial Reporting Standards Foundation 2013. Zur Anwendung der IPSAS s. unten, Kapitel 5.1.3.
121 Vgl. Evangelische Kirche in Deutschland 2006b, S. 1.
122 Vgl. zu den nachfolgenden vier Punkten Evangelische Kirche in Deutschland 2006b, S. 3-4.
123 Die EKD hat ein Muster für Finanzkennzahlen erstellt, bei dem betriebswirtschaftliche Kennzahlen um kirchenspezifische ergänzt wurden, s. hierzu Evangelische Kirche in Deutschland 2012a.

2. Transparenz: Die Reformbemühungen der EKD und der Landeskirchen sollen zu einer transparenteren Rechenschaft über Herkunft und Verwendung der anvertrauten Finanzmittel führen. Über die bisherige Darstellung von zahlungsstromorientierten Haushalten hinaus soll auch über Vermögen und Schulden der Kirchen berichtet werden, was die Aufstellung einer Bilanz bedingt. Eine erweiterte Rechenschaft soll die kirchliche Öffentlichkeitsarbeit und die Arbeit der kirchlichen Gremien unterstützen.

3. Vollständigkeit: Das neue kirchliche Finanzwesen soll insbesondere den sog. Ressourcenverbrauch periodengerecht erfassen und die jährliche Veränderung des Reinvermögens darstellen. Hieran knüpfen vor allem Erfassung und Bewertung des kirchlichen Anlagevermögens an, dessen Anschaffungs- und Herstellungskosten über Abschreibungen periodisiert werden.

4. Vergleichbarkeit: Im Bereich der EKD und der Landeskirchen sollen möglichst einheitliche Kontenrahmen, Begriffsbestimmungen, Haushaltsgrundsätze und Bewertungsvorschriften gelten. Dies würde zu Jahresabschlüssen führen, die sowohl über verschiedene kirchliche Ebenen hinweg als auch zwischen den einzelnen Landeskirchen vergleichbar wären. Zuletzt soll die Verwendung einheitlicher Bilanzierungs- und Bewertungsmethoden auch ermöglichen, dass die Jahresabschlüsse über mehrere innerkirchliche Ebenen konsolidiert werden. Das letztgenannte Projekt wurde bislang jedoch nicht gesetzgeberisch umgesetzt.

Die vorstehend genannten Ziele des neuen kirchlichen Finanz- und Rechnungswesens sollten im weiteren Verlauf auch als Bewertungsmaßstab für die Vorschriften der EKD und der ausgewählten Landeskirchen dienen.

Eine Zeit- oder Projektplanung, die Vorgaben für die flächendeckende Ablösung der Kameralistik in den Landeskirchen enthält, sieht die EKD nicht vor. Die Umsetzung erfolgt entsprechend der Gesetzgebungskompetenz durch die jeweiligen Landeskirchen. Bezüglich der EKD selbst (also für das Kirchenamt der EKD und die der EKD angeschlossenen Einrichtungen) hat der Rat der EKD mit Beschluss vom 05./06. Juni 2009 entschieden, die Doppik einzuführen. Die Einführung erfolgt im Rahmen des Projekts ‚RESONANZ'.[124] Am 01. Juni 2012 wurde die ‚Verordnung über das Haushalts- und Rechnungswesen der Evangelischen Kirche in Deutschland' (im

---

124 Vgl. Evangelische Kirche in Deutschland 2010, S. 3.

Folgenden auch: HHO-EKD) erlassen.[125] Sie trat am 01. Januar 2013 in Kraft[126] und orientiert sich am Rechnungsstil der Doppik. Von dieser für die EKD und ihre Einrichtungen geltenden Haushaltsordnung ist die im nachfolgenden Abschnitt beschriebene Haushaltsrichtlinie zu unterscheiden, die einen Leitfaden bzw. Leittext für alle in der EKD zusammengeschlossenen Landeskirchen darstellt.

2.2.2 Haushaltsrichtlinien der EKD

Der Rat der EKD folgte mit Beschluss vom 23. Juni 2006 dem von der Arbeitsgruppe zur Weiterentwicklung des kirchlichen Rechnungswesens empfohlenen Reformvorschlag. Die Ordnung für das kirchliche Finanzwesen vom 29. Mai 1999, die noch auf der Kameralistik aufbaute, war abzulösen.[127] Nunmehr soll die Verwaltung des kirchlichen Vermögens im Sinne von Art. 9 lit. d) GO-EKD auf Grundlage der Doppik oder der erweiterten Kameralistik erfolgen:[128]

- Für den doppischen Rechnungsstil gilt die ‚Ordnung für das kirchliche Finanzwesen auf der Basis der kirchlichen Doppik'.[129] Da es sich hierbei um eine auf die Landeskirchen ausstrahlende Richtlinie handelt, wird diese nachfolgend auch als Haushaltsrichtlinie der EKD (kurz: HHR-EKD) bezeichnet.

---

125 Bei der HHO-EKD handelt es sich um eine Verordnung nach Art. 33 Abs. 4 GO-EKD, die für die EKD selbst gilt. Bei der im weiteren Verlauf der Arbeit meist behandelten HHR-EKD handelt es sich um eine Richtlinie nach Art. 9 lit. d) GO-EKD, die eine Empfehlung für die Landeskirchen darstellt.
126 S. § 75 HHO-EKD. Bis zur Veröffentlichung der Eröffnungsbilanzen der betroffenen Körperschaften ist mit Verzögerungen zu rechnen.
127 S. Ordnung für das kirchliche Finanzwesen mit Ausführungsbestimmungen vom 29.05.1999 (ABl. S. 250).
128 Vgl. Evangelische Kirche in Deutschland 2006b, S. 2. Auch im Bereich der öffentlichen Verwaltung räumten einige Bundesländer Wahlrechte bezüglich des Rechnungsstils ein. In Hessen wurde beispielsweise das Wahlrecht zur erweiterten Kameralistik gestrichen, nachdem 424 von 426 Städten und Gemeinden sowie alle Landkreise die Doppik anwandten, vgl. RegE Hessen, S. 2, 27.
129 S. Ordnung für das kirchliche Finanzwesen auf der Basis der kirchlichen Doppik (mit Ausführungsbestimmungen) vom 05.09.2008 (ABl. S. 310), geändert am 03.12.2010 (ABl. 2011, S. 11), erneut bekannt gemacht am 15.09.2012 (ABl. S. 286).

2.2 Materialien zur Doppik-Reform in der EKD

- Für die erweiterte Kameralistik gilt die ‚Ordnung für das kirchliche Finanzwesen auf der Basis der erweiterten Kameralistik'.[130]

Die Evangelisch-lutherische Landeskirche Hannovers und die Evangelische Landeskirche im Rheinland führen beispielsweise die Doppik ein, während die Evangelische Landeskirche in Baden das Konzept der erweiterten Kameralistik umsetzt.[131] Der Aufbau der Haushaltsrichtlinie der EKD ergibt sich aus nachfolgender Tabelle 1:

Tabelle 1: Aufbau der Haushaltsrichtlinie der EKD[132]

Abschnitt	Bezeichnung	§§
I	Allgemeine Vorschriften zum Haushalt	1-7
II	Aufstellung des Haushalts	8-25
III	Ausführung des Haushalts	26-37
IV	Kassen- und Rechnungswesen	38-58
V	Betriebliches Rechnungswesen	59-61
VI	Ansatz und Bewertung des Vermögens und der Schulden	62-74
VII	Prüfung und Entlastung	75-82
VIII	Schlussbestimmungen	83

Versteht man als Kern der Doppik Vorschriften zur Buchführung sowie zur Bilanzierung und Bewertung, so beinhaltet die Haushaltsrichtlinie nicht ausschließlich solche Vorschriften. Auf die Doppik im engeren Sinne entfallen demnach im Wesentlichen Abschnitt IV, Kassen- und Rechnungswesen (dort §§ 46-58), Abschnitt VI, Ansatz und Bewertung des Vermögens und der Schulden sowie Teile der Schlussbestimmungen in Abschnitt VIII.[133] Somit ist zunächst festzuhalten, dass in der Haushaltsrichtlinie der EKD, ähnlich auch bei den Landeskirchen, nicht ausschließlich Regelungen zur Erstellung des doppischen Jahresabschlusses getroffen wurden.

---

130 S. Ordnung für das kirchliche Finanzwesen auf der Basis der erweiterten Kameralistik (mit Ausführungsbestimmungen) vom 05.09.2008 (ABl. S. 289), geändert am 03.12.2010 (ABl. 2011, S. 6), erneut bekannt gemacht am 15.09.2012 (ABl. S. 317). Die erweiterte Kameralistik wird unter anderem deshalb kritisiert, da die Vermögensübersicht nur den Charakter einer Nebenrechnung hat und ihre rechnerische Integrität kaum nachvollzogen werden kann, vgl. Nowak et al. 2013, Tz. 9.
131 S. zu den Rechnungslegungsgrundsätzen der Landeskirchen unten, Kapitel 4.1.1.
132 Eigene Darstellung.
133 Abschnitt V über das betriebliche Rechnungswesen betrifft kirchliche Wirtschaftsbetriebe, die hier nicht näher betrachtet werden.

Hierin liegt möglicherweise Verbesserungspotenzial, sofern man der Prämisse folgt, dass die Ausgliederung eines doppischen Bilanzrechts in ein separates Regelwerk dessen gesamtkirchliche, also in allen evangelischen Landeskirchen einheitlich geltende Rechtsetzung fördern würde. Letzteres entspräche zumindest der Zielsetzung der Arbeitsgruppe zur Weiterentwicklung des kirchlichen Rechnungswesens. Hierfür könnte man sich beispielsweise an der Vierten und Siebenten EG-Richtlinie oder den für die öffentliche Verwaltung verlautbarten International Public Sector Accounting Standards (IPSAS) orientieren. Diese regeln ausschließlich Fragen der Rechnungslegung und können somit unter verschiedenen Jurisdiktionen per einfachem Verweis zur Anwendung kommen.[134]

2.2.3 Bilanzierungs- und Bewertungsrichtlinien der EKD

Die Richtlinien für die Erfassung, Bewertung und Bilanzierung des kirchlichen Vermögens und der Schulden (im Folgenden auch Bilanzierungs- und Bewertungsrichtlinien der EKD, kurz: BBR-EKD) regeln Einzelheiten zur Bilanzierung und Bewertung wesentlicher Bilanzpositionen und sind insbesondere für die Erstellung der Eröffnungsbilanz bedeutsam. Dabei sind die Richtlinien nicht als bloße Empfehlung zu verstehen, sondern sind aufgrund eines Verweises der Haushaltsrichtlinie rechtsverbindlich.[135]

Im Folgenden sollen vier Kernaussagen der Richtlinien hervorgehoben werden, die sich mitunter von einer rein handelsrechtlichen Sichtweise abheben:

1. Ziel der Doppik ist »die realistische, vollständige und periodengerechte Darstellung des mit der kirchlichen Arbeit verbundenen Ressourceneinsatzes und -verbrauchs.«[136]

2. Kirchen sollen bei der Bilanzierung weder an die Vorschriften des Handels- oder Steuerrechts noch an kommunale Konzepte gebunden sein.[137]

---

134 Das deutsche Handelsrecht bietet eher kein geeignetes Beispiel für diese These, da Vorschriften zur Rechnungslegung im Dritten Buch des HGB (§§ 238 ff. HGB) kodifiziert sind und sich im HGB mit anderen, nicht die Rechnungslegung betreffenden Vorschriften des Handelsrechts vermischen.
135 S. § 74 Abs. 9 HHR-EKD für die Eröffnungsbilanz und § 65 Abs. 2 HHR-EKD für die laufende Bilanzierung.
136 BBR-EKD, S. 2.
137 Vgl. BBR-EKD, S. 2.

3. Für die kirchliche Bilanzierung steht »nicht der Gläubigerschutz – wie im Handelsrecht – oder steuerliche Aspekte, sondern das Gebot der Sicherung der stetigen Aufgabenerfüllung«[138] im Mittelpunkt.

4. Zuletzt regt die EKD an, dass sich die Landeskirchen im Sinne einer standardisierten Bilanzierung und Bewertung einheitlich nach den Richtlinien der EKD richten.[139]

2.2.4 Reformstand in den Landeskirchen Hannovers, im Rheinland und in Baden

Die Rechnungslegungsreform der EKD hat sich die Vergleichbarkeit kirchlicher Abschlüsse zum Ziel gesetzt. Ob dieses Ziel erreicht wurde, kann nur durch Exkurse zu den Regelungen der Landeskirchen beurteilt werden, da dort die große Vielzahl kirchlicher Rechtsträger verankert ist. Im weiteren Verlauf dieser Arbeit werden den Vorschriften der EKD daher die Regelungen dreier evangelischer Landeskirchen gegenübergestellt. Dabei sollen zumindest die wesentlichen formellen Bestandteile der Jahresabschlüsse sowie die Rechnungslegungsgrundsätze der Landeskirchen mit jenen der EKD verglichen werden (s. Kapitel 4.1.1). Außerdem werden die Einzelheiten der Grundstücksbewertung der Landeskirchen dargestellt und auf Gemeinsamkeiten und Abweichungen zu den Bewertungsvorschriften der EKD hin untersucht (s. Kapitel 5.2.1).

Hierfür wurden mit der Evangelisch-lutherischen Landeskirche Hannovers (2,8 Mio. Mitglieder) und der Evangelischen Kirche im Rheinland (2,8 Mio. Mitglieder) die zwei mitgliederstärksten Landeskirchen ausgewählt. Ferner wurde mit der Evangelischen Landeskirche in Baden eine mittelgroße Landeskirche (1,3 Mio. Mitglieder) ausgewählt, die die erweiterte Kameralistik einführt.[140]

Die Evangelisch-lutherische Landeskirche Hannovers[141] befindet sich in der Doppik-Einführung. Diese soll laut einem Antrag des Finanzausschusses der Landessynode spätestens bis zum 01. Januar 2019 flächendeckend

---

138 BBR-EKD, S. 3.
139 Vgl. BBR-EKD, S. 3.
140 Vgl. zu den Mitgliederzahlen auf Basis einer Erhebung 2011 Evangelische Kirche in Deutschland 2013c, S. 8.
141 Rechtsgrundlagen sind die Ausführungsverordnung des Rates der Konföderation evangelischer Kirchen in Niedersachsen über das Haushalts-, Kassen und Rechnungswesen im Rechnungsstil der doppelten Buchführung (kurz: KonfHO-

abgeschlossen sein.[142] Im Gegensatz zur Evangelischen Kirche im Rheinland sowie zur Evangelischen Landeskirche in Baden sticht hervor, dass die Bilanzierung von Kirchen und Kapellen verpflichtend zum Erinnerungswert[143] erfolgen muss.[144]

Die Evangelische Kirche im Rheinland begann ihr Doppik-Projekt bereits im Jahr 2001.[145] Die Einführung der Doppik wurde von der Landessynode im Jahr 2006 beschlossen.[146] Zum 01. Januar 2013 hat die Hälfte der 38 Kirchenkreise einschließlich ihrer Kirchengemeinden auf die Doppik umgestellt.[147] Nach einer Fristverlängerung soll die vollständige Umsetzung nunmehr bis zum Haushaltsjahr 2015 abgeschlossen sein.[148]

Die Evangelische Landeskirche in Baden hat sich gegen die Einführung der Doppik entschieden.[149] Die Landeskirche implementiert stattdessen die sog. erweiterte Kameralistik, welche die betroffenen Körperschaften bis zum 01. Januar 2014 umsetzen müssen.[150] Ziel der erweiterten Kameralistik ist, das kirchliche Vermögen ebenfalls in Form einer Bilanz abzubilden.[151] Allerdings folgt die erweiterte Kameralistik nicht für alle Bilanzpositionen den gleichen Kriterien zur Erfassung und Periodenabgrenzung wie die Doppik. Zumindest im Zusammenhang mit der Erfassung und Bewertung von Grundstücken müssen jedoch dieselben Probleme gelöst werden wie bei denjenigen Landeskirchen, die auf die Doppik umstellen.

Doppik-Hannover) sowie die Richtlinie für die Erfassung, Bewertung und den Nachweis des kirchlichen Vermögens und der Schulden in der Evangelisch-lutherischen Landeskirche Hannovers (kurz: Bewertungsrichtlinie-Hannover).

142 Vgl. Evangelisch-lutherische Landeskirche Hannovers 2013a, S. 6.
143 Der Ausweis zum Erinnerungswert meint, dass ein Vermögensgegenstand unabhängig von der eigentlich vorgesehenen Bewertung mit dem Wert 1 Euro ausgewiesen wird. Die Begriffe ‚Erinnerungswert' oder ‚1 Euro' werden nachfolgend gleichbedeutend verwendet.
144 S. § 71 Abs. 2 KonfHO-Doppik-Hannover.
145 Rechtsgrundlage ist die Verordnung über das Kirchliche Finanzwesen in der Evangelischen Kirche im Rheinland (kurz: KF-VO-Rheinland). Hinweis: Die Bilanzierungs- und Bewertungsrichtlinien sind Teil der KF-VO-Rheinland.
146 Vgl. Evangelische Kirche im Rheinland 2013a.
147 Vgl. Evangelische Kirche im Rheinland 2013b.
148 S. § 1 Abs. 1 NKF-Einführungsgesetz-Rheinland.
149 Rechtsgrundlagen sind das Kirchliche Gesetz über die Vermögensverwaltung und die Haushaltswirtschaft in der Evangelischen Landeskirche in Baden (KVHG-Baden) sowie die Richtlinien für die Erfassung, Bewertung und Bilanzierung des kirchlichen Vermögens und der Schulden (kurz: BewBilRL-Baden).
150 S. § 99 Abs. 1 KVHG-Baden.
151 Vgl. Evangelische Landeskirche in Baden 2013, S. 39.

2.3 Zusammenhänge mit dem nicht-kirchlichen Bilanzrecht

2.3.1 Historischer Abriss handels- und kommunalrechtlicher Rechnungslegung

2.3.1.1 Anfänge der kodifizierten Rechnungslegung im 16. und 17. Jahrhundert

Mit der kirchlichen Doppik der EKD setzt sich eine jahrhundertelange Entwicklung der kodifizierten Rechnungslegung fort. Die doppelte Buchführung gilt seit der Dokumentation der Kaufmannsübung durch *Pacioli* im Jahr 1494 erstmals als beschrieben.[152] Die Geschichte der Doppik wäre dann in etwa so alt wie die Geschichte der evangelisch-lutherischen Kirche selbst.[153] Im Jahr 1543 erfolgte die Übersetzung von *Paciolis* Werk,[154] das sich daraufhin über die Landesgrenzen Italiens hinweg verbreitete[155]. Die erste gesetzesmäßige Umsetzung von Buchführungsvorschriften im europäischen Raum erfolgte in Frankreich unter dem Einfluss konjunktureller Schwächen. Unter Finanzminister *Colbert* wurde 1673 die ‚Ordonnance de Commerce' verabschiedet. Diese beinhaltet Buchführungs- und Inventurvorschriften, jedoch keine Ausführungen zur Bewertung von Vermögensgegenständen und Schulden.[156] Der als Verfasser der Ordonnance de Commerce geltende Kaufmann *Savary* verfasste 1675 die Kommentierung ‚Le parfait négociant'. Diese beinhaltet auch Bewertungsvorschriften, beispielsweise für Waren und Forderungen, und gilt damit als ein Vorläufer des heutigen europäischen, insbesondere des deutschen, französischen und englischen Bilanzrechts.[157]

---

152 Vgl. Schneider 1993, Sp. 713-714.
153 Martin Luther, der Begründer der Reformation, lebte von 1483 bis 1546, vgl. Lohse 1997, S. 13, 55.
154 Vgl. Scott 2011, S. 2.
155 Vgl. Großfeld und Dieckmann 1988, S. 420.
156 Vgl. Großfeld und Dieckmann 1988, S. 420.
157 Vgl. Großfeld und Dieckmann 1988, S. 421, 429.

2.3.1.2 Entwicklung der Rechnungslegung in Deutschland seit dem 18. Jahrhundert

Das heutige deutsche Handelsrecht ist geprägt vom »Interessenschutz Dritter, insbesondere der Gläubiger, Gesellschafter und einer darüber hinausgehenden Öffentlichkeit«[158]. Unter römischem Recht mussten Kaufleute erst bei Auflösung ihrer Gesellschaft eine Abrechnung der Gewinne erstellen. Ein jährlicher Abschluss, der beispielsweise zur Ermittlung von Entnahmen benötigt wird, galt lediglich als Handelsbrauch. Weitere Regelungen waren also den Gesellschaftern vorbehalten.[159] Der Gedanke der Ermittlung eines (jährlichen) Periodengewinns, der als Bemessungsgrundlage für Verteilungen an Gesellschafter dient, wurde erst mit dem Preußischen Allgemeinen Landrecht von 1794 umgesetzt.[160] Dieses beinhaltete auch einfache Niederstwertregeln für Waren und zweifelhafte Forderungen.[161] Das Allgemeine Deutsche Handelsgesetzbuch von 1861 überließ es bei Aktiengesellschaften aber noch dem Gesellschaftsvertrag, die Grundsätze zur Aufstellung der Bilanz, zur Gewinnermittlung und zur Prüfung festzulegen.[162]

Mit dem Aktiengesetz von 1870 entfiel die Verpflichtung zur staatlichen Genehmigung von Aktiengesellschaften. Dafür musste der Vorstand aber deren Bilanz innerhalb von sechs Monaten nach Ablauf des Geschäftsjahrs veröffentlichen.[163] Materielle Bilanzierungsvorschriften fanden sich ansatzweise im neu eingeführten Art. 239a AktG 1870. Demnach durften Wertpapiere nicht über ihrem Kurs zum Aufstellungszeitpunkt bilanziert werden.[164] Das Gesetz verbot auch die Aktivierung von Kosten der Organisation und der Verwaltung.[165] Die Aktienrechtsnovelle von 1884 führt erstmals zu »jenen materiellen *Grundsätzen ordnungsmäßiger Buchführung* ... welche die heutige Bilanzierung kennzeichnen«[166]. Insbesondere begrenzte Art. 185a AktG 1884 die Bewertung von Vorräten und Sachanlagen auf die

---

158 Ballwieser 1996b, S. 3.
159 Vgl. Schneider 1993, Sp. 715.
160 Vgl. Schneider 1993, Sp. 717.
161 Vgl. Geßler 1965, S. 131-132.
162 S. Art. 209 Nr. 6 ADHGB 1861.
163 S. Art. 239 S. 1 AktG 1870.
164 S. Art. 239a Nr. 1 AktG 1870.
165 S. Art. 239a Nr. 2 AktG 1870.
166 Schneider 1993, Sp. 717.

»Anschaffungs- oder Herstellungspreise«[167]. Eine weitere Neuerung war, dass sich das Aktiengesetz weniger darauf beschränkte, die Kaufmannsübung wiederzugeben, als diese durch gesetzliche Vorgaben vorzuschreiben.[168] Dies erfolgte, um die Gläubiger vor Liquiditätsabflüssen durch zu hohe Dividenden zu schützen.[169] Im Sinne rudimentärer Grundsätze ordnungsmäßiger Buchführung begründete Art. 185a AktG 1884 das Realisationsprinzip für Aktiengesellschaften. Dem Realisationsprinzip kam in der damaligen Form die Funktion einer Gewinnverteilungssperre zu.[170]

Auch das für alle Kaufleute anzuwendende Recht erfährt mit dem Handelsgesetzbuch vom 10. Mai 1897 eine erneute Änderung. Das HGB 1897 normiert, dass jeder Kaufmann verpflichtet ist, »Bücher zu führen und in diesen seine Handelsgeschäfte und die Lage seines Vermögens nach den Grundsätzen ordnungsmäßiger Buchführung ersichtlich zu machen«[171]. Diese Vorschrift erfasst erstmals als Generalnorm die Rechnungslegung von Unternehmen mit unterschiedlicher Geschäftstätigkeit.[172] Statt näherer Bewertungsvorschriften enthielt das Gesetz jedoch lediglich die Vorgabe, Forderungen wertzuberichtigen.[173]

Im Zuge der Weltwirtschaftskrise führte im Jahr 1931 eine weitere Aktienrechtsnovelle die Pflichtprüfung durch Wirtschaftsprüfer ein.[174] Des Weiteren sollte der Einblick in die wirtschaftliche Lage durch Gliederungsvorschriften für Bilanz sowie Gewinn- und Verlustrechnung und Vorgaben zum Geschäftsbericht verbessert werden.[175] Die Aktienrechtsreform von 1965 brachte einen Rückstellungskatalog sowie feste Wertuntergrenzen für Aktiva.[176] Letzteres sollte der Bildung stiller Reserven entgegenwirken.[177]

Das Handelsgesetzbuch wurde 1985 im Zuge der europarechtlichen Harmonisierung der Rechnungslegung grundlegend umgestaltet. Durch die

---

167 Art. 185a Nr. 1 sowie Nr. 3 AktG 1884. Art. 185a AktG 1884 galt für Kommanditgesellschaften auf Aktien und über den Verweis in Art. 239b auch für Aktiengesellschaften.
168 Vgl. Schneider 1993, Sp. 717.
169 Vgl. Ballwieser 1996b, S. 4.
170 Vgl. Moxter 1984, S. 1780-1781.
171 § 38 S. 1 HGB 1897.
172 Vgl. Großfeld und Dieckmann 1988, S. 426.
173 S. § 40 S. 3 HGB 1897.
174 Vgl. Ballwieser 1996b, S. 5; Großfeld und Dieckmann 1988, S. 428.
175 Vgl. Geßler 1965, S. 149.
176 S. § 152 Abs. 6 und 7 AktG 1965.
177 Vgl. Ballwieser 1996b, S. 5-6.

2 *Grundlagen der Doppik-Reform in der EKD*

Vierte und Siebente EG-Richtlinie[178] sollte in den Mitgliedsstaaten der damaligen Europäischen Wirtschaftsgemeinschaft die »Vergleichbarkeit und Gleichwertigkeit der Rechnungslegung«[179] hergestellt werden, ohne eine identische Rechnungslegung zu fordern.[180] Inhalt, Wortlaut und Aufbau der Vierten EG-Richtlinie prägen das HGB maßgeblich. Durch das Bilanzrechtsmodernisierungsgesetz 2009 erfuhr das Handelsrecht zudem eine weitere Annäherung (sog. Konvergenz) an internationale Rechnungslegungsvorschriften.[181]

2.3.1.3 Entwicklung kommunaler Rechnungslegung seit dem 20. Jahrhundert

Ein Finanzminister forderte bereits 1951 die Abschaffung der Kameralistik.[182] Es dauerte rund vier Jahrzehnte, bis *Lüder* den ersten doppischen Jahresbericht 1990 für das Land Nordrhein-Westfalen erstellte. Eine exakte Periodenabgrenzung war mit den damals zur Verfügung stehenden Daten zwar noch nicht möglich, aber die Vermögensrechnung des Landes mit einem negativen Eigenkapital von 101 Mrd. DM zog eine entsprechend kontrovers geführte Diskussion über den ‚Nutzen' der Doppik nach sich.[183] Die in diesem Projekt erstellten Grundzüge der auf die öffentliche Verwaltung angewandten Doppik wurden auch als Speyerer Verfahren bezeichnet.[184] Bundesweit wurden – dem föderalistischen System geschuldet – mehrere Doppik-Konzepte parallel erarbeitet, beispielsweise[185]

- ab 1991: Ressourcenverbrauchskonzept der Kommunalen Gemeinschaftsstelle für Verwaltungsmanagement (KGSt),
- ab 1993: Neues kommunales Haushalts- und Rechnungswesen in Baden-Württemberg, insbesondere mit dem Modellprojekt Wiesloch,

---

178 Die Vierte EG-Richtlinie beinhaltet Regelungen für Einzelabschlüsse, die Siebente EG-Richtlinie Regelungen zum Konzernabschluss.
179 Ballwieser 1996b, S. 2.
180 Vgl. Ballwieser 1996b, S. 2.
181 Vgl. Erchinger und Wendholt 2008, S. 4.
182 Vgl. Lüder 2003, S. 7. S. zur historischen Entwicklung der Kameralistik mit weiteren Nachweisen Engels und Eibelshäuser 2010, S. 11-15.
183 Vgl. Lüder 2003, S. 13-15. Details zu dieser Vermögensrechnung des Bundeslandes Nordrhein-Westfalen finden sich bei Streitferdt 1994, S. 876-879.
184 Vgl. Lüder 2003, S. 13.
185 Vgl. zur nachfolgenden Aufzählung Katz 2012, Tz. 65-69.

- ab 1999: Neues kommunales Finanzmanagement in Nordrhein-Westfalen,
- ab 2001: Neues kommunales Rechnungs- und Steuerungssystem in Hessen.

Als wesentliche Kritikpunkte der Kameralistik wurden angeführt, dass sie den Ressourcenverbrauch kommunaler Aktivitäten nicht transparent zeige, Vermögen und Schulden nicht vollständig darstelle und somit die intergenerative Gerechtigkeit nicht gewährleiste.[186] In den Fachgremien der öffentlichen Verwaltung wurde die Doppik als »neuartige«[187] Drei-Komponenten-Rechnung bezeichnet, wobei die Neuartigkeit angesichts des oben dargestellten handelsrechtlichen Fundaments lediglich für die öffentliche Verwaltung gilt. In den Jahren 1998 bis 2000 erarbeitete der Unterausschuss ‚Reform des kommunalen Haushaltsrechts' der Innenministerkonferenz der Länder Eckpunkte für ein doppisches Haushaltsrecht. Der Vorschlag der Innenministerkonferenz sollte länderübergreifend als Vorlage für die doppischen Haushaltsordnungen dienen.[188] Im November 2003 beschloss die Innenministerkonferenz der Länder die Abkehr von der Kameralistik in Form eines Leittextes für ein ressourcenorientiertes Gemeindehaushaltsrecht.[189] Aufgrund der Gesetzgebungshoheit der Bundesländer (s. Art. 70 GG) ging der Leittext nicht einheitlich, sondern mit Abwandlungen in das Haushaltsrecht einzelner Bundesländer über. Die daraus resultierende Vielfalt an Gemeindehaushaltsverordnungen kritisieren *Mühlenkamp/Glöckner*: »Fast könnte man von einer ‚haushaltsrechtlichen Konfusion' sprechen.«[190]

---

186 Vgl. Engels und Eibelshäuser 2010, S. 52-58. S. zu einem kritischen Vergleich von Kameralistik und Doppik im Bereich der öffentlichen Verwaltung Gröpl 2006.
187 Innenministerkonferenz der Länder 2000, Tz. I.3.
188 Vgl. Katz 2012, Tz. 73-75.
189 Vgl. Ständige Konferenz der Innenminister und -senatoren der Länder 2003, S. 1.
190 Mühlenkamp und Glöckner 2009, S. III. Ebenso kritisch Institut der Wirtschaftsprüfer in Deutschland e.V. 2004, S. 719-720.

2 Grundlagen der Doppik-Reform in der EKD

2.3.2 Einfluss nicht-kirchlicher Doppik-Vorschriften auf den Reformprozess in der EKD

2.3.2.1 Einfluss des Handelsrechts

Sowohl die handelsrechtlichen als auch die kommunalen Regelungen dienen der EKD als Referenzmodelle für die kirchliche Doppik.[191] Das Handelsrecht prägt als gesetztes Recht und inhaltliches Vorbild[192] zunächst das Bilanzrecht für die öffentliche Verwaltung.[193] Auch die EKD hat die wesentlichen allgemeinen Bewertungsgrundsätze aus dem Handelsrecht übernommen.[194]

Abweichungen zur handelsrechtlichen Bilanzierung ergeben sich insbesondere beim sog. nicht realisierbaren Anlagevermögen. Hierunter fallen beispielsweise sakrale Immobilien wie Kirchen und Kapellen, bei denen zurecht die Frage gestellt werden kann, ob es sich dabei um ‚Vermögen' handelt und wie dieses Vermögen zu bewerten ist. Weitere Besonderheiten resultieren z. B. bei den sog. finanzgedeckten Rücklagen. Der dem Handelsrecht zugeschriebene Gläubigerschutz soll laut EKD jedenfalls nicht Zweck des kirchlichen Jahresabschlusses sein.[195] Welche Aufgaben dem kirchlichen Abschluss stattdessen zukommen, wird in Kapitel 3.2 kritisch diskutiert.

---

191 Vgl. Evangelische Kirche in Deutschland 2012b, S. 2.
192 Das Handelsrecht ist auch Ausgangspunkt verschiedener branchenspezifischer Sonderregelungen. Hierzu zählt beispielsweise die Krankenhaus-Buchführungsverordnung (KHBV), die einerseits Verweise auf das HGB (s. z. B. § 4 Abs. 3 KHBV), andererseits spezielle Vorschriften enthält. Letztere regeln beispielsweise die Gliederung von Bilanz sowie Gewinn- und Verlustrechnung abweichend vom HBG, s. Anlagen 1 und 2 zur KHBV. In ganz ähnlicher Weise nimmt auch die Pflege-Buchführungsverordnung (PBV) auf das HGB Bezug.
193 Der Leittext für eine doppische Gemeindehaushaltsverordnung (s. Ständige Konferenz der Innenminister und -senatoren der Länder 2003, Anlage 2, S. 42 ff.) bietet in den Kapiteln sieben bis neun zahlreiche Beispiele dafür, dass handelsrechtliche Normen wortgleich übernommen wurden.
194 S. § 65 Abs. 1 HHR-EKD sowie § 252 Abs. 1 HGB.
195 So beispielsweise Evangelische Kirche in Deutschland 2012b, S. 2.

2.3.2.2 Einfluss des Kommunalrechts

Vor den Doppik-Reformen stützten sich die EKD und die Landeskirchen ebenso wie die Kommunen auf die pagatorisch orientierte Kameralistik. Auch die vorletzte Reform der Haushaltsrichtlinie der EKD vom 29. Mai 1999[196] orientierte sich noch an diesem Rechnungsstil.[197] Durch die Einberufung der Arbeitsgruppe zur Weiterentwicklung des kirchlichen Rechnungswesens im Jahr 2002[198] besteht ein zeitlicher Zusammenhang zwischen den Reformbemühungen der EKD und denen der Innenministerkonferenz. Inhaltlich sieht die EKD vier wesentliche Gemeinsamkeiten zwischen Kirchen und Kommunen, indem beide
- einen öffentlichen Haushalt zur Finanzierung der körperschaftlichen Aufgaben aufstellen,
- ihr Budgetrecht einem legislativen Beschlussorgan zuordnen,
- ehrenamtlich tätige Personen stark einbinden und
- ihre Arbeit auf die Bedürfnisse der Menschen vor Ort ausrichten.[199]

Aufgrund dieser Gemeinsamkeiten lag es nahe, kommunale Haushaltsordnungen als Vorlage für die kirchliche Doppik zu sehen. Gleichwohl identifiziert die EKD folgende Unterschiede zwischen Kirchen und Kommunen:[200]
- Kirchen können die Inhalte ihrer Arbeit weitgehend selbst gestalten. Dies bedingt aber auch, dass deren Arbeit im Rahmen der sog. Outputsteuerung an den finanziellen Möglichkeiten ausgerichtet wird. Kommunen haben aufgrund bestehender rechtlicher Vorschriften einen ihnen übertragenen Wirkungskreis, der nur geringe Spielräume für eine Outputorientierung zulässt.
- Kirchen unterhalten kaum Infrastrukturvermögen wie beispielsweise Straßen, hingegen jedoch zahlreiche Kirchengebäude, die nur bedingt kommerziell nutzbar sind. Diese Gebäude verursachen hohe Kosten,

---

196 S. Ordnung für das kirchliche Finanzwesen mit Ausführungsbestimmungen vom 29.05.1999 (ABl. S. 250).
197 Vgl. Evangelische Kirche in Deutschland 2006b, S. 6.
198 S. oben, Kapitel 2.2.1.
199 Vgl. Evangelische Kirche in Deutschland 2006b, S. 2. S. zu den Gemeinsamkeiten und Unterschieden zwischen Kirchen und Kommunen auch Frye-Grunwald et al. 2011.
200 Vgl. im Folgenden Evangelische Kirche in Deutschland 2006b, S. 2-3.

die in der Regel nicht objektbezogen von den Kirchenmitgliedern getragen werden.[201] Der Schwerpunkt der öffentlichen Verwaltung liegt in der Daseinsvorsorge. Dies führt zwar ebenfalls zu hohen Kosten, beispielsweise für die Bereitstellung von Infrastruktur, die jedoch über Abgaben refinanziert werden können.
- Kirchen können ihre Einnahmeseite, die hauptsächlich aus der Kirchensteuer besteht, kaum beeinflussen. Die Kirchenmitglieder können sich der Kirchensteuer als Mitgliedsbeitrag jederzeit durch Kirchenaustritt entziehen. Kommunen hingegen können ihre Leistungen über Steuern, Gebühren und Beiträge finanzieren und diese nötigenfalls dem Finanzbedarf anpassen. Bürger können sich diesen Lasten nicht entziehen.

Im Ergebnis stützt sich die EKD trotz einiger Unterschiede bei der Reform des kirchlichen Finanzwesens auch auf die Ergebnisse der Innenministerkonferenz vom 21. November 2003, die sie »im Hinblick auf die spezifisch kirchlichen Besonderheiten modifiziert«[202].

2.3.2.3 Kirchliches Bilanzrecht als Ausfluss nicht-kirchlicher Regelungen

Die kirchliche Rechnungslegung wird also sowohl vom Handelsrecht als auch vom kommunalen Haushaltsrecht beeinflusst. Beim Rückgriff auf kommunale doppische Haushaltsordnungen eröffnet sich eine heterogene Rechtslandschaft.[203] Insofern fragt sich, an welchem Kommunalrecht sich die EKD oder eine Landeskirche orientieren sollte. Denkbar wäre z. B., dass sich eine Landeskirche nicht nur an der EKD, sondern auch an der Gemeindeordnung des Bundeslands orientiert, mit dem die größte Deckungsgleichheit in der Fläche besteht.[204] Die handelsrechtlichen Prinzipien allein befriedigen im Zusammenhang mit der Eröffnungsbilanz ebenfalls nicht. Dies betrifft insbesondere das Anschaffungskostenprinzip, da für einen Teil des

---

201 Mit Ausnahme von Einzelmaßnahmen wie z. B. Spenden. So wurden von den Baukosten der Dresdner Frauenkirche (182,6 Mio. Euro) 102,8 Mio. Euro durch private Quellen finanziert, vgl. Stiftung Frauenkirche Dresden 2014.
202 Evangelische Kirche in Deutschland 2006b, S. 2.
203 Mühlenkamp und Glöckner 2009 beschäftigen sich mit einem Rechtsvergleich der kommunalen Haushaltsordnungen.
204 Die Flächen der Landeskirchen sind nicht identisch mit denen der Bundesländer, vgl. die Landkarte der Gliedkirchen der EKD, Evangelische Kirche in Deutschland 2014.

historisch gewachsenen Grundstückbestands Anschaffungskosten nicht bekannt sind. So müssen kirchliche wie kommunale Vorschriften im Rahmen der Grundstücksbewertung auf Bewertungsmethoden des Baurechts zurückgreifen. Das Baurecht beeinflusst somit ebenfalls die Rechnungslegung der EKD.

Darüber hinaus ist auch eine vielschichtige wechselseitige Beeinflussung innerhalb des kirchlichen Systems denkbar. Diese entsteht zum einen aus dem Umstand, dass die evangelische und die römisch-katholische Kirche in Deutschland parallel an der Reform des Rechnungswesens arbeiten.[205] Dabei kann es bei einer horizontalen Betrachtung zwischen den Großkirchen zu inhaltlichen Unterschieden oder einer Anlehnung kommen. Zum anderen können bei einer vertikalen Betrachtung innerhalb einer Kirche unterschiedliche Detaillösungen auftreten, indem beispielsweise einzelne evangelische Landeskirchen eigene, von der EKD inhaltlich abweichende Bilanzierungs- und Bewertungsvorschriften verlautbaren.

---

205 Leimkühler 2004 hat sich mit der Rechnungslegung in der Katholischen Kirche befasst.

3 Aspekte der Aufgaben des kirchlichen Jahresabschlusses vor dem Hintergrund handelsrechtlicher Ansätze und Probleme

3.1 Handelsrechtliche Abschlusszwecke

3.1.1 Abschlusszwecke im Lichte klassischer Bilanzauffassungen

3.1.1.1 Statische Bilanzauffassungen

Die kirchliche Doppik baut im Wesentlichen auf den Vorschriften des Handelsrechts auf. Allerdings könnten aufgrund der verschiedenen Tätigkeiten von Unternehmen und Kirchen hinsichtlich ihrer Rechnungslegung unterschiedliche Zwecke bestehen. Sie sollen in diesem Kapitel untersucht und erörtert werden. Die Diskussion über die Aufgaben des handelsrechtlichen Jahresabschlusses kam ab Ende des 19. Jahrhunderts auf. Die sich teilweise widersprechenden Sichtweisen werden heute als klassische Bilanzauffassungen bezeichnet. Sie sollen als Ausgangspunkt der Diskussion um die Zwecke des Jahresabschlusses dienen.

Die Literatur unterscheidet hierbei im Wesentlichen zwischen der statischen, der dynamischen und der organischen Bilanzauffassung,[206] die dort auch als Bilanztheorien bezeichnet werden.[207] Die klassischen Bilanzauffassungen sind vor dem Hintergrund der zu ihrer Entstehungszeit herrschenden Gesetzeslage zu sehen. Demnach enthielt das Handelsrecht zunächst keine kodifizierten Grundsätze ordnungsmäßiger Buchführung. Die Vertreter der klassischen Bilanzauffassungen haben vor diesem Hintergrund grundlegende Meinungen über Zweck und Ausgestaltung der Rechnungslegung erarbeitet. Die im 19. Jahrhundert entwickelte statische Bilanzauf-

---

[206] Daneben befassen sich neuere Bilanztheorien beispielsweise mit der Prognosekraft von Jahresabschlüssen, informationsökonomischen Fragestellungen oder empirischen Untersuchungen im Zusammenhang mit dem Kapitalmarkt, vgl. Rückle 1993, Sp. 257-258. Diese sollen hier nicht weiter thematisiert werden.

[207] Vgl. zu einer einleitenden Übersicht Coenenberg et al. 2012, S. 1239-1241 und Rückle 1993, Sp. 254-256. Dort finden sich auch Hinweise auf die zahlreichen Autoren, die sich um Fortentwicklung der Bilanzauffassungen bemüht haben. Zur Kritik an dieser Unterscheidung vgl. Schneider 1993, Sp. 719.

3.1 Handelsrechtliche Abschlusszwecke

fassung ist juristisch geprägt und versteht die Bilanz im Sinne eines Inventars oder Vermögensstatus. Die Ergebnisentwicklung, wie sie in der Gewinn- und Verlustrechnung zum Ausdruck kommt, wurde in der statischen Bilanzauffassung zunächst als nachrangig oder gar als unabhängige Sonderrechnung betrachtet, ehe sich der rechnerische Einklang zwischen Vermögens- und Erfolgsermittlung durchsetzte.[208]

Nach der statischen Interpretation liegt der Hauptzweck der Bilanzierung darin, Vermögen im Sinne eines Schuldendeckungspotenzials zu ermitteln. Dieser Gedanke ist seit dem ADHGB 1861 insofern kodifiziert, als die Bilanz Vermögen und Schulden gegenüberstellt.[209] Unklar war damit aber noch die Bewertung des Vermögens und der Schulden, die dem Kaufmann selbst oblag (s. Art. 29 Abs. 1 ADHGB 1861). Ausgangspunkt der statischen Bilanzauffassung ist die Bilanz als Zahlungsspeicher. Vermögen kann zu Einzahlungen führen, Schulden führen zu Auszahlungen. Die Statik unterscheidet Ein- und Auszahlungen in den Szenarien Unternehmenszerschlagung und -fortführung. Bei einer Zerschlagung werden Einzahlungen erzeugt, indem Vermögensgegenstände einzeln im Liquidationsverfahren veräußert werden. Bei einer Fortführung resultieren Einzahlungen nicht aus der Verwertung des vorhandenen Vermögens, sondern aus dem laufenden Geschäftsbetrieb.[210] Dementsprechend prägten sich die sog. objektive Zerschlagungsstatik und die sog. subjektive Fortführungsstatik aus.

Die objektive Zerschlagungsstatik wurde maßgeblich vom Reichs-Oberhandelsgericht geprägt. Seiner Ansicht nach liegt der Bilanz »die Idee einer fingirten augenblicklichen allgemeinen Realisirung sämmtlicher Activa und Passiva zum Grunde«[211]. Dass dabei nicht von der Liquidation des Betriebs, sondern von dessen Fortbestand auszugehen sein soll,[212] erscheint zunächst widersprüchlich. Gemeint ist, dass Vermögensgegenstände zu

---

208 Vgl. Coenenberg et al. 2012, S. 1243-1244, 1265. Beispielsweise waren Aktiengesellschaften um 1900 nicht zur doppelten Buchführung verpflichtet, sondern erstellten Ergebnisrechnungen teilweise unabhängig von der Bilanz, vgl. Schmalenbach 1906, S. 41-45.
209 Vgl. Moxter 1982, S. 215 mit Verweis auf Art. 29 ADHGB 1861. Dem heutigen Handelsrecht liegt dieser Grundgedanke ebenso weiterhin zugrunde (s. § 242 Abs. 1 S. 1 HGB) wie der Doppik der EKD (s. § 83 Nr. 14 HHR-EKD).
210 Vgl. Moxter 1982, S. 216-217.
211 Reichs-Oberhandelsgericht, Urteil vom 03.12.1873, S. 19.
212 Vgl. Reichs-Oberhandelsgericht, Urteil vom 03.12.1873, S. 19.

Einzelveräußerungspreisen bewertet werden sollen, wobei der sog. allgemeine Verkehrswert oder ein sog. objektiver Wert anzusetzen ist, jedoch ohne die im Konkurs- bzw. Insolvenzfall gegebenenfalls abzuziehenden Wertabschläge.[213] Ziel des *Reichs-Oberhandelsgerichts* war, durch allgemeine Verkehrswerte eine durch den Markt objektivierte Bilanzierung zum Schutz des Kaufmanns und der Gläubiger zu erreichen.[214]

Als Vertreter der subjektiven Fortführungsstatik wird vor allem *Simon* genannt.[215] Für *Simon* ist das Vermögen nicht nur grundsätzlich zu Fortführungswerten zu messen.[216] Vielmehr betont er, dass der Kaufmann ‚sein' Vermögen messen muss und deshalb individuelle Werte zu ermitteln seien, die unter anderem von der jeweiligen Verwendung eines Gegenstands abhängen.[217] *Simon* unterscheidet dabei zwischen Betriebsgegenständen und Veräußerungsgegenständen.[218] Die Bewertung der Betriebsgegenstände soll nach *Simon* zum Gebrauchswert erfolgen, der als Anschaffungspreis abzüglich Wertminderungen fingiert wird. Demgegenüber sollen Veräußerungsgegenstände zum Verkaufspreis bewertet werden. Der bilanzielle Wertansatz kann demnach die Anschaffungskosten übersteigen.[219]

Indem *Simon* auf das individuelle Kaufmannsvermögen abstellt, widerspricht er der heute durch das handelsrechtliche Realisationsprinzip verlangten Objektivierung.[220] Er thematisiert, dass die Bilanzierung unterschiedliche Zwecke verfolgen kann. Im Gegensatz zum damaligen aktienrechtlichen Grundgedanken, wonach die Ausschüttung unrealisierter Gewinne vermieden werden soll,[221] priorisiert *Simon* die nach seiner Ansicht richtige Darstellung der Vermögenslage. Dies verdeutlicht im Vergleich zur

---

213 Vgl. Moxter 1982, S. 218-219. Dieser Grundgedanke findet sich heute in der handelsrechtlichen Going-concern-Prämisse (s. § 252 Abs. 1 Nr. 2 HGB).
214 Vgl. Moxter 1982, S. 219.
215 S. grundlegend Simon 1910.
216 Vgl. im Folgenden Moxter 1982, S. 219-220.
217 Vgl. Simon 1910, S. 303-306.
218 Vgl. Simon 1910, S. 326-328. Diese Trennung findet sich heute in etwa in der handelsrechtlichen Unterscheidung von Anlage- und Umlaufvermögen wieder.
219 Vgl. Moxter 1982, S. 222.
220 Der Ansatz von (fortgeführten) Anschaffungskosten bei den Betriebsgegenständen kann allerdings als Kompromiss in Richtung einer Objektivierung gedeutet werden, vgl. Moxter 1982, S. 222.
221 Dies gilt seit dem AktG 1884, s. oben, Kapitel 2.3.1.2.

Sichtweise des *Reichs-Oberhandelsgerichts*[222] bereits innerhalb der statischen Bilanzauffassung einen Wertungswiderspruch. Dieser konnte nicht gelöst werden, ohne die Frage nach dem Jahresabschlusszweck zu beantworten.

3.1.1.2 Dynamische Bilanzauffassungen

Die dynamische Bilanzauffassung gelangte unter *Schmalenbach* zu Beginn des 20. Jahrhunderts zum Durchbruch.[223] *Schmalenbach* wendet sich ausdrücklich dagegen, dass die statische Bilanz den Wert eines Unternehmens oder des Kaufmannsvermögens darstellen könne. Vielmehr steht die Ermittlung des Erfolgs zum Zweck der Betriebssteuerung im Mittelpunkt seiner Betrachtung.[224]

Schmalenbach geht zunächst von einem Totalgewinn aus, indem er »das bei Beginn des Betriebs als auch das im weiteren Verlauf Hineingesteckte, dann alles, was man in irgendeiner Form herausgezogen hat, natürlich ausschließlich dessen, was die Auflösung erbracht hat, zusammenstellt und das Erste vom Zweiten abzieht«[225]. In der Praxis kann jedoch nicht die Totalperiode abgewartet werden, sodass der Totalgewinn in interpretationsbedürftige Periodengewinne aufzuteilen ist. Hierfür benötigt man die Bilanz als »eine Art Weiter- oder Fortschreibung aller noch schwebenden Posten, damit sie in der Gewinnrechnung der sie angehenden Rechnungsperiode berücksichtigt werden«[226].

Während also in der Totalperiode eine Einnahmen- und Ausgabenrechnung genügen würde,[227] sind für die Betrachtung einzelner Periodenge-

---

222 Im Sinne der mit der Zerschlagungsstatik assoziierten Entscheidung des Reichs-Oberhandelsgerichts vom 03.12.1873.
223 Über die dynamische Bilanzauffassung gibt es zahlreiche Übersichten, z. B. bei Münstermann 1966, Coenenberg et al. 2012, S. 1243-1244; Baetge et al. 2011, S. 17-23. Eine ausführliche Systematisierung bietet Moxter 1982, S. 245-373.
224 Vgl. Schmalenbach 1919, S. 7-10.
225 Schmalenbach 1919, S. 11.
226 Schmalenbach 1919, S. 13.
227 *Schmalenbach* unterscheidet noch nicht die heute üblichen Begriffe der Einzahlungen und Einnahmen sowie Auszahlungen und Ausgaben. Während sich Ein- und Auszahlungen nur auf Liquiditätsveränderung beziehen, beinhalten Einnahmen zusätzlich auch den Anstieg von Forderungen oder den Rückgang von Verbindlichkeiten (spiegelverkehrt bei Ausgaben). Vgl. zu diesen Grundbegriffen des

winne periodisierte Einnahmen (Erträge) und periodisierte Ausgaben (Aufwendungen) vonnöten.[228] So kann man – wie bei einem Barverkauf – annehmen, dass alle Periodeneinzahlungen auch Periodenertrag sind. Aber auch spätere Einzahlungen – heutige Forderungen – können Periodenertrag sein, wenn sie auf einer Leistung der Periode beruhen und objektiviert sind. Der Erfolgsbegriff *Schmalenbachs* ist also eng mit der Periodisierung von Zahlungen verbunden.[229]

Die Bilanz hat nach *Schmalenbach* den Zweck eines Abgrenzungskontos. Aktiva fasst *Schmalenbach* als sog. schwebende Vorleistungen[230] zusammen, Passiva als sog. schwebende Nachleistungen[231]. Der Unterschied zur statischen Bilanzauffassung wird am Beispiel der Abschreibungen deutlich: *Simon* verstand Abschreibungen als Wertminderungen des Gebrauchswerts von Betriebsgegenständen.[232] Aus seiner Systematik heraus versteht *Schmalenbach* Abschreibungen vor allem als Verteilung des Anschaffungspreises über die Nutzungsdauer.[233]

Schmalenbach erkennt, dass es schwierig ist, den absolut richtigen Periodengewinn zu ermitteln, und rückt daher den relativ richtigen Periodengewinn in den Vordergrund.[234] Dies wird an folgendem Beispiel deutlich: Ein Vermögensgegenstand wurde abgeschrieben. Die bisherige Abschreibung stellt sich in der laufenden Periode nachträglich als zu hoch heraus, sodass

---

Rechnungswesens Baetge et al. 2011, S. 1-6. Schneider 1997, S. 46, merkt an, »*daß jeder Einordnung von Zahlungen in erfolgswirksame und nicht erfolgswirksame (erfolgsneutrale) ein Verständnis von Erfolg = Gewinn zugrunde liegt*«. Vgl. zu *Schneiders* Kritik an den Begriffsunterscheidungen für die Erfolgs- und Finanzrechnung ebenda, S. 46-59.

228 Vgl. Schmalenbach 1919, S. 17-19. *Schmalenbach* sprach von ‚Leistungen' statt von ‚Erträgen'.
229 Weitere Darstellungen hierzu finden sich bei Moxter 1982, S. 283-288 sowie Schneider 1997, S. 50. *Schneider* kritisiert solche Schemata jedoch dahingehend, dass sich der Gewinn als Saldo von Erträgen und Aufwendungen nicht aus derartigen Abgrenzungen ergibt, sondern nur nach einem vorausgesetzten Gewinnbegriff, der beispielsweise aus einer bestimmten Rechnungswesenverfassung stammt, vgl. Schneider 1997, S. 58-59.
230 Vgl. Schmalenbach 1988, S. 66.
231 Vgl. Schmalenbach 1988, S. 70.
232 Vgl. Simon 1910, S. 408; Moxter 1982, S. 220.
233 S. zu den Begriffen der dynamischen Bilanz im Einzelnen Schmalenbach 1988, S. 72.
234 Dies will *Schmalenbach* durch Betriebsvergleich oder Zeitvergleich erreichen, vgl. Schmalenbach 1988, S. 54.

der früher zu hoch angesetzte Aufwand mittels einer Zuschreibung zu korrigieren wäre. Eine derartige Zuschreibung verzerrt nach *Schmalenbachs* Auffassung das Ergebnis der laufenden Periode. Aus einem (operativen) Verlust könnte rein durch die Zuschreibung ein Gewinn werden und die Unternehmenssteuerung konterkarieren.[235]

Mit seiner Interpretation von Bilanz und Ergebnisrechnung legte *Schmalenbach* einen Grundstein für die heute angewandte formelle Buchungstechnik. Die dynamische Bilanzauffassung prägt das heutige materielle handelsrechtliche Verständnis des Anschaffungskostenprinzips, des Realisationsprinzips, der Niederstwertvorschriften und der Bewertungsstetigkeit.[236] Kritiker bemängeln jedoch, dass *Schmalenbach* zwar die Technik der Wirtschaftlichkeitsmessung fortentwickelt hat, aber den Gewinnbegriff verborgen lässt.[237]

3.1.1.3 Organische Bilanzauffassungen

Im Lichte der steigenden Inflation der 1920er Jahre setzte sich die Betriebswirtschaftslehre mit dem Einfluss der Geldentwertung auf die Kaufkraft auseinander.[238] Inflation beeinflusst den Aussagegehalt der Rechnungslegung unmittelbar, da diese in Geldeinheiten erfolgt. Handelsrechtlich (und in der Haushaltsrichtlinie der EKD) wird Inflation bilanziell nicht berücksichtigt. Man spricht insofern von einer nominellen Kapitalerhaltungsrechnung.[239]

Bereits *Schmalenbach*[240] schlug eine Anpassung an den allgemeinen Kaufpreisindex vor. *Schmidt* vertrat die Ansicht einer umfassenden, substanzorientierten Kapitalerhaltung. Er bezeichnet seine Bilanzauffassung als organische, da »betriebswirtschaftliches Geschehen nicht nur im engen Bereich der Unternehmung zu untersuchen ist«[241], und sieht Unternehmen

---

235 Vgl. Schmalenbach 1988, S.105-106.
236 Vgl. Baetge et al. 2011, S. 22-23.
237 Laut Schneider 1997, S. 233, ist *Schmalenbachs* System »allenfalls pädagogischer Natur«. Hiermit ist gemeint, dass die Buchungstechnik nichts über Zweck und Inhalt der Rechnungslegung aussagt, vgl. Schneider 1997, S. 234-235.
238 Zur Einführung in diese Problemstellung aus bilanzieller Sicht vgl. Moxter 1982, S. 344-352.
239 Als deren Vertreter gilt *Rieger*, s. hierzu Rieger 1938.
240 So geht *Schmalenbach* bei einer Preissteigerung von Vorräten von einem Ertrag aus, vgl. Schmalenbach 1919, S. 31.
241 Schmidt 1951, S. 47.

als Zellen »im Organismus der Gesamtwirtschaft«[242]. Demnach bestimmt sich die relative Stellung eines Unternehmens in der Wirtschaft anhand seiner leistungswirtschaftlichen Substanzerhaltung. Die Substanzerhaltung wird durch die Inflation beeinflusst, die eine Wiederbeschaffung bei gleichem Leistungspotenzial verteuert. Im Umkehrschluss müssen operative Umsatzgewinne von inflationsbedingten Scheingewinnen abgegrenzt werden.[243]

Schmidt verwirft in seinem Bewertungsansatz das Anschaffungskostenprinzip, da Anschaffungskosten für ihn nur historische Bedeutung haben.[244] Vielmehr sei der Reproduktionswert des Unternehmens maßgeblich. Die Bilanz auf Basis von Tagesbeschaffungswerten sei aussagefähiger als auf Basis von historischen Kosten.[245] *Schmidt* vertritt die Ansicht, dass das Vermögen eines Unternehmens vorrangig in den Gütern statt in Geld zu sehen ist[246] und entfernt sich von den Objektivierungsanforderungen der statischen und dynamischen Bilanzauffassungen. Die Bewertung der sog. Anlagenwerte (der Bestände) soll nach Schmidt zum marktorientierten Reproduktionswert am Bilanzstichtag erfolgen.[247] Die Bewertung der sog. Umsatzwerte (für die Erfolgsrechnung) erfolgt mit Wiederbeschaffungspreisen am Umsatztag.[248]

Folgendes Beispiel verdeutlicht den Einfluss der Geldentwertung bei verschiedenen Kapitalbegriffen:[249] Ein Unternehmen erwirbt zu Beginn eines Geschäftsjahres Waren zu 100 Geldeinheiten (GE). Am Jahresende werden diese zu 140 GE verkauft. Die allgemeine Inflation betrug 10 %, die besagten Waren verteuerten sich im Einkauf auf 120 GE. Bewertet man erstens das Kapital des Kaufmanns nominell, so hat er einen Gewinn von 40 GE erwirtschaftet. Um zweitens dem allgemeinen Kaufkraftverlust Rechnung zu tragen, müsste das Unternehmen sein Kapital von 100 GE auf 110 GE erhöhen. Der nicht zur Kapitalerhaltung benötigte Gewinn beträgt dann 30 GE. Man kann drittens den ursprünglichen Kapitalbetrag mit den ursprünglich vorhandenen Vorräten (Substanz) gleichsetzen. Um einer so

---

242 Schmidt 1951, S. 47.
243 Vgl. Baetge et al. 2011, S. 23.
244 Vgl. Schmidt 1951, S. 71.
245 So Schmidt 1951, S. 72: »Der Reproduktionswert in der Bilanz besagt was ist, der Anschaffungswert was war.« (Text im Original teilweise gesperrt.)
246 Vgl. Schmidt 1951, S. 76-77.
247 Vgl. Schmidt 1951, S. 94.
248 Vgl. Schmidt 1951, S. 99-102.
249 Beispiel nach Moxter 1982, S. 344-346.

definierten Substanz zu entsprechen, muss das Unternehmen 120 GE Kapital einsetzen. Der Gewinn am Periodenende beträgt dann nur 20 GE. Diese Kapitalbegriffe stellt Tabelle 2 gegenüber:

Tabelle 2: Vergleich von Kapitalbegriffen bei Inflation[250]

Kapitalbegriff	Ursprünglicher Geldbetrag GE	Ursprüngliche Kaufkraft GE	Ursprüngliche Substanz GE
Kapitalerhaltungsmaßstab am Periodenende	100	110	120
Geld am Periodenende	140	140	140
Gewinn am Periodenende	40	30	20

Wenngleich *Schmidts* vom Anschaffungskostenprinzip abgewandte Bilanzauffassung jedoch nicht mit den Objektivierungsversuchen der Vertreter statischer und dynamischer Bilanzauffassungen kompatibel ist, muss ihm zugutegehalten werden, dass er die Geldentwertung thematisiert. Dies ist im weiteren Verlauf auch für die Kirchen zu erörtern.

3.1.2 Hauptfunktionen handelsrechtlicher Rechnungslegung

3.1.2.1 Interdependenzen von Abschlusszwecken und Grundsätzen ordnungsmäßiger Buchführung

Die handelsrechtlichen Vorschriften zur Rechnungslegung versuchen, der Vielzahl von Bilanzierungssachverhalten durch die Verwendung unbestimmter Gesetzesbegriffe gerecht zu werden. So haben die Grundsätze ordnungsmäßiger Buchführung für die handelsrechtliche Bilanzierung übergeordnete Bedeutung, denn nach § 243 Abs. 1 HGB ist der Jahresabschluss

---

250 In Anlehnung an Moxter 1982, S. 345. Eine ausführliche Darstellung der Problematik der realen Kapitalerhaltung mit Zahlenbeispielen findet sich ferner bei Coenenberg et al. 2012, S. 1273-1294.

»nach den Grundsätzen ordnungsmäßiger Buchführung aufzustellen«. Dabei sind Grundsätze ordnungsmäßiger Buchführung[251] als unbestimmter Rechtsbegriff[252] im HGB nicht definiert. Sie dienen nach *Ballwieser* »als überindividuelle Verhaltensnormen einer zweckgerechten Bilanzierung der Kaufleute und werden zur Darstellung von Sachverhalten herangezogen, die der Gesetzgeber nicht oder mit auslegungsbedürftigen Normen geregelt hat«[253].

Die Ermittlung von Grundsätzen ordnungsmäßiger Buchführung erfolgt nach älterer Ansicht entsprechend der Gepflogenheiten der Kaufleute, was auch als induktive Methode bezeichnet wird. Dies birgt die Gefahr einer opportunistischen Bilanzierung, die von den Interessen der Kaufleute geprägt ist und den Interessen anderer Adressaten widerspricht.[254] Der Wandel zur deduktiven Ermittlung von Grundsätzen ordnungsmäßiger Buchführung ist wohl *Döllerer*[255] zuzuschreiben. Dieser forderte, Grundsätze ordnungsmäßiger Buchführung nicht durch empirische Erhebungen zu ermitteln, sondern durch »Nachdenken darüber, wie eine konkrete Bilanzierungsfrage entschieden werden muß, um zu einer sachgerechten Bilanz zu gelangen.«[256] Das Problem, was unter einer sachgerechten Bilanz zu verstehen ist, konnte *Döllerer* nicht lösen, da der Zweck des Jahresabschlusses nicht gesetzlich definiert ist.[257]

Im Schrifttum setzte sich die Auffassung durch, Jahresabschlusszwecke und Grundsätze ordnungsmäßiger Buchführung seien interdependent zu ermitteln. Bei dieser sog. hermeneutischen Methode werden verschiedene Erkenntnisquellen wie beispielsweise einzelne Normen des HGB, Gesetzesbegründungen oder die Rechtsprechung des Bundesfinanzhofs berücksichtigt.[258] Das Zusammenspiel von Jahresabschlusszwecken und Grundsätzen ordnungsmäßiger Buchführung, die als verschiedene Ebenen betrachtet

---

251 Eine umfassende Darstellung der Grundsätze ordnungsmäßiger Buchführung findet sich bei Leffson 1987. S. zu einer weiterführenden Analyse vor dem Hintergrund des Bilanzrechtsmodernisierungsgesetzes Solmecke 2009.
252 Vgl. Leffson 1987, S. 21-26.
253 Ballwieser 2013b, Tz. 1. Vgl. zur Rechtsnatur der Grundsätze ordnungsmäßiger Buchführung aus Sicht der Literatur vor dem Bilanzrichtliniengesetz Döllerer 1959; Barth 1963. Vgl. zur Gewinnung von Grundsätzen ordnungsmäßiger Buchführung nach Umsetzung des Bilanzrichtliniengesetzes Beisse 1990.
254 Vgl. Baetge et al. 2011, S. 105.
255 Vgl. Döllerer 1959, S. 1220.
256 Döllerer 1959, S. 1220.
257 Vgl. Baetge und Zülch 2013, Tz. 21-22 mit weiteren Nachweisen.
258 Vgl. Baetge und Zülch 2013, Tz. 23-25.

werden können, verursacht jedoch Schwierigkeiten: denn einerseits bilden individuelle Abschlusszwecke die Grundlage für die Auslegung von Grundsätzen ordnungsmäßiger Buchführung, andererseits werden sie unter anderem aus diesen hergeleitet. Kritiker sehen darin einen Zirkelschluss.[259] Die zur Auslegung des Gesetzes verwendeten induktiven, deduktiven und hermeneutischen Techniken lehnen sich primär an die juristische Methodenlehre an. Dem hält *Schneider* entgegen, diese Techniken schließen »von gesetzlichen Grundsätzen erst auf Jahresabschlußzwecke und dann auf Einzelregeln, statt die gesetzlich formulierten Grundsätze selbst auf ihre Zweckmäßigkeit bzw. Sinnhaftigkeit zu untersuchen«[260].

Versteht man den Jahresabschluss als Instrument, das eine Schutzfunktion erfüllen soll,[261] so wird die Frage nach den konkreten Abschlusszwecken sowie die durch diese beeinflussten Grundsätze ordnungsmäßiger Buchführung unmittelbar für die zu schützenden Parteien relevant. In der Literatur werden Kapitalerhaltung und Rechenschaft als die wesentlichen handelsrechtlichen Abschlusszwecke genannt, die nachfolgend erläutert werden.[262]

3.1.2.2 Abschlusszweck Kapitalerhaltung

Eine zentrale Aufgabe der Rechnungslegung besteht darin, den Erfolg einer wirtschaftlichen Betätigung zu messen. Erfolgsmessung und Kapitalerhaltung stehen in unmittelbarem Zusammenhang, wenn – wie handelsrechtlich – Erfolg als Veränderung des Eigenkapitals bzw. Reinvermögens bestimmt wird.[263] Es ist zu erwarten, dass verschiedene Interessentengruppen unterschiedliche Ziele verfolgen und daher Erfolg uneinheitlich definieren. So mögen Aktionäre und Vorstände einer Aktiengesellschaft z. B. Dividenden- und Bonuszahlungen bevorzugen, während die Gläubiger der Gesellschaft eine konservative Liquiditätsausstattung präferieren.[264]

---

259 Vgl. Schneider 1997, S. 329-330; Moxter 1987, S. 363.
260 Schneider 1997, S. 333.
261 S. Baetge et al. 2011, S. 100-102, die vom relativierten Adressatenschutz sprechen.
262 Daneben kommt dem Jahresabschluss eine Dokumentationsfunktion zu, die Voraussetzung für die Abschlusszwecke Kapitalerhaltung und Rechenschaft ist, vgl. Baetge und Zülch 2013, Tz. 31. Sie soll aufgrund ihres eher formellen Charakters nicht weiter thematisiert werden.
263 Vgl. Rückle 1993, Sp. 250-251.
264 Vgl. Coenenberg et al. 2012, S. 17-19.

Da die Funktionen des handelsrechtlichen Jahresabschlusses nicht gesetzlich definiert sind, müssen sie aus einzelnen Normen hergeleitet werden. Für die Kapitalerhaltungsfunktion sprechen folgende Regeln, die sich rechtsformabhängig strukturieren lassen:
- Für Unternehmen jeder Rechtsform[265] setzt Kapitalerhaltung bereits bei der Gewinnermittlung an. Insbesondere die allgemeinen Bewertungsgrundsätze (s. § 252 Abs. 1 HGB) tragen durch Gewinnermittlungsvorschriften zur Kapitalerhaltung bei. Durch das Vorsichtsprinzip müssen Risiken aus ungewissen Sachverhalten im Rahmen der Gewinnermittlung berücksichtigt werden.[266] Das Imparitätsprinzip besagt, dass negative Erfolgsbeiträge einer abgelaufenen Periode bereits in deren Gewinn- und Verlustrechnung zu berücksichtigen sind, während positive Erfolgsbeiträge erst in der Periode berücksichtigt werden dürfen, in der sie realisiert wurden.[267] Ferner verhindern die Ansatz- und Bewertungsvorschriften, dass Vermögensgegenstände höher als zu Anschaffungs- und Herstellungskosten bewertet werden.[268] Durch diese Wertobergrenze werden die Aufdeckung von stillen Reserven sowie in deren Folge mögliche Ausschüttungen hierauf vermieden. Die Kapitalerhaltung erstreckt sich bei Einzelunternehmen und Personengesellschaften jedoch nur darauf, das Eigenkapital nach oben genannten Regeln zu beziffern.[269] Eine Ausschüttungsbegrenzung ist daran nicht geknüpft.[270]
- Für Kapitalgesellschaften[271], bei denen die Haftungsmasse auf das Eigenkapital begrenzt ist, sieht das Handelsrecht Ausschüttungssperren vor.[272] Beispielsweise darf der Betrag von selbst geschaffenem imma-

---

265 S. zur Befreiung von der Buchführungspflicht § 241a HGB.
266 Vgl. im Einzelnen Baetge et al. 2011, S. 136-140.
267 Vgl. im Einzelnen Baetge et al. 2011, S. 134-136.
268 S. § 253 Abs. 1 S. 1 HGB. Eine Ausnahme besteht jedoch bei der Bewertung des Deckungsvermögens für Pensionsverpflichtungen, das nach § 253 Abs. 1 S. 4 HGB zum beizulegenden Zeitwert zu bewerten ist, s. weiterführend IDW RS HFA 30, Tz. 67.
269 Manche Autoren sprechen daher statt vom Zweck der Kapitalerhaltung auch von der Gewinnermittlungs- oder Anspruchsbemessungsfunktion, vgl. z. B. Hinz 2013b, Tz. 35 ff.; Moxter 2003, S. 3-4. Die Begriffe werden im Rahmen dieser Arbeit gleichbedeutend verwendet.
270 Vgl. im Einzelnen Baetge et al. 2011, S. 97.
271 Ihnen sind für Zwecke der Bilanzierung haftungsbeschränkte Personenhandelsgesellschaften gleichgestellt, s. § 264a HGB.
272 Rechtsgrundlage ist § 268 Abs. 8 HGB. Vgl. zur Ausschüttungssperre im Einzelnen Coenenberg et al. 2012, S. 19.

3.1 Handelsrechtliche Abschlusszwecke

teriellem Anlagevermögen (hierunter fallen beispielsweise sog. aktivierte Entwicklungskosten) nicht ausgeschüttet werden.[273] Der Gesetzgeber wollte hierdurch den Gläubigerschutz stärken.[274]
- Weitere Gesetze bestimmen die Kapitalerhaltung für Gesellschaften mit beschränkter Haftung und Aktiengesellschaften. Zum Beispiel unterliegt das zur Erhaltung des Stammkapitals einer GmbH notwendige Vermögen einer Ausschüttungssperre.[275] Aktiengesellschaften sind darüber hinaus verpflichtet, aus dem Jahresüberschuss eine gesetzliche Rücklage[276] zu bilden.[277]

Das Handelsrecht bezweckt somit die Sicherung des Unternehmensbestands durch Erhaltung des nominellen und des ausschüttungsgesperrten Kapitals. Es geht von der Annahme aus, dass Unternehmen mit einer Mindestausstattung an Eigenkapital als Quelle späterer Auszahlungen erhalten bleiben.[278] Umgekehrt sichern die Gewinnermittlungsvorschriften auch die Gesellschafter, da Unternehmen (außerhalb der Grundsätze ordnungsmäßiger Buchführung) keine stillen Reserven bilden können. Hierdurch werden gesetzliche Ansprüche der Gesellschafter auf eine Mindestausschüttung gewährleistet.[279]

Im Gegensatz zur kirchlichen Doppik kennt das Handelsrecht jedoch keinen Grundsatz der Finanzdeckung.[280] Die handelsrechtlichen Kapitalerhaltungsvorschriften gewährleisten somit nur, dass ein entsprechender Betrag als positiver Saldo von Aktiva abzüglich übriger Passiva (Schulden) verbleibt, nicht jedoch, dass dieser auch in Form entsprechender Finanzanlagen ‚finanzgedeckt' ist.

---

273 Gleiches gilt im Fall des Überhangs aktiver latenter Steuern sowie bei zum beizulegenden Zeitwert aktivierten Deckungsvermögen, wobei jeweils passive latente Steuern zu verrechnen sind. Vgl. im Einzelnen Kozikowski und Huber 2012, Tz. 140-144.
274 S. RegE BilMoG, S. 35, 64.
275 S. § 30 Abs. 1 S. 1 GmbHG.
276 S. § 150 Abs. 2 AktG.
277 Vgl. hierzu und zu weiteren rechtsformspezifischen Beispielen Hinz 2013b, Tz. 36-43; Coenenberg et al. 2012, S. 19.
278 Vgl. Baetge et al. 2011, S. 99.
279 Vgl. mit entsprechenden Rechtsgrundlagen Coenenberg et al. 2012, S. 19-20; Hinz 2013b, Tz. 45-51.
280 S. zum Grundsatz der Finanzdeckung in der Haushaltsordnung der EKD unten, Kapitel 4.3.1.

3.1.2.3 Abschlusszweck Rechenschaft

Rechenschaft stellt neben Kapitalerhaltung den zweiten Hauptzweck der Rechnungslegung dar.[281] *Leffson* definiert Rechenschaft als »Offenlegung der Verwendung anvertrauten Kapitals in dem Sinne, daß dem Informationsberechtigten – das kann auch der Rechenschaftslegende selbst sein – ein so vollständiger, klarer und zutreffender Einblick in die Geschäftstätigkeit gegeben wird, daß dieser sich ein eigenes Urteil über das verwaltete Vermögen und die damit erzielten Erfolge bilden kann«[282]. Statt von Rechenschaft spricht die Literatur auch von einer Informationsfunktion der Rechnungslegung.[283]

Zahlreiche handelsrechtliche Vorschriften verweisen auf einzelne Rechenschaftspflichten.[284] Die Buchführung soll einem Dritten einen Überblick über nicht weniger als »die Lage des Unternehmens vermitteln«[285]. Die Posten von Bilanz sowie Gewinn- und Verlustrechnung müssen durch umfangreiche Anhangangaben kommentiert werden.[286] Im Lagebericht sollen Geschäftsverlauf und -ergebnis nicht nur dargestellt, sondern auch analysiert werden.[287]

Die so vermittelte Rechenschaft dient einerseits der Selbstinformation des Kaufmanns über das Ergebnis seiner Tätigkeit. Andererseits werden dadurch Informationsansprüche Dritter, der sog. Adressaten, befriedigt. Rechenschaftspflichten gegenüber Gesellschaftern werden »durch die gespaltene Unternehmerfunktion, d. h. durch die Trennung von Kapitalhergabe- und Dispositionsfunktion«[288] ausgelöst.[289] Zwei hieraus abgeleitete

---

281 Vgl. Baetge et al. 2011, S. 93-96; Baetge und Zülch 2013, Tz. 34-35.
282 Leffson 1987, S. 64.
283 Vgl. Hinz 2013b, Tz. 9-34; Moxter 2003, S. 4-7; Ballwieser 2002, S. 115-120. Die Funktionen Rechenschaft und Information werden im Folgenden gleichrangig und für Zwecke dieser Arbeit gleichbedeutend verwendet.
284 Nach Baetge et al. 2011, S. 93-96, sind im Einzelnen zu nennen: §§ 238 Abs. 1 S. 1, 242 Abs. 1 und 2, 243 Abs. 2, 246 Abs. 1 und Abs. 2 S. 1, 247 Abs. 1, 250 Abs. 1 und 2, 251, 252 Abs. 1 Nr. 2 und Nr. 6, 264 Abs. 2 S. 1 HGB. Im Folgenden werden Größen- und Rechtsformabhängigkeiten der Beispiele aus dem HGB nicht gesondert erwähnt.
285 § 238 Abs. 1 S. 2 HGB.
286 S. §§ 284, 285 HGB.
287 S. § 289 Abs. 1 S. 1, 2 HGB.
288 Baetge 1970, S. 16.
289 Die Literatur diskutiert das als Principal-Agent-Problem. Einen Überblick über die Forschung und Ergebnisse zur dieser Betrachtung des Bilanzrechts gibt Ballwieser 1982; Ballwieser 1986; Ballwieser 1991, S. 111-114.

Anforderungen an die Rechenschaft sind Adressatenbezug und Entscheidungserheblichkeit:
- Adressatenbezug bedeutet, dass sich Rechnungslegung an einen bestimmten Personenkreis richtet, der bestimmte Informationsinteressen hat. Dabei ist *Moxter* zu folgen: »Ohne einen wohldefinierten *Adressaten* ist keine sinnvolle Rechenschaft denkbar.«[290] Der Adressat unterscheidet sich nach *Moxter* vom Rechenschaftsempfänger dadurch, dass Adressaten informiert werden müssen, während Rechenschaftsempfänger alle Personen sind, die Kenntnis von einem Abschluss erhalten.[291] Die gesetzlichen Regelwerke benennen die Adressaten nicht abschließend.[292] Jedoch stehen Jahresabschlüsse mittlerweile durch die handelsrechtlichen Offenlegungsvorschriften ohnehin der gesamten Öffentlichkeit zur Verfügung.[293] Als wichtige Adressaten gelten Gesellschafter, Gläubiger, Arbeitnehmer, Kunden und Finanzbehörden.
- Entscheidungserheblichkeit bedeutet, dass Adressaten auf der Grundlage von durch den Jahresabschluss vermittelten Informationen Entscheidungen hinsichtlich ihrer Geschäftsbeziehung mit dem Bilanzierenden treffen.[294] Beispiele für Entscheidungen sind Kreditvergaben, Kapitalerhöhungen, Ausschüttungen oder Insolvenzanträge. Dabei ist davon auszugehen, dass verschiedene Adressaten abweichende, teils gegensätzliche Informationswünsche haben, sodass mit einer Rechnungslegung nicht alle Anforderungen befriedigt werden können.[295]

---

290 Moxter 1976, S. 94.
291 Vgl. Moxter 1976, S. 95; Ballwieser 2002, S. 115.
292 Dieses Problem gilt bspw. auch für die internationalen Rechnungslegungsstandards IFRS oder die US-amerikanischen Standards US-GAAP, vgl. Moxter 2003, S. 223-224.
293 Die Offenlegung erfolgt auf Grundlage der §§ 325 ff. HGB im sog. elektronischen Unternehmensregister, wobei der Umfang der Offenlegung von der Größenklasse des Unternehmens abhängt. Diese einschneidende Änderung der Offenlegungspflicht wurde zum 01.01.2007 durch das EHUG umgesetzt.
294 Aus entscheidungstheoretischer Sicht vermittelt Rechnungslegung eine Information, die einen Informationswert hat. Das modellhafte Informationswertkalkül legt nahe, dass Informationen nur dann entscheidungsrelevant sind, wenn ein Adressat aufgrund der Information eine andere Entscheidung trifft als ohne die Information, vgl. Ballwieser 2002, S. 117. Dies mag auch für Kirchen zutreffen, die mittels Jahresabschlüssen beispielsweise eine finanzielle Bedürftigkeit darstellen wollen (s. hierzu Kapitel 3.2.3.1). Andererseits werden viele Adressaten es als Informationswert empfinden, überhaupt doppische Abschlüsse zu erhalten, unabhängig davon, ob sie Entscheidungen treffen müssen.
295 Vgl. Moxter 2003, S. 223.

Die den Adressaten zu vermittelnden Informationen werden durch Rechnungslegungsvorschriften begrenzt und zu einem Kompromiss aggregiert.

Die Vertreter einer als Informationsfunktion bezeichneten Rechenschaft[296] betonen zudem, dass Erläuterungen zum Jahresabschluss in Form von Anhang und Lagebericht notwendig sind, um Mängel und Verständnisprobleme einer rein zahlenmäßigen Abbildung des Geschäfts durch Bilanz sowie Gewinn- und Verlustrechnung zu vermindern. Der Grund liegt darin, dass die im Rahmen der Gewinnermittlung zu beachtenden Grundsätze ordnungsmäßiger Buchführung, wie beispielsweise das Vorsichtsprinzip, mitunter eine einseitig risikobetonte Bilanzierung bewirken. Dieses Informationsdefizit soll durch ergänzende Informationen geheilt werden.[297]

3.1.3 Handelsrechtliche Grundsätze ordnungsmäßiger Buchführung

3.1.3.1 Begriff und Übersicht handelsrechtlicher Grundsätze ordnungsmäßiger Buchführung

Im Handelsrecht können mit Bezug auf Grundsätze ordnungsmäßiger Buchführung zwei Arten von Regelungen unterschieden werden: (1) Zum einen bestehen Normen, die selbst Grundsätze ordnungsmäßiger Buchführung beinhalten. (2) Zum anderen enthält das Handelsrecht Normen, die lediglich auf Grundsätze ordnungsmäßiger Buchführung verweisen.

Ad (1): Als zentrale Norm, die Grundsätze ordnungsmäßiger Buchführung beinhaltet, ist § 252 Abs. 1 HGB zu nennen. Er kodifiziert als allgemeine Bewertungsgrundsätze wesentliche materielle Grundsätze ordnungsmäßiger Buchführung.[298] Diese Grundsätze ordnungsmäßiger Buchführung wurden – mit Ausnahme des Prinzips der Unternehmensfortführung (Going-

---

296 Eine Systematisierung von Grundsätzen ordnungsmäßiger Buchführung als sog. Informations-GoB findet sich bei Moxter 2003, S. 221-234 und bei Ballwieser 2002.
297 Ballwieser 2002, S. 117, spricht insofern von der »Unbeachtlichkeit des Vorsichtsprinzips« für die Informationsfunktion.
298 S. zur Erläuterung der Inhalte der nachfolgenden Grundsätze ordnungsmäßiger Buchführung beispielsweise Ballwieser 2013b, Tz. 17-69; Baetge et al. 2011, S. 122-139.

concern-Prämisse) – von der EKD in die Haushaltsrichtlinie übernommen, namentlich:
- Der Grundsatz der Bilanzidentität als Übereinstimmung der Eröffnungsbilanz mit den Vorjahreswerten.[299]
- Der Einzelbewertungsgrundsatz, wonach Vermögensgegenstände und Schulden einzeln zu bewerten sind.[300]
- Gemäß dem Vorsichtsprinzip sind alle bis zum Abschlussstichtag entstandenen vorhersehbaren Risiken bei der Bewertung von Vermögensgegenständen und Schulden zu berücksichtigen.[301]
- Nach dem Realisationsprinzip dürfen Gewinne erst erfasst werden, wenn sie am Stichtag realisiert sind.[302]
- Das Imparitätsprinzip erzwingt, dass Verluste und Gewinne ungleich bilanziert werden. Verluste sind bereits dann zu erfassen, wenn sie vorhersehbar sind, Gewinne erst dann, wenn sie realisiert sind.[303]
- Der Grundsatz der Periodenabgrenzung verlangt, dass Aufwendungen und Erträge eines Haushaltsjahrs unabhängig vom Zeitpunkt der Zahlungen im Jahresabschluss berücksichtigt werden.[304]
- Gemäß der Bewertungsmethodenstetigkeit sollen die in den Vorjahren angewendeten Bewertungsmethoden im Jahresabschluss beibehalten werden.[305]

Ad (2): Die daneben bestehenden Vorschriften des Handelsrechts, die auf Grundsätze ordnungsmäßiger Buchführung verweisen,[306] lassen sich in drei Gruppen einteilen:
- Die erste Gruppe von Verweisen verlangt, dass die Buchführung, Aufzeichnung der Handelsbücher sowie Inventur- und Bewertungsverein-

---

299 S. § 252 Abs. 1 Nr. 1 HGB, entspricht § 65 Abs. 1 Nr. 1 HHR-EKD.
300 S. § 252 Abs. 1 Nr. 3 HGB, entspricht § 65 Abs. 1 Nr. 2 HHR-EKD.
301 S. § 252 Abs. 1 Nr. 4, 1. Hs. HGB, entspricht § 65 Abs. 1 Nr. 3 HHR-EKD.
302 S. § 252 Abs. 1 Nr. 4, 2. Hs. HGB, entspricht Ausführungsbestimmung zu § 65 Abs. 1 Nr. 3 HHR-EKD. Der Zeitpunkt der Gewinnrealisation ergibt sich jedoch keineswegs aus dieser Vorschrift, sondern letztlich erst durch den Rückgriff auf Sinn und Zweck der Rechnungslegung, vgl. Ballwieser und Zimmermann 2004, S. S76.
303 S. § 252 Abs. 1 Nr. 4, 2. Hs. HGB, entspricht Ausführungsbestimmung zu § 65 Abs. 1 Nr. 3 HHR-EKD.
304 S. § 252 Abs. 1 Nr. 5 HGB, entspricht § 65 Abs. 1 Nr. 4 HHR-EKD.
305 S. § 252 Abs. 1 Nr. 6 HGB, entspricht § 65 Abs. 1 Nr. 5 HHR-EKD.
306 Vgl. zur Auflistung der einzelnen Vorschriften statt vieler Ballwieser 2013b, Tz. 5.

3 Aspekte der Aufgaben des kirchlichen Jahresabschlusses

fachungen einschließlich der Aufbewahrung von Unterlagen Grundsätzen ordnungsmäßiger Buchführung entsprechen.[307] Diese Gruppe stellt also auf Grundsätze ordnungsmäßiger Buchführung ab, die insbesondere die formelle Gestaltung des Jahresabschlusses betreffen.
- Die zweite Gruppe von Verweisen besagt, »der Jahresabschluß ist nach den Grundsätzen ordnungsmäßiger Buchführung aufzustellen«[308] bzw. »der Jahresabschluß der Kapitalgesellschaft hat unter Beachtung der Grundsätze ordnungsmäßiger Buchführung ein den tatsächlichen Verhältnissen entsprechendes Bild der Vermögens-, Finanz- und Ertragslage der Kapitalgesellschaft zu vermitteln.«[309]
- Die dritte Gruppe von Verweisen knüpft an die zweite an, indem sowohl der Bericht des Abschlussprüfers als auch dessen Bestätigungsvermerk darauf eingehen müssen, dass bzw. ob der Abschluss unter Beachtung der Grundsätze ordnungsmäßiger Buchführung ein den tatsächlichen Verhältnissen entsprechendes Bild der Vermögens-, Finanz- und Ertragslage vermittelt.[310]

Für die weitere Betrachtung ist insbesondere die zweite Gruppe von Verweisen auf Grundsätze ordnungsmäßiger Buchführung relevant. Damit verbunden ist die nachfolgend dargestellte Frage, welcher Zusammenhang zwischen Grundsätzen ordnungsmäßiger Buchführung und der von § 264 HGB formulierten Generalnorm besteht. Die zweite Gruppe von Verweisen auf Grundsätze ordnungsmäßiger Buchführung wird in Kapitel 3.3.3 auch für die EKD thematisiert, die in ihrer Haushaltsrichtlinie gänzlich auf solche Verweise verzichtet.

---

307 S. §§ 238 Abs. 1 S. 1, 239 Abs. 4 S. 1, 241 Abs. 1 S. 2, 241 Abs. 2, 241 Abs. 3 Nr. 2, 256, 257 Abs. 3 S. 1 HGB.
308 § 243 Abs. 1 HGB (Anwendungsbereich: alle Kaufleute).
309 § 264 Abs. 2 S. 1 HGB (Anwendungsbereich: Kapitalgesellschaften und gleichgestellte Rechtsformen).
310 S. §§ 321 Abs. 2 S. 3, 322 Abs. 3 S. 1 HGB.

3.1.3.2 Zusammenhang von Grundsätzen ordnungsmäßiger Buchführung und Generalnorm

Einen maßgeblichen Verweis auf Grundsätze ordnungsmäßiger Buchführung beinhaltet für Kapitalgesellschaften die Generalnorm[311] des § 264 Abs. 2 S. 1 HGB:

> »Der Jahresabschluß der Kapitalgesellschaft hat unter Beachtung der Grundsätze ordnungsmäßiger Buchführung **ein den tatsächlichen Verhältnissen entsprechendes Bild** der Vermögens-, Finanz- und Ertragslage der Kapitalgesellschaft zu vermitteln.« (Hervorhebung durch den Verfasser)

Das den tatsächlichen Verhältnissen entsprechende Bild der Vermögens-, Finanz- und Ertragslage (im Folgenden auch kurz: Einblicksgebot oder Generalnorm) wird im Kontext der internationalen Rechnungslegung auch als ‚fair presentation' oder ‚true and fair view'[312] bezeichnet. Nachfolgend soll der Inhalt des Einblicksgebots und sein Verhältnis zu den Grundsätzen ordnungsmäßiger Buchführung näher betrachtet werden.

Inhaltlich scheint das Einblicksgebot die Berichterstattung über die Vermögens-, Finanz- und Ertragslage[313] eines Unternehmens zu verlangen. Das Einblicksgebot »erweckt – vom Wortlaut her – zunächst den Anschein, als seien die externen Adressaten … über die absolut gegebenen tatsächlichen Verhältnisse zu informieren«[314]. Aus betriebswirtschaftlicher Sicht würde man beispielsweise[315] unter Ertragslage die Fähigkeit verstehen, zukünftige Ausschüttungen zu generieren. Bei der Finanzlage interessiert vor allem die zukünftige Liquidität. Die Vermögenslage kann sich auf Zerschlagungs- oder Effektivvermögen beziehen. Die von Rechenschaft und Kapitalerhaltung dominierten und durch Grundsätze ordnungsmäßiger Buchführung wie das Vorsichtsprinzip geprägten Gewinnermittlungsregeln können all diese Anforderungen jedoch nicht erfüllen. Stattdessen liefern sie ein vorsichtiges, objektiviertes und oft vergangenheitsbezogenes Bild der Vermögens-, Finanz- und Ertragslage. Die Aussagekraft des Einblicksgebots wird

---

311 Die Generalnorm an sich ist kein Grundsatz ordnungsmäßiger Buchführung, vgl. Hinz 2013a; Tz. 5.
312 Beide Begriffe verwenden beispielsweise die IPSAS im Conceptual Framework, s. Tz. BC3.5-BC3.6.
313 S. zur Erläuterung der Lagen, deren Verhältnis und gegenseitige Beeinflussung im Einzelnen Hinz 2013a, Tz. 11-34.
314 Hinz 2013a, Tz. 35.
315 Vgl. zu den nachfolgenden Beispielen Streim 1994, S. 399-400.

somit maßgeblich durch das Verhältnis zu einzelnen Bilanzierungsvorschriften – insbesondere den Grundsätzen ordnungsmäßiger Buchführung – begrenzt und beeinflusst.

Das Einblicksgebot in die Vermögens-, Finanz- und Ertragslage wird entsprechend dem Wortlaut von § 264 Abs. 2 S. 1 HGB nur insoweit verlangt, als dies unter bzw. trotz Beachtung der Grundsätze ordnungsmäßiger Buchführung möglich ist.[316] Durch wesentliche Grundsätze ordnungsmäßiger Buchführung wie dem Vorsichts-, dem Realisations- oder dem Anschaffungskostenprinzip entspricht das bilanzielle Abbild von Geschäftsvorfällen nicht den tatsächlichen Verhältnissen, sondern wird zugunsten einer objektivierten und gläubigerschützenden Gewinnermittlung verzerrt. Das Einblicksgebot wird also im Verhältnis zu den Grundsätzen ordnungsmäßiger Buchführung als subsidiär gesehen.[317] Auch im Verhältnis zu Einzelvorschriften wird das Einblicksgebot grundsätzlich als nachrangig betrachtet.[318] Soweit Einzelvorschriften Wahlrechte und Ermessensspielräume zulassen, werden in der Literatur unterschiedliche Ansichten vertreten.[319]

Zusammenfassend soll das Einblicksgebot nach § 264 Abs. 2 S. 1 HGB die Informationsfunktion des Jahresabschlusses stärken,[320] ist jedoch durch das bilanzielle Primat der Kapitalerhaltung und die entsprechenden Bewertungsvorschriften eingeschränkt. Als Ausweg wird deshalb gesehen, Informationsdefizite des Jahresabschlusses durch Erläuterungen vor allem im Anhang[321], gegebenenfalls auch im Lagebericht[322], zu kompensieren.

---

316 Vgl. Hinz 2013a, Tz. 38. Dagegen ist der true and fair view im britischen Bilanzrecht und in der Vierten EG-Richtlinie als ‚overriding principle' konzipiert, vgl. Streim 1994, S. 393-395; Art. 2 Abs. 3 und Abs. 5 Vierte EG-Richtlinie.
317 Vgl. Hinz 2013a, Tz. 39-44; Beisse 1988, S. 34-36.
318 Vgl. Hinz 2013a, Tz. 45; Forster et al. 1997, § 264 Tz. 102-110.
319 Nach einer Meinung sind Wahlrechte und Ermessensspielräume nur konform zum Einblicksgebot auszuüben. Nach einer anderen Meinung wird eine Einzelnorm als lex specialis nicht durch das Einblicksgebot eingeschränkt. Eine dritte Meinung sieht einen Vorrang der Generalnorm, wenn durch Einzelvorschriften die tatsächliche Entwicklung der Vermögens-, Finanz- und Ertragslage verdeckt werden soll. Vgl. zu den Vertretern der jeweiligen Auffassung mit weiteren Nachweisen Hinz 2013a, Tz. 46-51.
320 Vgl. Hinz 2013a, Tz. 52-54.
321 Dies befiehlt schon § 264 Abs. 2 S. 2 HGB. *Moxter* begründet dies mit seiner sog. Abkopplungsthese, wonach Informationsmängel von Bilanz und Ergebnisrechnung generell durch zusätzliche Erläuterungen im Anhang zu heilen sind, vgl. Moxter 1986, S. 67-68; Moxter 1995, S. 426-428.
322 Vgl. Streim 1994, S. 405.

3.1.3.3 Betriebswirtschaftliche Deduktion von Grundsätzen ordnungsmäßiger Buchführung aus Werturteilen

Bei der hermeneutischen Gewinnung von Grundsätzen ordnungsmäßiger Buchführung wurde deutlich, dass dazu Kenntnisse über den Zweck des Jahresabschlusses notwendig sind.[323] Die betriebswirtschaftliche Deduktion von Grundsätzen ordnungsmäßiger Buchführung versucht, die durch Interdependenzen von Abschlusszwecken und Grundsätzen ordnungsmäßiger Buchführung verursachten Zirkelschlüsse zu vermeiden.

Ein Modell für eine idealtypische betriebswirtschaftliche Deduktion[324] von Grundsätzen ordnungsmäßiger Buchführung beschreibt *Schneider*.[325] Ziel dieses Modells ist, materielle Buchführungsvorschriften im Rahmen einer Messtheorie herzuleiten. Die betriebswirtschaftliche Deduktion hat das Ziel, ausgehend von Werturteilen zu einer Messung der interessierenden Größen zu gelangen. Aus dem Werturteil beantwortet sich die Frage nach dem ‚Warum' der Rechnungslegung, aus daraus abgeleiteten Messhypothesen die Frage nach dem ‚Wie'.

Ausgangspunkt einer betriebswirtschaftlichen Deduktion sind Werturteile als Anforderungen der Wirtschafts- und Sozialordnung. Denkbare Werturteile sind z. B. Rechenschaft, Allokationseffizienz und Gläubigerschutz.[326] Rechenschaft bedeutet, dass Auftragshandelnde gegenüber den Auftraggebern Rechenschaft ablegen sollen.[327] Allokationseffizienz meint, dass knappe Ressourcen (Geld) ohne Verschwendung verteilt werden sollen. Gläubigerschutz heißt, dass das betriebliche Einkommen so ermittelt und – insbesondere im Sinne von Ausschüttungen – so verwendet werden soll, dass alle Zahlungsverpflichtungen gegenüber Gläubigern fristgerecht

---

323 S. zur Gewinnung von Grundsätzen ordnungsmäßiger Buchführung oben, Kapitel 3.1.2.1.
324 Die betriebswirtschaftliche Deduktion ist eine modellhafte Vorgehensweise, die nicht identisch ist mit der induktiven, deduktiven oder hermeneutischen Gewinnung von Grundsätzen ordnungsmäßiger Buchführung. Diese Verfahren wurden insbesondere vor der Handelsrechtsreform des Jahres 1985 durch das Bilanzrichtlinengesetz diskutiert (s. oben, Kapitel 2.3.1.2), da bis dahin kaum Grundsätze ordnungsmäßiger Buchführung kodifiziert waren, vgl. Baetge et al. 2011, S. 108.
325 Die nachfolgenden Ausführungen basieren insbesondere auf dem Beispiel von Schneider 1983; Schneider 1997, S. 111-119.
326 Vgl. Schneider 1997, S. 109-110. *Schneider* stellt insbesondere auf steuer- und handelsrechtliche Werturteile ab.
327 Betriebswirtschaftlich wird dies als Verringerung von Informationsasymmetrien zwischen Principal (Auftraggeber) und Agent (Auftragnehmer) bezeichnet.

erfüllt werden können. Im folgenden Beispiel wird der Gläubigerschutz als primäres Werturteil festgelegt.

Der Rechnungszweck besteht in der Beantwortung entsprechend ausgerichteter Fragen der Adressaten (Wissenswünsche), beispielsweise: »Wie lassen sich Gläubiger vor einer Insolvenz der Unternehmung schützen, die aus zu hoch berechneten gewinnabhängigen Ausgaben folgt?«[328] Rechnungsziel ist also die Einkommensermittlung mit Gewinnermittlungsregeln, die eine gläubigerschutzorientierte Ausschüttungsbemessung erzwingen.[329] Aus dieser Problemstellung ist eine Problemlösungsidee abzuleiten. *Schneider* gibt folgendes Beispiel: »Gewinnabhängige Ausgaben sind durch Vorschriften zu einer Ausschüttungssperre zu begrenzen, um eine Eigenkapitalausstattung zu bewahren.«[330]

Für das Rechnungsziel Einkommensermittlung muss eine betriebswirtschaftliche Theorie eine entsprechende Maßgröße und Messskala zur Verfügung stellen, dies sei hier ein in Geldeinheiten gemessener Periodengewinn.[331]

Das Rechnungsziel ‚Gewinnermittlung unter Gläubigerschutz' wird in Wenn-Dann-Aussagen umformuliert, die in Form widerlegungsfähiger Behauptungen den Inhalt der ‚Gewinnermittlung unter Gläubigerschutz' bestimmen.[332] Bedingungsteil (‚Wenn') und Folgeteil (‚Dann') ergeben zusammen eine Finanzierungshypothese.[333] Ein Beispiel liefert wiederum *Schneider*: »Immer dann, wenn am Bilanzstichtag bei geplanter Unternehmensfortführung mindestens das nominelle Kapital und die Schulden durch Vermögen gedeckt sind, dann ist für das Folgejahr das Gläubigerrisiko im Hinblick auf Ausschüttungen hinreichend begrenzt«[334]. Um aus dem Werturteil einen Rechnungszweck ableiten zu können, wird also (1) eine Finanzierungshypothese benötigt sowie (2) Kenntnis darüber, ob der Bedingungsteil der Finanzierungshypothese erfüllt ist.[335] Eine Beobachtung über

---

328 Schneider 1997, S. 111 (im Original kursiv).
329 Um die Messtheorie auszuarbeiten, sind des Weiteren Begriffsdefinitionen nötig, z. B. darüber, wann ein Insolvenzrisiko vorliegt, vgl. Schneider 1997, S. 112. Auf die Begriffsdefinitionen wird aus Vereinfachungsgründen nicht weiter eingegangen.
330 Schneider 1997, S. 111.
331 Vgl. Schneider 1995, S. 210.
332 Schneider 1997, S. 114.
333 Vgl. Schneider 1997, S. 115-116.
334 Schneider 1997, S. 116.
335 Der Folgeteil der Hypothese kann im Modell nicht beobachtet werden, da sonst das schädigende Ereignis (hier: Insolvenz) eingetreten wäre.

3.1 Handelsrechtliche Abschlusszwecke

den Bedingungsteil ist in der Regel vergangenheitsbezogen und besteht in diesem Beispiel darin, dass sich aus der Bilanz ergibt, ob das nominelle Eigenkapital und die Schulden am letzten Bilanzstichtag durch Vermögenswerte gedeckt waren.[336]

Der so beschriebene, auf dem Werturteil Gläubigerschutz aufgebaute Strukturkern eines Modells zur deduktiven Ermittlung von Grundsätzen ordnungsmäßiger Buchführung muss sodann anwendbar gemacht werden. Hierfür muss der Bedingungsteil der Finanzierungshypothese für das betroffene Unternehmen gemessen werden. Mittels Messhypothesen wird die Maßgröße Periodengewinn (und dementsprechend die bilanziellen Veränderungen) gemessen.[337] Ein Musterbeispiel für den Grundsatz der Periodisierung ist, dass Ausgaben für den Erwerb von Anlagevermögen, das über mehrere Perioden genutzt werden kann, über diesen Zeitraum gewinnmindernd verteilt werden.[338] Weitere Musterbeispiele und daraus abgeleitete Messhypothesen betreffen z. B. die Gewinnverwirklichung oder die Verlustvorwegnahme.[339]

Der Nachteil der betriebswirtschaftlichen Deduktion liegt darin, dass sie einen eindeutigen primären Jahresabschlusszweck voraussetzt, um widerspruchsfreie Aussagen liefern zu können. Ein solcher eindeutiger Jahresabschlusszweck wird jedoch weder vom handelsrechtlichen Gesetzgeber[340] noch von den kirchlichen Institutionen benannt.

Der Vorteil dieses modellhaften Aufbaus ist, dass darin hierarchisch, von einem übergeordneten Werturteil ausgehend, Hypothesen zur Einkommensmessung abgeleitet werden. Diese Messhypothesen können zu Bilanzierungsregeln ausgebaut werden. Im Modell werden Mutmaßungen über gesetzgeberische Ziele vermieden. Bei Auslegungsproblemen und Zweifelsfragen kann man auf die übergeordnete Zielsetzung zurückgreifen, womit das Problem verringert wird, dass die Rechnungslegung eine Vielzahl von Sachverhalten generalklauselartig erfassen muss. Wenngleich dieses hochgesteckte Ziel dem heutigen Aufbau des Bilanzrechts nicht entspricht, verdeutlicht es, von welchen Aussagen eine Einkommensmessung getragen wird und wie eine »Zwecksetzung höherer Ordnung«[341] umgesetzt werden

---

336 Vgl. Schneider 1997, S. 116.
337 Zu den dazu benötigten Messinstrumenten gehören Buchführung, Inventar und Jahresabschluss, vgl. Schneider 1997, S. 119.
338 Vgl. Schneider 1997, S. 117-118.
339 Wie diese Messhypothesen im Einzelnen vor dem Hintergrund des Handelsrechts ausformuliert werden können, beschreibt Schneider 1997, S. 119-140.
340 Vgl. Baetge et al. 2011, S. 106.
341 Coenenberg et al. 2012, S. 17.

kann. Um das kirchliche Bilanzrecht und dessen mögliche Funktionen zu strukturieren, lehnen sich die nachfolgenden Kapitel an die Begriffe der betriebswirtschaftlichen Deduktion an.

3.2 Betrachtung möglicher kirchlicher Abschlusszwecke

3.2.1 Auswertung von Rechtsquellen zum kirchlichen Jahresabschluss

3.2.1.1 Haushaltsrichtlinie der EKD

Wenn der Versuch unternommen wird, die Zwecke des kirchlichen Jahresabschlusses zu untersuchen, fällt zunächst auf, dass die EKD diese nicht ausdrücklich benannt hat. Die EKD hat die allgemeinen Anforderungen an das neue kirchliche Finanzwesen mit finanzieller Zielorientierung, Transparenz, Vollständigkeit und Vergleichbarkeit grob umrissen.[342] Fraglich ist aber, welche Jahresabschlusszwecke im engeren Sinn beachtet werden müssen und wie diese von den handelsrechtlichen Jahresabschlusszwecken abzugrenzen sind. Gerade dann, wenn die Kirchen Sinn und Zweck ihrer Rechnungslegung abweichend vom Handelsrecht sehen, erscheint eine umfassende Auseinandersetzung mit den Zwecken der kirchlichen Rechnungslegung sowie deren Benennung und Begründung wünschenswert.

Würde die Hauptfunktion der handelsrechtlichen Bilanzierung in einer Aussage bestehen, die lautet: ‚Handelsrechtliche Bilanzierung dient dem Gläubigerschutz', dann stellt sich die Frage, wie eine entsprechende Aussage des kirchlichen Bilanzrechts zu formulieren ist. Sofern dem Haushaltsrecht dahingehend keine positive Aussage zu entnehmen ist, muss notgedrungen von einzelnen Regelungen auf den Zweck des Jahresabschlusses geschlossen werden. Als Rechtsquellen hierfür kommen vor allem die Haushaltsrichtlinie und die Bilanzierungs- und Bewertungsrichtlinien der EKD in Betracht.

Eine eindeutige, kodifizierte Hauptfunktion scheint nicht zu bestehen, da die Haushaltsrichtlinie ebenso wie das Handelsrecht keine Vorschrift enthält, die eine solche eindeutig benennt. Zunächst sticht die Negativabgrenzung hervor, wonach die kirchliche Rechnungslegung im Gegensatz zum

---

342 S. zu diesen Anforderungen der EKD oben, Kapitel 2.2.1.

Handelsrecht nicht dem Gläubigerschutz dienen soll.[343] Fraglich ist, welche weiteren Anhaltspunkte der Text der Haushaltsrichtlinie für den Zweck der kirchlichen Rechnungslegung bietet:[344]

- Nach § 1 dient der Haushalt[345] »im Rahmen der vorgegebenen Ziele der Feststellung und Deckung des Ressourcenbedarfs«.
- Gem. § 4 Abs. 1 sind bei der Ausführung des Haushalts »die Grundsätze der Wirtschaftlichkeit und Sparsamkeit zu beachten«.
- § 7 Abs. 1 S. 1 spricht von einer »Outputorientierung« auf Grundlage einer »zielorientierten Planung«.
- Nach § 46 Abs. 3 S. 1 muss die Buchführung »einen Überblick über … die wirtschaftliche Lage der kirchlichen Körperschaft« vermitteln.
- § 47 verlangt eine ordnungsmäßige Buchführung.
- Nach § 53 Abs. 1 S. 2 hat der Jahresabschluss »ein den tatsächlichen Verhältnissen entsprechendes Bild der Haushaltsausführung sowie der Vermögens-, Finanz- und Ergebnislage zu vermitteln«. Die Haushaltsrichtlinie übernimmt somit das handelsrechtliche Einblicksgebot (true and fair view) des § 264 Abs. 2 S. 1 HGB.[346]
- Gem. § 62 Abs. 3 S. 2 ist das Vermögen der kirchlichen Körperschaft »in seinem Bestand und Wert grundsätzlich zu erhalten«.
- Nach § 62 Abs. 3 S. 3 soll für dieses Vermögen »der mit seiner Nutzung verbundene Ressourcenverbrauch .. erwirtschaftet werden.«

---

343 S. zu dieser Aussage der Bilanzierungs- und Bewertungsrichtlinien oben, Kapitel 2.2.3.
344 Die nachfolgenden Paragraphen ohne Gesetzesangabe beziehen sich auf die HHR-EKD.
345 Im Einzelnen ist dabei noch zu unterscheiden, dass der Haushalt im Sinne einer Planungsrechnung nicht mit dem vergangenheitsbezogenen Jahresabschluss gleichzusetzen ist. Dennoch sollen diese Kriterien zumindest als Anhaltspunkte hinsichtlich der Vermögens-, Finanz- und Ertragslage herangezogen werden.
346 Diese Generalnorm stammt ursprünglich aus der Vierten EG-Richtlinie. Sie wird relevant, wenn einzelne Grundsätze ordnungsmäßiger Buchführung für die Auslegung von Wahlrechten und Ermessensspielräumen nicht genügen, vgl. Baetge et al. 2011, S. 35. Zur Diskussion der Generalnorm im Jahresabschluss nach den Vorschriften der EKD s. unten, Kapitel 3.3.3.3.

3.2.1.2 Weitere Materialien

In der Verlautbarung ‚Überblick der Vorschläge zur Novellierung des kirchlichen Haushalts-, Kassen- und Rechnungswesens' formulierte die Arbeitsgruppe der EKD Anforderungen an das Finanzmanagement.[347] Auch diese Anforderungen stehen in unmittelbarem Bezug zur Rechnungslegung:[348]

- Die finanzielle Zielorientierung ist insbesondere für die internen Adressaten der kirchlichen Rechnungslegung relevant, die diese zur Analyse und Steuerung der Körperschaften benötigen.
- Transparenz stellt sicher, dass auch die externen Adressaten im Rahmen einer standardisierten und verständlichen Berichterstattung über die wesentlichen Aktivitäten und die Vermögens-, Finanz- und Ertragslage unterrichtet werden.
- Das Kriterium Vollständigkeit hat einen Bezug zum Gewinnermittlungskonzept und ist insbesondere für die Bewertung sakraler Immobilien relevant.
- Vergleichbarkeit bedingt, dass die Haushaltsrichtlinie der EKD möglichst eindeutige und wahlrechtsfreie Bilanzierungsvorschriften enthält und diese von den Landeskirchen ebenso umgesetzt werden.

Ergänzt werden diese Anforderungen durch Hinweise aus den Bilanzierungs- und Bewertungsrichtlinien (BBR-EKD):
- Das Prinzip der intergenerativen Gerechtigkeit verlangt, dass jede Generation die von ihr verbrauchten Ressourcen erwirtschaften soll.[349]
- Der Gläubigerschutz ist für die kirchliche Bilanzierung nicht relevant.[350]
- Die kirchliche Bilanz soll keine Marktwerte zeigen, da insbesondere sakrales Vermögen keinen Marktwert besitze.[351]
- Durch Rücklagenbildung (und diesen auf der Aktivseite gegenüberstehende liquide Mittel) soll sichergestellt sein, dass die kirchliche Tätigkeit eigenfinanziert ist.[352] Dies ist in § 70 HHR-EKD umgesetzt.

---

347 Vgl. Evangelische Kirche in Deutschland 2006b, S. 3-4.
348 S. zu diesen Anforderungen bereits oben, Kapitel 2.2.1.
349 Vgl. BBR-EKD, S. 22; Evangelische Kirche in Deutschland 2012b, S. 1.
350 Vgl. BBR-EKD, S. 3; Evangelische Kirche in Deutschland 2012b, S. 2.
351 Vgl. BBR-EKD, S. 2; Evangelische Kirche in Deutschland 2012b, S. 2.
352 Vgl. BBR-EKD, S. 19-20.

- Insbesondere sollen Substanzerhaltungsrücklagen für abnutzbares Anlagevermögen gebildet werden, um wiederum den (künftigen) Ressourcenverbrauch anzusparen.[353]

3.2.2 Versuch einer Identifikation kirchlicher bilanzieller Werturteile

3.2.2.1 Mögliche Werturteile und Rechnungszwecke der kirchlichen Rechnungslegung

Mit den folgenden Ausführungen soll der Versuch unternommen werden, sich den kirchlichen Abschlusszwecken als Grundlage für die Auslegung eines kirchlichen Bilanzrechts anzunähern. Hierfür werden die eben aufgeführten Materialien und Einzelnormen der EKD mit grundlegenden Begriffen der betriebswirtschaftlichen Terminologie verbunden.

Als übergeordnete Werturteile seien auf Grundlage der unter Kapitel 3.2.1 genannten Rechtsquellen thesenförmig folgende Anforderungen an die kirchlichen Körperschaften identifiziert: (1) Bestandserhaltung, (2) Allokationseffizienz, (3) Anreizsetzung sowie (4) Rechenschaft. Die Werturteile korrespondieren im Einzelnen mit nachfolgenden Rechnungszwecken:[354]

Ad (1) Bestandserhaltung: Die Rechnungslegung dient dazu, dass kirchliche Körperschaften so geführt werden, dass ihr Vermögen in seinem Bestand und Wert erhalten wird.

Zur Begründung: Die Verpflichtung zur Bestandserhaltung der kirchlichen Körperschaften ergibt sich aus dem Wortlaut von § 62 Abs. 3 S. 2 HHR-EKD. Der Stellenwert dieser Regelung für die EKD scheint vergleichbar mit der Bedeutung des Grundsatzes des Gläubigerschutzes im Handelsrecht.[355] Ein Vorteil gegenüber dem Handelsrecht bestünde darin, dass sich das Werturteil Bestandserhaltung unmittelbar aus dem Haushaltsrecht entnehmen ließe, was beim Werturteil Gläubigerschutz nicht der Fall ist. Die Darstellung der Vermögensentwicklung einer kirchlichen Körperschaft setzt voraus, dass der Periodenerfolg, der gleichbedeutend mit der

---

353 Vgl. BBR-EKD, S. 22.
354 Auf eine Dokumentationsfunktion, die naturgemäß mit Jahresabschlüssen verbunden ist, wird nicht gesondert eingegangen.
355 Ähnlich für den Bereich der öffentlichen Verwaltung Eibelshäuser 2006, S. 619, der deren Zweck in der aufgabenbezogenen Vermögenserhaltung sieht.

Veränderung des Reinvermögens einer Körperschaft ist, ermittelt wird. Als Nebenbedingung zur Bestandserhaltung ist zu sehen, dass kirchliches Vermögen wirtschaftlich zu verwalten ist. Dieser Anspruch resultiert nicht zuletzt aus den demographischen Risiken bezüglich des künftigen Kirchensteueraufkommens.[356] Beispielsweise müssen Grundstücke vermietet oder verpachtet[357] sowie Geldbestände verzinslich angelegt werden.[358] Ferner schreibt die Haushaltsrichtlinie die Bildung von Rücklagen sowie hiermit korrespondierender Finanzmittel vor.[359] Diese Nebenbedingung ist jedoch nicht dem Rechnungsziel ‚Gewinnermittlung' zuzuordnen, sondern korrespondiert aus betriebswirtschaftlicher Sicht eher mit den Vorschriften zur Ergebnisverwendung.

Ad (2) Allokationseffizienz: Die Rechnungslegung dient der allokationseffizienten Verteilung von Leistungen[360] zwischen kirchlichen Körperschaften.

Zur Begründung: Die EKD sieht vor, dass die kirchliche Tätigkeit eigenfinanziert ist. Knappe Finanzmittel sollen bestmöglich verteilt werden. Dabei ist zu berücksichtigen, dass kirchliche Körperschaften maßgebend durch wechselseitige Finanzströme, beispielsweise in Form verschiedener innerkirchlicher Finanzausgleichssysteme, finanziert werden.[361] Somit kommt insbesondere der Allokation der auf der Ebene der Landeskirchen zugeflossenen Kirchensteuer eine große Bedeutung zu.[362] Eine Leistungsgewährung kann aber auch projekt- oder investitionsbezogen erfolgen, beispielsweise indem rechtsträgerübergreifend Baukostenzuschüsse gewährt werden. Die Vergleichbarkeit doppischer Abschlüsse ist dabei als Nebenbedingung zu

---

356 Vgl. Schmidt 2010, S. 25.
357 S. 63 Nr. 1, 2, 6 HHR-EKD. Zwar können mit den Sakralgebäuden in der Regel keine Erträge erwirtschaftet werden, aber die übrigen Grundstücke sind »nach wirtschaftlichen Gesichtspunkten zu verwalten, um aus dem Grundvermögen dauerhaft angemessene Erträge zu erzielen«, Schmidt 2010, S. 25.
358 Insofern stehen die Aussagen der EKD, wonach Kirchen als steuererhebende Körperschaften keinen Gewinn anstreben würden (so z. B. Evangelische Kirche in Deutschland 2012b, S. 2-3), scheinbar im Widerspruch zur Haushaltsordnung.
359 S. zum Grundsatz der Finanzdeckung der Rücklagen unten, Kapitel 4.3.1.
360 Im Rahmen der Allokationseffizienz müsste ferner der Begriff Leistung im innerkirchlichen Verhältnis definiert werden. Darunter könnten beispielsweise nicht zurückzuzahlende Zuschüsse oder rückzahlbare Darlehen verstanden werden.
361 S. zu den innerkirchlichen Finanzausgleichssystemen unten, Kapitel 3.2.3.2.
362 In diesem Sinn müssten die Systeme zum ‚Finanzausgleich' und zur ‚Verteilung von Leistungen' mit der Leistungsmessung durch doppische Abschlüsse einhergehen.

sehen, da eine gerechte Allokation knapper Leistungen nur erfolgen kann, wenn alle Körperschaften ihre Leistungsfähigkeit nach denselben, möglichst wahlrechtsfreien, Gewinnermittlungsregeln messen.[363]

Ad (3) Anreizsetzung: Die Rechnungslegung dient der Anreizsetzung für die gesetzlichen Vertreter kirchlicher Körperschaften.

Zur Begründung: Der haushaltsrechtlich kodifizierte Grundsatz der Wirtschaftlichkeit und Sparsamkeit stellt die Grundlage für einen entsprechenden Anreiz der Organe der jeweiligen kirchlichen Körperschaft dar. Zudem wirkt der Grundsatz des Haushaltsausgleichs darauf hin, dass zumindest keine Verluste erwirtschaftet werden sollen. Insofern besteht eine Gewinnerzielungsabsicht, selbst wenn sich deren Zweck darauf beschränkt, dass die erwirtschafteten Gewinne gemeinwohlorientiert eingesetzt und nicht als Ausschüttungspotenzial gesehen werden.[364] Des Weiteren kann die Anreizfunktion auch als Kontrollfunktion verstanden werden, sofern beispielsweise im Zeichen sinkender Kirchensteuereinnahmen Leistungen nur dann gewährt werden, wenn bestimmte finanzielle Messkennzahlen erfüllt sind.

Ad (4) Rechenschaft: Die Rechnungslegung dient der formell und materiell standardisierten Publizität kirchlicher Körperschaften, insbesondere auch gegenüber den externen Adressaten.

Zur Begründung: Dieser Rechnungszweck ergibt sich unmittelbar aus dem Anspruch der EKD, Transparenz über die Finanzberichterstattung herzustellen.[365] Die formelle Standardisierung wird gemäß der Haushaltsordnung dadurch erreicht, dass die Bestandteile des Jahresabschlusses[366] (Bilanz, Ergebnisrechnung, Anhang, Kapitalflussrechnung) durch die Haushaltsrichtlinie vorgegeben sind. Die materielle Standardisierung erfolgt dadurch, dass das Rechnungsziel ‚Gewinnermittlung' ausschließlich mit

---

363 Hier besteht insbesondere das Risiko, dass sich kirchliche Körperschaften bei der Bildung von Substanzerhaltungsrücklagen opportunistisch verhalten. Sie könnten beispielsweise versuchen, die finanzgedeckten Rücklagen durch entsprechende Bewertungsmaßnahmen niedrig zu halten und die freie Liquidität für andere Aktivitäten einzusetzen. Ein sich später dennoch aufgrund der Immobilien ergebender Finanzbedarf müsste dann womöglich zulasten anderer kirchlichen Körperschaften finanziert werden.
364 Vgl. mit ähnlicher These für die öffentliche Verwaltung Eibelshäuser 2006, S. 620.
365 Zur Kritik an der Transparenz der Finanzinformationen der EKD s. Ballwieser 2013a.
366 S. zu den Bestandteilen des Jahresabschlusses auch unten, Kapitel 4.1.1.

den in der Haushaltsrichtlinie und in den Bilanzierungs- und Bewertungsrichtlinien festgelegten Maßgrößen in Form von Ansatz- und Bewertungsgrundsätzen erfolgt. Neben der Rechenschaft gegenüber externen Adressaten dient die kirchliche Rechnungslegung ferner der Information interner Adressaten (Selbstinformation).[367] Die Grenze zwischen internen und externen Adressaten dürfte im kirchlichen Bereich fließend sein, da neben den eigentlichen Vertretern der kirchlichen Körperschaften weitere Gremien wie beispielsweise Synoden als quasi-interne Adressaten in Betracht kommen.

3.2.2.2 Möglicher Gewinnbegriff der EKD

Verfolgt man weiter die Annahme, dass die Art der Gewinnermittlung den im vorstehenden Abschnitt genannten Rechnungszwecken Bestandserhaltung, Allokationseffizienz, Anreizsetzung und Rechenschaft dient, so sind diese Rechnungszwecke auf ein zu benennendes Rechnungsziel zu übertragen. Dies sei nachfolgend als ‚bestandserhaltende Gewinnermittlung' bezeichnet. Die Abstrahierung von Rechnungszweck und Rechnungsziel ist nötig, da der unter den Prämissen bestimmter Gewinnermittlungsregeln zusammengestellte Inhalt des Jahresabschlusses erst aus dem Rechnungszweck bestimmt werden kann. Das heißt konkret, dass die Messung von Aufwendungen und Erträgen, die damit einhergehende Periodisierung von Zahlungen, die Darstellung eines bestimmten Vermögens sowie der unbestimmte Begriff Ressourcenverbrauch keinem naturgegebenen Gewinnbegriff gleichzusetzen sind, sondern erst aus dem vom Rechnungszweck abgeleiteten Gewinnbegriff resultieren.[368]

Um dieses Problem zu verdeutlichen, soll das doppische Gewinnverständnis einer ‚bestandserhaltenden Gewinnermittlung' auch von zwei anderen Gewinnbegriffen abgegrenzt werden:

---

367 Die Selbstinformation der gesetzlichen Vertreter wird seit jeher als Kernaufgabe des Jahresabschlusses gesehen, da der Kaufmann verpflichtet ist, die Lage »seines Vermögens« (§ 238 Abs. 1 S. 1 HGB) ersichtlich zu machen. S. hierzu bspw. Hinz 2013b, Tz. 14-16.
368 Vgl. zu dieser Kritik auch Schneider 1994, S. 52. (Hinweis: Die Darstellung in der ersten Auflage dieses Bands erscheint prägnanter als in der zweiten Auflage, daher wird hier auf die erste Auflage abgestellt).

- Der sog. Zahlungssaldengewinn[369] stellt eine auf Zahlungen basierende Ex-post-Gewinnermittlung dar. Dabei werden nur geflossene Zahlungen betrachtet, also solche, die vom Unternehmen bereits vereinnahmt oder geleistet wurden. Ihr Vorteil liegt darin, dass Zu- und Abflüsse sowie Bestände liquider Mittel der Höhe nach grundsätzlich[370] eindeutig und ohne Unsicherheit bewertet werden können. Aus dieser rein zahlungsstromorientierten Gewinnermittlung haben sich steuerliche Einnahmeüberschussrechnungen (mit Inventar) oder kamerale Buchführungen teilweise fortentwickelt. Sie berücksichtigen bestimmte Periodisierungen über tatsächliche Zahlungen und Zahlungszeitpunkte hinaus, um den Erfolg einer Unternehmung zu messen.[371]
- Der sog. ökonomische Gewinn variiert demgegenüber den Zeitraum, über den die Zahlungssalden berücksichtigt werden. Dabei wird nicht nur auf bereits geflossene Zahlungen abgestellt, sondern auf die gesamten für die weitere Lebensdauer eines Unternehmens erwarteten Zu- und Abflüsse.[372] Aus den abgezinsten zukünftigen Zahlungssalden (Barwert) wird ein Ertragswert hergeleitet. Man spricht insofern vom kapitaltheoretischen Gewinn.[373] Da der kapitaltheoretische Gewinn in hohem Maß von Unsicherheiten geprägt ist, wird er »nicht als Handlungsempfehlung für den Gesetzgeber angesehen«[374].

Beide Gewinnbegriffe markieren mit unterschiedlichen Betrachtungszeiträumen Extrempositionen des Grundsatzes der Barrealisation. Zwischen diesen beiden Gewinnbegriffen bewegen sich diejenigen des Handelsrechts sowie der kommunalen und kirchlichen Doppik. Die doppischen Ansätze zur Rechnungslegung können als Kompromiss zwischen nachprüfbaren, vergangenheitsbezogenen Daten einerseits und aussagekräftigen, aber unsicheren, zukunftsbezogenen Daten andererseits verstanden werden. Sie un-

---

369 Dieser Begriff wurde von Schneider 1994, S. 45 übernommen.
370 Vgl. zu den auch bei diesem Gewinnbegriff bestehenden Schwierigkeiten und Annahmen Schneider 1994, S. 45-48.
371 Vgl. zur Rechnungslegung als Instrument der Einkommensmessung Schneider 1993, Sp. 716-719.
372 Dabei wird unterstellt, dass am Ende des Bestehens der Organisation alle Ansprüche und Verpflichtungen in Geld umgewandelt wurden.
373 Vgl. Schneider 1997, S. 41. Eine Übersicht der Autoren, die Vorarbeiten zum kapitaltheoretischen Begriff geleistet haben, findet sich bei Schneider 2001, S. 799-806.
374 Schneider 2001, S. 806.

terscheiden sich von den Extrempositionen durch den Grundsatz: »Zahlungen werden gemäß einem vorausgesetzten Gewinnbegriff zeitlich und größenmäßig umgerechnet«[375].

Dies sei an folgendem Beispiel verdeutlicht: Eine Kirchengemeinde errichtet eine neue Kirche. Die Anschaffung von Grund und Boden und die Herstellung des Gebäudes führen zu Ausgaben in Höhe von 7 Mio. Euro. Die Kirchengemeinde erhält von übergeordneten Körperschaften einen Baukostenzuschuss in Höhe von 2 Mio. Euro. Im Sinne des *Schmalenbach'schen* Gewinnverständnisses[376] ist es dabei weder so, dass der Kirchengemeinde durch die Auszahlung von 7 Mio. Euro auch ‚Verluste' entstehen, noch so, dass sie ‚Gewinne' in Höhe von 2 Mio. Euro realisiert. Aus Sicht einer rein kassenorientierten Betrachtung könnte man dies jedoch so sehen. Welche Form der Gewinnermittlung also ‚richtig' ist, resultiert erst aus der Verknüpfung des Messinstruments Jahresabschluss mit der Zielsetzung der Bilanzierung. Sofern zwischen Zielsetzung, Messinstrumenten und Darstellung der Rechnungslegung nicht hinreichend differenziert wird, setzt sich die Rechnungslegung der unbefriedigenden Behauptung aus, dass es »keinen ‚richtigen' Periodengewinn geben könne«[377]. Diese Kritik könnte insbesondere von den Anhängern der Kameralistik vorgetragen werden. Sie kann von der EKD nur widerlegt werden, wenn deutlich wird, dass es keinen richtigen Gewinn gibt, sondern nur einen Gewinn, der ein bestimmtes Gewinnverständnis erfüllt. Hierfür ist es notwendig, den Zweck des Jahresabschlusses als ‚Warum' zu definieren, um den Inhalt des Jahresabschlusses als ‚Wie' zu erstellen und zu kommunizieren.

3.2.2.3 Unsicherheiten bezüglich bilanzieller Werturteile

Eine Rechnungslegung, beispielsweise die Rechnungslegung in Form der Haushaltsrichtlinie der EKD, auf Grundlage einer betriebswirtschaftlichen Deduktion zu beurteilen, ist mit Unsicherheiten behaftet. Diese resultieren insbesondere aus zwei Gründen: Erstens ist es lediglich eine Annahme, dass die Rechnungslegungsvorschriften überhaupt einer »Zwecksetzung höherer Ordnung«[378] unterliegen sollen. Zweitens ist es nur eine Annahme, dass

---

375 Schneider 1994, S. 52.
376 S. zur *Schmalenbach'schen* dynamischen Bilanzauffassung oben, Kapitel 3.1.1.2.
377 Schneider 1994, S. 47.
378 Coenenberg et al. 2012, S. 17.

Grundsätze ordnungsmäßiger Buchführung sowie die Ansatz- und Bewertungsvorschriften ein ineinandergreifendes, widerspruchsfreies und am übergeordneten Zweck des Jahresabschlusses ausgerichtetes Regelwerk zur Gewinnermittlung darstellen sollen. Denkbar wäre stattdessen, dass die Gewinnermittlungsregeln lediglich als nebeneinanderstehende Einzelnormen gedacht sind.

Problematisch erscheint insofern, dass die Messinstrumente zur Gewinnermittlung in der Haushaltsrichtlinie lediglich in Form von allgemeinen Ansatz- und Bewertungsvorschriften ausgestaltet sind, der übergeordnete Zweck des kirchlichen Jahresabschlusses aber nicht ausdrücklich bzw. abschließend benannt wird.[379] Auslegung und Anwendung der Haushaltsrichtlinie können nur bei Kenntnis des Zwecks des Jahresabschlusses zweckentsprechend erfolgen. Dies wäre beispielsweise, aber nicht ausschließlich, für diejenigen Fragestellungen hilfreich, bei denen in der Haushaltsrichtlinie Bilanzierungswahlrechte verbleiben. Bilanzierungswahlrechte stehen schon begrifflich in Widerspruch zu den Werturteilen Allokationseffizienz und Rechenschaft, die vergleichbare Abschlüsse voraussetzen.

Des Weiteren erscheint kritisch, dass die Materialien zur kirchlichen Doppik sprachlich nicht zwischen Rechnungszweck und Messinstrument differenzieren, sondern dass sie bestimmte Eigenschaften der Rechnungslegung als gegeben unterstellen. Nach den Gesetzesmaterialien der EKD seien kirchliche Abschlüsse ,zielorientiert', ,transparent', ,periodengerecht ermittelt' und stellten den ,Ressourcenverbrauch' dar, obwohl weitgehend auf eine Definition dieser Begriffe verzichtet wird. Insofern ist es auch unzutreffend, dass der Jahresabschluss »ein den tatsächlichen Verhältnissen entsprechendes Bild«[380] der Lage der Körperschaft vermittelt. Vielmehr unterliegt die Darstellung der sog. tatsächlichen Verhältnisse einer Vielzahl von Einschränkungen,[381] die unmittelbar aus den Bilanzierungsregeln resultieren.

Nachfolgend sollen weitere einzelne Abschlusszwecke diskutiert werden, die die Werturteile Bestandserhaltung, Allokationseffizienz, Anreizsetzung sowie Rechenschaft ergänzen können. Dabei handelt es sich um Aspekte, die sich aus den Rechtsquellen der EKD zwar nicht unmittelbar

---

379 Abgesehen z. B. von den in Kapitel 2.2.1 genannten allgemeinen Zielen an das kirchliche Finanzwesen und den eben genannten Thesen über die Ziele des kirchlichen Jahresabschlusses.
380 § 53 Abs. 1 S. 2 HHR-EKD. S. zur Kritik an dieser Vorschrift unten, Kapitel 3.3.3.3.
381 S. zu diesen Einschränkungen oben, Kapitel 3.1.3.2.

ergeben. Sie können jedoch Argumente und Anhaltspunkte für die weitere Abgrenzung der kirchlichen von der handelsrechtlichen Rechnungslegung liefern.

3.2.3 Exemplarische Diskussion weiterer denkbarer Abschlusszwecke

3.2.3.1 Möglichkeiten und Grenzen der Darstellung einer ‚finanziellen Bedürftigkeit'

Auch die Darstellung einer ‚finanziellen Bedürftigkeit' könnte ein für die kirchliche Rechnungslegung spezifischer Abschlusszweck sein. Eine finanzielle Bedürftigkeit kann dabei als zukünftig zu deckender Finanzbedarf verstanden werden. Die Einkommensermittlung auf Grundlage der Doppik dient als Ausgangspunkt für die Darstellung einer finanziellen Bedürftigkeit. Hierfür nutzt die Doppik das Periodisierungsprinzip.

Allgemein sei dies am Beispiel von personalbezogenen Rückstellungen (Pensions-, Urlaubs- oder Überstundenrückstellungen) und Abschreibungen erläutert. Diese Rückstellungen entstehen mit den Perioden, in denen die jeweilige Arbeitsleistung erbracht bzw. die zu vergütenden Ansprüche erworben wurden. Unabhängig vom Zeitpunkt der Auszahlung der Ansprüche wird deren rechnerische Höhe schon im Zeitpunkt der Entstehung des Aufwands ersichtlich. Ein weiteres Beispiel ist die Verteilung der Anschaffungs- und Herstellungskosten des Anlagevermögens über mehrere Perioden in Form von Abschreibungen. Den Abschreibungen kommt in der Doppik eine zweifache Funktion zu. Einerseits stellen sie eine Vermögensminderung dar. Andererseits müssen Abschreibungen erwirtschaftet werden, um ein ausgeglichenes Jahresergebnis zu erreichen und die Anfangsinvestition zu refinanzieren. Dies setzt voraus, dass sie für die Kostenrechnung erfasst werden und auf dieser Grundlage in die Kalkulation von Leistungen und deren Preisen eingehen.

Im Besonderen soll nachfolgend der Immobilienbestand der EKD und ihrer Landeskirchen näher betrachtet werden. Dieser verursacht jährlich Instandhaltungs- und Ersatzinvestitionsausgaben von rund 1 Mrd. Euro.[382] Dabei stehen vor allem sakrale Immobilien in einem Spannungsfeld. Einerseits sind Kirchengebäude ein zentrales Symbol christlicher Religionen und

---

382 Ausgaben für Unterhalt und Pflege kirchlicher Grundstücke laut Schätzung der EKD, vgl. Evangelische Kirche in Deutschland 2013c, S. 38.

Anziehungspunkt für Gläubige und Besucher. Andererseits können sakrale Immobilien nur selten so genutzt werden, dass sie einen positiven Ertragswert aufweisen.[383] Sie verursachen vielmehr eine hohe Kapitalbindung (vergangenheitsbezogen) sowie einen hohen Kapitalbedarf (zukunftsorientiert). So werden z. B. die Baukosten für das Ulmer Münster umgerechnet auf die heutigen Preisverhältnisse auf über 1 Mrd. Euro geschätzt.[384] Daher ist fraglich, welche Instrumente ein Jahresabschluss bereithält, um eine finanzielle Bedürftigkeit darstellen zu können.

Als Instrumente kommen insbesondere die Bilanzierung und Bewertung der Immobilien, der Ausweis damit korrespondierender Finanzanlagen und Rücklagen sowie Angaben über mögliche Deckungslücken in Betracht. Diese Instrumente sind für die Kommunikation einer finanziellen Bedürftigkeit unterschiedlich geeignet:

- Die Bilanzpositionen ‚nicht realisierbares Sachanlagevermögen' oder ‚realisierbares Sachanlagevermögen' verkörpern das durch bisherige Investitionen gebundene Kapital, vermindert um die Abschreibungen. Ferner sind die historischen kumulierten Anschaffungskosten als Summe aller Investitionen im Anlagenspiegel ersichtlich. Bei Bedarf kann so auch eine objektbezogene Rechenschaft dargestellt werden. Dem verständigen Adressaten kann so die konkrete finanzielle Relation der Immobilieninvestitionen, beispielsweise im Vergleich zu den durchschnittlichen Erträgen oder Aufwendungen, verdeutlicht werden.[385]
- Sofern sakrale Gebäude nach dem von der EKD vorgesehenen Wahlrecht zum Erinnerungswert ausgewiesen werden, können Investitionen im Jahresabschluss nicht unmittelbar nachvollzogen werden.
- Nach der Haushaltsrichtlinie sollen (finanzgedeckte) Rücklagen gebildet werden, die sich nach den Abschreibungen des Anlagevermögens bemessen.[386] Indem die Rücklagenzuführung aus dem laufenden Haus-

---

383 Ein Beispiel für die Berechnung des (negativen) Ertragswerts einer Kirche findet sich bei Becherer 2008, S. 106. Zur Berechnung des Ertragswerts werden die Einnahmen einem gewünschten Liegenschaftszins gegenübergestellt.
384 Vgl. Evangelische Landeskirche in Württemberg 2013.
385 Im Einzelnen ist dabei noch zwischen aktivierungsfähigen Ersatzinvestitionen und nicht aktivierungsfähigen Instandhaltungen zu unterscheiden.
386 S.§ 70 Abs. 4 HHR-EKD. S. zur Bilanzierung der Rücklagen ausführlich unten, Kapitel 4.3.1.

halt erfolgt, soll dieser belastet und sollen die Haushalte späterer Perioden entlastet werden.[387] Die EKD befürchtet, dass viele Körperschaften nicht in der Lage sind, »den so errechneten Sollbestand auch nur annähernd zu erreichen«[388]. Eine verbleibende Deckungslücke ist im Anhang oder unter dem Bilanzstrich anzugeben.[389] Die EKD möchte durch die Angabe der Deckungslücke »deutlich den Handlungsbedarf herausstellen«[390]. Der Jahresabschluss kann somit eine finanzielle Bedürftigkeit im Sinne des künftigen Kapitalbedarfs konkret aufzeigen.

Um eine finanzielle Bedürftigkeit in konkreten Handlungsbedarf umzusetzen, ist aufzuzeigen, in welcher Periode für welche Maßnahmen welche Mittel zufließen sollen. Der Jahresabschluss ist hierfür als vorrangig vergangenheitsorientiertes Instrument jedoch nur bedingt geeignet. Es kann bezweifelt werden, dass eine summarische Bedürftigkeitsangabe im Jahresabschluss, zumal verbunden mit gesetzlichen Wahlrechten und inhärenten Unsicherheiten hinsichtlich ihrer Bemessungsgrundlage, konkrete Handlungen auslösen wird. Hierfür scheinen Haushaltspläne (genauer: Liquiditätsplanungen) zielführender, die den Liquiditätsbedarf in einem bestimmten Planungszeitraum konkretisieren und quantifizieren. Darüber hinaus werden kirchliche Körperschaften vor allem über Finanzausgleichssysteme finanziert. Deren nachfolgend dargestellte Parameter grenzen die finanzielle Ausstattung kirchlicher Körperschaften grundsätzlich ein.

---

387 Vgl. BBR-EKD, S. 22. Von einer Be- oder Entlastung des ‚Haushalts' zu sprechen, ist für den (doppischen) Jahresabschluss unscharf. Die Zuführung zu den Rücklagen stellt grundsätzlich einen erfolgsneutralen Vorgang dar. Dabei wird nicht die Ergebnisrechnung belastet, sondern aufgrund des Erfordernisses der Finanzdeckung Liquidität gebunden. Diese Liquidität kann in späteren Perioden bestimmungsgemäß nur für Immobilien, nicht aber für andere kirchliche Aufgaben verwendet werden.
388 BBR-EKD, S. 22.
389 S. § 74 Abs. 4 HHR-EKD für die Eröffnungsbilanz sowie § 56 lit. d) HHR-EKD für die laufende Bilanzierung.
390 BBR-EKD, S. 21. In der Evangelischen Landeskirche in Baden sind Pflichtrücklagen bereits seit dem 01.01.2000 zu bilden. Eine Analyse von *Rapp* ergab, dass zum Stand 2007 nur 65 % der Kirchengemeinden die Substanzerhaltungsrücklage voll erbringen konnten, während 19 % der untersuchten Kirchengemeinden weniger als die Hälfte der Rücklagen ansparen konnten, vgl. Rapp 2010, S. 260-262.

3.2.3.2 Innerkirchlicher Finanzausgleich

Der Begriff Finanzausgleich stammt aus der staatlichen Finanzwissenschaft nach der Weimarer Reichsfinanzreform.[391] Er regelt die finanziellen Beziehungen zwischen einzelnen Gebietskörperschaften (Bund, Länder und Gemeinden).[392] In der evangelischen Kirche wird der Finanzausgleich seit dem Zweiten Weltkrieg diskutiert.[393] Im Jahr 1970 erarbeitete der Finanzbeirat der EKD erstmals einen Vorschlag zur Systematik des Finanzausgleichs.[394] Die Notwendigkeit für den Finanzausgleich ergibt sich daraus, dass das Kirchensteueraufkommen der einzelnen Landeskirchen stark variiert. Laut einer Statistik der EKD lag das durchschnittliche Pro-Kopf-Aufkommen an Kirchenlohn- und Einkommensteuer der Jahre 1997-2002 in den Landeskirchen Rheinland, Hessen und Nassau sowie Württemberg über 180 Euro, während es in den Landeskirchen Mecklenburg, Pommern, Kirchenprovinz Sachsen, Sachsen-Anhalt, Sachsen und Thüringen unter 80 Euro lag.[395] Bei einer sonst gleichen Kostenstruktur muss schon deshalb ein (horizontaler) Ausgleich zwischen den Landeskirchen erfolgen.[396] Daneben besteht ein (vertikaler) Finanzausgleich zwischen der EKD und ihren Gliedkirchen sowie zwischen den Landeskirchen und ihren Untergliederungen.[397]

Der horizontale Finanzausgleich findet zwischen den Landeskirchen statt.[398] Hierbei handelt es sich um vertragliche Vereinbarungen, die von den Kirchenkonferenzen beschlossen werden.[399]

Im Rahmen des vertikalen Finanzausgleichs sind insbesondere zwei Ausprägungen zu nennen. Die erste Form des vertikalen Finanzausgleichs findet zwischen der EKD und ihren Gliedkirchen statt. Da die EKD keine Kirchensteuer erhebt, ist sie auf Umlagen ihrer Gliedkirchen angewiesen, um

---

391 Vgl. Bauer 1989, S. 109.
392 S. zu den aus der staatlichen Finanzwissenschaft stammenden Grundbegriffen weiterführend Peffekoven 1980, S. 608.
393 Vgl. Bauer 1989, S. 111.
394 Vgl. Campenhausen und Munsonius 2009, S. 123.
395 Vgl. hierzu die Grafik in Evangelische Kirche in Deutschland 2007, S. 2.
396 Vgl. Bauer 1989, S. 121.
397 Vgl. Bauer 1989, S. 111.
398 Vgl. Bauer 1989, S. 121.
399 Vgl. Campenhausen und Munsonius 2009, S. 124-125. Eine rechtliche Verpflichtung der Landeskirchen, ihre Schwesterkirchen finanziell zu unterstützen, besteht nicht.

Gemeinschaftsaufgaben finanzieren zu können.[400] Die Gliedkirchen müssen deshalb die Ausgaben der EKD tragen, soweit die EKD diese nicht durch eigene Einnahmen decken kann.[401] Die zweite Form des vertikalen Finanzausgleichs betrifft die Landeskirchen und ihre Untergliederungen. Dies soll am Beispiel der Evangelisch-lutherischen Landeskirche Hannovers dargestellt werden.[402] Die von der Landeskirche vereinnahmten Kirchensteuern und Staatsleistungen werden als sog. Zuweisungen an die Kirchenkreise und die ihrer Aufsicht unterstehenden Körperschaften geleistet. Dies erfolgt zunächst im Rahmen einer Gesamtzuweisung der Landeskirche an die Kirchenkreise.[403] Die Kirchengemeinden erhalten von ihrem Kirchenkreis eine Grundzuweisung, die den Mindestbedarf an Personal- und Sachkosten decken soll, sowie eine Ergänzungszuweisung entsprechend der örtlichen Verhältnisse.[404] Daneben kann die Landeskirche Kirchenkreisen oder -gemeinden Einzelzuweisungen für besondere Maßnahmen oder Sonderzuweisungen für nicht vorhersehbare Ausgaben zuwenden.[405] Die Gesamtzuweisung wird im allgemeinen Schlüssel von der Zahl der Kirchenmitglieder (70 %), der Zahl der Kirchen- oder Kapellengemeinden im Kirchenkreis (20 %) sowie einem Regionalfaktor (10 %) bestimmt.[406] Für den besonderen Schlüssel ist zudem der Bestand an Kirchengebäuden und Kindertagesstätten relevant.[407]

Die Praxis des innerkirchlichen Finanzausgleichs verdeutlicht, dass finanzielle Beziehungen und Abhängigkeiten nicht nur zwischen den verschiedenen Ebenen einer Landeskirche bestehen, sondern auch zwischen mehreren Landeskirchen sowie zwischen den Landeskirchen und der EKD. In den kirchlichen Gremien sorgt der zwischenkirchliche Steuerkraftaus-

---

400 Vgl. Bauer 1989, S. 113.
401 S. Art. 33 Abs. 1 S. 2 GO-EKD. Vgl. zur Verpflichtung im Einzelnen Nordmann 1982, S. 159. Da diese Form des Finanzausgleichs rein aus der Haushaltshoheit der EKD resultiert, stehen die Umlagen nicht zur Disposition der gliedkirchlichen Haushaltsgremien, vgl. Campenhausen 1994a, S. 110-114.
402 Rechtsgrundlage sind das FAG-Hannover und die FAVO-Hannover.
403 S. § 2 Abs. 1 Nr. 1 FAG-Hannover.
404 S. § 2 Abs. 1 Nr. 4, 5 FAG-Hannover.
405 S. § 2 Abs. 1 Nr. 2, 3 FAG-Hannover.
406 S. § 5 Abs. 2 FAG-Hannover.
407 S. § 5 Abs. 3 FAG-Hannover. Die Berechnung der Schlüssel regelt im Einzelnen eine Rechtsverordnung (FAVO-Hannover). So fließen Kirchengebäude beispielsweise mit den anteiligen Kubikmetern des umbauten Raums in die Zuweisung ein, s. § 2 FAVO-Hannover.

gleich – ähnlich dem staatlichen Länderfinanzausgleich – für politische Debatten.[408] In der Literatur wird kritisiert, dass die EKD keine Fortschritte bei der Messung des Ausgabenbedarfs gemacht habe. Es sei fraglich, ob Indikatoren wie Pro-Kopf-Ausgaben oder die Gemeindegliederzahl zu einer bedarfsgerechten Regelung führen. Auf Grund der fehlenden normativen Begründung sei der zwischengliedkirchliche Finanzausgleich in der Krise.[409] Diese Fragestellung lässt sich auch auf den vertikalen Finanzausgleich innerhalb der Landeskirchen übertragen.

Die doppische Rechnungslegung bietet einen Ansatz, um Leistungsfähigkeit und Finanzbedarf verschiedener kirchlicher Körperschaften zu messen, zu bewerten und zu vergleichen. Wenngleich dadurch die bisherigen Zuweisungsschlüssel nicht vollständig überflüssig werden, so können sie durch Kennzahlen auf Grundlage von doppischen Jahresabschlüssen dennoch ergänzt und verfeinert werden.[410] Voraussetzung hierfür ist allerdings, dass die Landeskirchen und die EKD einheitliche Bewertungsvorschriften verwenden, die vergleichbare Kennzahlen zur Vermögens-, Finanz- und Ertragslage liefern. Der Finanzausgleich ist somit ein Beispiel dafür, dass zwischen der von der Arbeitsgruppe zur Weiterentwicklung des kirchlichen Rechnungswesens geforderten Zielorientierung mittels statistischer Kennzahlen und der kirchlichen Doppik ein unmittelbarer Zusammenhang gegeben ist.

Umgekehrt ergeben sich aus der Doppik auch neue Anforderungen an den kirchlichen Finanzausgleich. Diejenigen Körperschaften, die Immobilien besitzen, sind nach den Haushaltsrichtlinien der EKD[411] und der Landeskirchen[412] gezwungen, Substanzerhaltungsrücklagen zu bilden. Der sog.

---

408 Dies ist Gegenstand des Gutachtens zum Finanzausgleich. Demnach entfaltet die Zustimmung einer Gliedkirche zum Finanzausgleich Bindungswirkung für daraus resultierende Zahlungen. Die Nichteinhaltung der Zahlungsverpflichtung kann aber nicht sanktioniert werden, vgl. Campenhausen und Munsonius 2009, S. 127.
409 Vgl. Bauer 1989, S. 124-129.
410 Im Zusammenhang mit Zuweisungen für den Gebäudebestand interessiert beispielsweise eine Kennzahl zum Anteil der Deckungslücke der Substanzerhaltungsrücklagen, s. hierzu Evangelische Kirche in Deutschland 2012a, S. 12. Diese könnte für spätere Zuweisungen im Zusammenhang mit Kirchengebäuden relevanter sein als der umbaute Raum.
411 S. zu den Substanzerhaltungsrücklagen im Einzelnen unten, Kapitel 4.3.1.
412 Die Bildung von Substanzerhaltungsrücklagen ist beispielsweise bei der Evangelischen Landeskirche in Baden in einer separaten Verordnung geregelt (SuberhR-RVO-Baden).

Grundsatz der Finanzdeckung erfordert dabei, dass die Körperschaften Finanzanlagen ansammeln, die der Höhe nach mit den Abschreibungen ihres Gebäudebestands korrespondieren. Es ist damit zu rechnen, dass die Körperschaften die hierfür erforderliche Liquidität nicht vollständig separieren können, sondern Deckungslücken ausweisen müssen.[413] Es ist anzuzweifeln, ob die derzeitigen, den Finanzausgleichsgesetzen zugrundeliegenden Zuweisungsschlüssel die Ursachen und Folgen der Bildung finanzgedeckter Rücklagen ausreichend berücksichtigen. Langfristig ist zu erwarten, dass die Bilanzierung des Anlagevermögens und das geforderte ‚Erwirtschaften' der Abschreibungen Auswirkungen auf verursachungsgerechte Finanzausgleichssysteme hat.[414]

3.3 Gemeinsamkeiten und Unterschiede handelsrechtlicher und kirchlicher Abschlusszwecke

3.3.1 Anwendbarkeit der klassischen Bilanzauffassungen

3.3.1.1 Kritik an den klassischen Bilanzauffassungen

Bilanzauffassungen haben sich ausgeprägt, da in der Rechnungslegung interpretationsbedürftige Rechengrößen verwendet werden, die über Zahlungsströme hinausgehen. Solche Rechengrößen sind beispielsweise Gewinn, Vermögen oder Aufwand. Bei kritischer Betrachtung sind dies »Notbehelfe, um in einer interpersonell nachprüfbaren Weise bei zahlenmäßigen Abbildungen des Unternehmensgeschehens ... mit den Problemen des mehrperiodigen Verbunds von Handlungen ... sowie der Unsicherheit und

---

413 Die Evangelische Landeskirche in Baden verpflichtet im Rahmen der SuberhR-RVO-Baden bereits seit dem Haushaltsjahr 2000 zur Rücklagenbildung. Laut Rapp 2010, S. 262, konnten auch sechs Jahre nach Einführung der Substanzerhaltungsrücklage 35 % der untersuchten Kirchengemeinden die ‚Rücklage' (Liquidität) nicht in der geforderten Höhe aufbringen.
414 So wurde auf der 24. Landessynode der Evangelisch-lutherischen Landeskirche Hannovers (2013) beispielsweise eine Änderung des Finanzausgleichsgesetzes angestoßen. Demnach wird »dem Gebäudemanagement .. zukünftig eigenes Augenmerk gewidmet«, Evangelisch-lutherische Landeskirche Hannovers 2013c. Ferner wurde die Bildung von Substanzerhaltungsrücklagen bis mindestens 2017 ausgesetzt, da durch das Aufzeigen des Ressourcenverbrauchs die Finanzverteilung erst neu geregelt werden muss, vgl. Bewertungsrichtlinie-Hannover, Tz. 5.8.

der Ungleichverteilung des Wissens zu Rande zu kommen.«[415] Insbesondere die dynamische Bilanzauffassung rückt vor allem die buchungstechnische Umsetzung zur Messung des Periodenerfolgs in den Vordergrund. Indem Zahlungen periodisiert werden, um Aufwendungen von Ausgaben zu unterscheiden, entsteht der Eindruck, dass damit schon der Periodenerfolg definiert und gemessen würde.[416] Die eigentliche Messung des Periodenerfolgs setzt jedoch einen Gewinnbegriff voraus.[417] Nur dieser bestimmt, wann Aufwendungen, Erträge und somit ein Gewinn als Saldo entstehen.[418]

Das kodifizierte Handelsrecht kann inhaltlich nicht mit einer der Bilanzauffassungen gleichgesetzt werden,[419] sondern beinhaltet Elemente sowohl statischer als auch dynamischer Auffassungen.[420] *Schmalenbachs* dynamisches Konzept verkörpert die Grundlagen der Periodenabgrenzung, die nun in § 252 Abs. 1 Nr. 5 HGB kodifiziert sind. Die statischen Bilanzauffassungen haben dazu beigetragen, Vermögensgegenstände, Schulden und Abgrenzungsposten als Bilanzposten zu verstehen, die begrifflich auszufüllen sind. Zudem haben sie dazu beigetragen, den Inhalt der Bilanz mit bestimmten Funktionen – beispielsweise dem Gläubigerschutz – zu assoziieren. Statische und dynamische Auffassungen haben somit zur Objektivierung des Jahresabschlusses beigetragen. Zwar liegen dabei mit Liquidationswerten der Statiker und periodisch verteilten Anschaffungskosten der Dynamiker unterschiedliche Wertmaßstäbe zugrunde. Beide Auffassungen versuchten jedoch, einen Drittvergleich herzustellen und tragen somit zur intersubjektiven Nachprüfbarkeit durch die Adressaten bei. Die organische Bilanzauffassung konnte sich weder mit ihren Reproduktionswertgedanken noch mit Ansätzen zur Berücksichtigung von Inflation im Handelsrecht niederschlagen.

---

415 Schneider 1997, S. 34. *Schneider* sieht deshalb eine »unheilige Dreifaltigkeit der statischen, dynamischen und organischen Auffassung«, Schneider 1997, S. 234 (im Original hervorgehoben).
416 Vgl. Schneider 1997, S. 234.
417 Moxter 2000, S. 2144, beschreibt die Umgehung dieses Problems so: »Letztlich hat *Schmalenbach* seine Konzeption gegen Kritik immunisiert, indem er das zu Messende mit dem Maßstab identifizierte.«
418 Vgl. Schneider 1997, S. 46.
419 Grundlegende Untersuchungen des Handelsrechts hinsichtlich statischer und dynamischer Elemente gehen zurück auf Beiträge von Gutenberg 1965; Döllerer 1968; Herrmann 1969.
420 S. zu den sich im HGB niederschlagenden bzw. keine Anwendung findenden Aspekten der Bilanzauffassungen Coenenberg et al. 2012, S. 1264-1273.

Die klassischen Bilanzauffassungen bieten trotz ihrer Beiträge zur Rechtsentwicklung keine Lösung für das Problem, dass der handelsrechtliche Gesetzestext den Zweck des Jahresabschlusses nicht benennt. Hieraus ergibt sich die Notwendigkeit, bestehende Normen des Bilanzrechts nicht ausschließlich im Sinne einer Rechtsauslegung mit juristischen Werkzeugen auszulegen. Vielmehr muss sich das gesetzte Recht dort, wo es nicht alle Fragen beantwortet einer ökonomischen Analyse stellen, die das Verständnis des Bilanzrechts durch »die Rekonstruktion bestimmter rechtlicher Regelungen als ökonomisch rationale Verhaltensweisen«[421] untermauert.

3.3.1.2 Auf kirchliche Abschlüsse übertragbare Aspekte

Einen Meinungsstreit im Sinne der klassischen Bilanzauffassungen zu führen ist berechtigt, da der Zweck der Rechnungslegung vom Gesetzgeber nicht dokumentiert wurde. Einigkeit konnten die Vertreter verschiedener Bilanzauffassungen nicht erzielen, da sie von unterschiedlichen Prämissen ausgehen. Diese Problematik lässt sich auf die kirchliche Rechnungslegung übertragen. Der Haushaltsrichtlinie und anderen Materialien können nur Thesen über die kirchliche Rechnungslegung, aber keine abschließend ausformulierte Zielsetzung entnommen werden. Hieraus resultieren folgende Risiken:

1. Die Sinnhaftigkeit der Doppik könnte bestritten werden. Ohne eine übergeordnete Zwecksetzung kann Doppik – ähnlich wie *Schmalenbachs* dynamische Bilanzauffassung – als reine Buchungstechnik zur Periodisierung von Zahlungen kritisiert werden. Ein Vorteil gegenüber der Kameralistik würde sich nur dadurch entfalten, dass bestimmte Prämissen bezüglich eines Konzepts zur Gewinnrealisierung erkennbar würden. Ohne eine erkennbare Zwecksetzung vermindert sich jedoch die Akzeptanz der Doppik in den kirchlichen Körperschaften und bei den Adressaten.

2. Die Wahlrechte in der Haushaltsrichtlinie der EKD zeigen, dass keine einheitliche Bilanzauffassung besteht. Wahlrechte führen dazu, dass gleiche Sachverhalte in der Rechnungslegung unterschiedlich abgebildet werden. Insbesondere die Bilanzierung sakraler Gebäude wahlweise zum Erinnerungswert oder zu fortgeführten Anschaffungskosten verdeutlicht divergierende Wertmaßstäbe. Diese liegen zwischen maximaler Vorsicht (1-Euro-Bilanzierung) und einer Objektivierung durch Anschaffungs- und

---

421 Ballwieser 1996a, S. 504. Statt von der juristischen Analyse des Bilanzrechts spricht *Ballwieser* daher von der ökonomischen Analyse des Bilanzrechts.

Herstellungskosten, die letztlich nichts anderes sind als Marktpreise des jeweiligen Vermögensgegenstands zum Zeitpunkt des Zugangs.

3. Das Problem der Geldentwertung wurde von *Schmidt* im Rahmen seiner Thesen zur organischen Tageswertbilanz[422] sowie von weiteren Autoren[423] dargestellt. Die Haushaltsrichtlinie der EKD berücksichtigt die Geldentwertung nicht. Anhand von zwei Beispielen soll gezeigt werden, dass die Inflation auch für die kirchliche Rechnungslegung zu thematisieren ist:

- Zum einen schreibt die EKD vor, den Reinvestitionsbedarf für das Anlagevermögen über Substanzerhaltungsrücklagen abzubilden. Diese Substanzerhaltungsrücklagen werden auf Grundlage der Abschreibungen des Gebäudebestands ermittelt. Sie berücksichtigen jedoch nicht, dass Maßnahmen zur Ersatzbeschaffung oder Instandhaltung aufgrund der Inflation später höher ausfallen als die auf Grundlage von historischen Anschaffungskosten gebildeten Rücklagen.[424]
- Zum anderen ist die kirchliche Tätigkeit auch im Lichte einer Vermögensverwaltung zu betrachten. Dabei kann man Parallelen zwischen Kirchen und Stiftungen sehen, wenn unterstellt wird, dass eine der kirchlichen Aufgaben – ähnlich wie bei Stiftungen – darin besteht, Vermögen im Sinne der Kirchenmitglieder zu verwalten.[425] Bei Stiftungen wurde vorgeschlagen, eine reale Kapitalerhaltung nachzuweisen.[426]

---

422 S. hierzu oben, Kapitel 3.1.1.3.
423 Eine ausführliche Darstellung der verschiedenen Kapitalerhaltungstheorien findet sich bei Jacobs und Schreiber 1979. Auf die Substanzerhaltung, speziell Zusammenhang mit Anlagevermögen, geht Hax 1957, S. 178-263, ein.
424 Coenenberg 1975, S. 116, leitet her, dass die Substanzerhaltung umso problematischer ist, je höher der Grad der Eigenfinanzierung ist. Demnach gleichen sich bei einer Finanzierung durch Fremdkapital Geldentwertungsgewinne (Verbindlichkeiten) und Geldentwertungsverluste (finanzierte Aktiva) teilweise aus. Bei einer Finanzierung durch Eigenmittel, wie sie auch bei den Kirchen vorherrscht, kann dieser ausgleichende Effekt nicht greifen. Ein Ansatz für die finanzmathematische Berücksichtigung langfristiger Baukostensteigerungen in kirchlichen Bilanzen findet sich bei Becherer 2011, S. 6-7.
425 S. § 62 Abs. 3 S. 1 HHR-EKD, wonach das Vermögen »im Einklang mit dem kirchlichen Auftrag zu verwalten« ist.
426 Das IDW schlägt vor, das Stiftungskapital zu indexieren und dies dem bilanziellen Eigenkapital (korrigiert um stille Reserven und stille Lasten) gegenüberzustellen, vgl. IDW RS HFA 5, Tz. 9-10, 58-59. Die Inflationsbereinigung führt dabei über lange Zeitreihen zu erheblichen Ertragsanteilen, die von Stiftungen nicht ausgeschüttet werden dürften, vgl. mit einem Rechenbeispiel und weiteren Nachweisen Carstensen 1996, S. 788-789.

Weder der Rücklagenkatalog der Haushaltsrichtlinie (s. § 70 HHR-EKD) noch Anhangangaben berücksichtigen die Kapitalerhaltung.
- Im Gegensatz zur EKD schreibt beispielsweise die Evangelische Landeskirche in Baden vor, dass zusätzlich zur Substanzerhaltungsrücklage auch eine Rücklage für allgemeine Preissteigerungen entsprechend dem Baukostenindex zu bilden ist.[427] Sie verfolgt also zumindest partiell ein Konzept der realen Kapitalerhaltung.

Die unterschiedlichen sog. klassischen Bilanzauffassungen haben sich gerade deshalb ausgeprägt, da über die Zielsetzung – damals von handelsrechtlichen Bilanzierungsregelungen – keine Klarheit herrschte. In Kapitel 3.2 wurde festgestellt, dass auch die Funktion der kirchlichen Rechnungslegung nicht abschließend dokumentiert ist. Übertragen auf die kirchliche Rechnungslegung bedeutet dies, dass a priori zu befürchten ist, dass sich auf dem Gebiet der kirchlichen Rechnungslegung verschiedene Bilanzauffassungen ausprägen. Konkret ist also mit Unterschieden zwischen der Rechnungslegung der EKD und der Landeskirchen zu rechnen. Dies würde sich darin äußern, dass die Landeskirchen vom Text der Haushaltsrichtlinie der EKD abweichen. Betrachtet man das Beispiel der Bilanzierung von sakralen Immobilien, so könnte das zu folgenden Varianten führen:
- Landeskirchen, die eine vorsichtige Bilanzierung bevorzugen, folgen insofern dem Gedanken der Zerschlagungsstatik. Um eine größtmögliche Vorsicht zu erreichen, würden folglich alle sakralen Gebäude zum Erinnerungswert bilanziert.
- Landeskirchen, die die Anschaffungskosten abbilden möchten, folgen eher der Fortführungsstatik. Nach deren Intention müssten Marktwerte zum Ansatz kommen, und zwar auch bei sakralen Immobilien unter Abstrahierung vom kirchlichen Grundsatz des Veräußerungsverbots.
- Vertreter einer organischen Sichtweise fänden es möglicherweise angemessen, sakrale Gebäude mit ihren Reproduktionskosten anzusetzen.

Dies zeigt sich konkret am Beispiel der Landeskirche in Baden und im Rheinland mit ihrem Paradigmenwechsel bei der Bewertung sakraler Immobilien.[428] Insofern sollte die Tatsache, dass es in der Geschichte der Rechnungslegung unterschiedliche (handelsrechtliche) Bilanzauffassungen gab, dazu anregen, die Ziele des kirchlichen Jahresabschlusses zu bestimmen, bevor konkrete Bilanzierungs- und Bewertungsvorschriften erlassen

---

427 S. § 3 Abs. 4 SuberhR-RVO-Baden.
428 S. hierzu nachfolgend, Kapitel 3.4.

werden, um somit auf eine einheitliche kirchliche Bilanzauffassung hinzuwirken.

3.3.2 Anwendbarkeit handelsrechtlicher Abschlusszwecke

3.3.2.1 Kapitalerhaltungsfunktion

Die Kapitalerhaltungsfunktion des Handelsrechts[429] scheint zunächst aufgrund ihrer Eigenschaften nicht auf die kirchliche Doppik übertragbar: Das Handelsrecht zielt – namentlich bei Kapitalgesellschaften – darauf ab, das Nominalkapital sowie weiteres, ausschüttungsgesperrtes Kapital zu erhalten. Diese Art der Kapitalerhaltung lässt sich nicht auf kirchliche Körperschaften übertragen, da diese weder über Nennkapital verfügen noch Gewinne an übergeordnete Körperschaften ausschütten.[430]

Gleichwohl ergeben sich aus der vorstehend[431] skizzierten Analyse der kirchlichen Abschlusszwecke Anhaltspunkte, die für eine Kapitalerhaltung sprechen. Des Weiteren sprechen folgende, mit den Pflichtrücklagen zusammenhängende Regelungen für einen ausgeprägten Kapitalerhaltungszweck:

- Das Haushaltsrecht sieht einen Pflichtkatalog für Rücklagen vor.[432] Das Handelsrecht kennt solche Pflichtrücklagen nicht. Diese ergeben sich hauptsächlich aus aktienrechtlichen oder satzungsgemäßen Vorgaben. Indem die EKD Rücklagen für Abschreibungen, Liquiditätsreserven, Verlustkompensation und anstehende Tilgungen fordert, geht sie über die handelsrechtlichen Anforderungen hinaus.
- Zudem verstärkt die EKD die Rücklagenbildung durch den Grundsatz der Finanzdeckung. Demnach müssen Rücklagen durch zweckgebundene Finanzanlagen gedeckt werden. Das Handelsrecht kennt einen derartigen Eingriff in die Gestaltung der Aktivseite der Bilanz nicht.

---

429 S. zur Kapitalerhaltungsfunktion des Handelsrechts oben, Kapitel 3.1.2.2.
430 Allerdings gibt es beispielsweise im Bereich der öffentlichen Verwaltung durchaus Ansätze, Gewinn als den Betrag zu definieren, der einer Verwaltungseinheit »entzogen werden kann, ohne deren Aufgabenerfüllung zu gefährden«, Breidert und Rüdinger 2008, S. 34. Somit werden Parallelen zwischen der handelsrechtlichen Vermögensermittlung und den Anforderungen der Rechnungslegung für die öffentliche Verwaltung gesehen.
431 S. zu Thesen über kirchliche Abschlusszwecke oben, Kapitel 3.2.2.1.
432 S. zu den haushaltsrechtlichen Rücklagen unten, Kapitel 4.3.1.

Im Ergebnis zeigt sich, dass die EKD sogar ein Kapitalerhaltungsziel verfolgt, das weit über das handelsrechtliche hinausgeht. Die haushaltsrechtlichen Vorschriften zur Bestandserhaltung und zur Rücklagenbildung einschließlich deren Finanzdeckung konkretisieren und verschärfen die allgemeine Anforderung an Wirtschaftlichkeit und Sparsamkeit (s. § 4 Abs. 1 HHR-EKD). Die Haushaltsrichtlinie der EKD gibt damit Parameter vor, die nach handelsrechtlichem Verständnis satzungsgemäßen Regelungen, Geschäftsordnungen oder der Eigenverantwortung der gesetzlichen Vertreter vorbehalten sind. Der Bilanzzweck der Kapitalerhaltung ist im Konzept der EKD damit mindestens ebenso ausgeprägt wie nach handelsrechtlichem Verständnis.

3.3.2.2 Gläubigerschutz

Dem Gläubigerschutz kommt laut den Bilanzierungs- und Bewertungsrichtlinien der EKD nur eine nachrangige Bedeutung zu. Dies wird damit begründet, dass Marktwerte irrelevant seien, das Renditestreben im Hintergrund stünde und sich die Unveräußerbarkeit von primär sakral genutztem Vermögen in einem separaten Ausweis als nicht realisierbares Anlagevermögen ausdrücken solle.[433] Die Verneinung des Gläubigerschutzes als Funktion des Jahresabschlusses einerseits und kirchlicher Handlungsvorgabe andererseits erscheint nicht zwingend. Die oben stehende Analyse kirchlicher Abschlusszwecke ergab vielmehr konkrete Anhaltspunkte für eine Kapitalerhaltung und mithin einen Gläubigerschutz:

- Bestandserhaltung ist einer der zentralen Abschlusszwecke, die durch Rechnungslegung erreicht werden sollen. Dabei versteht sich Bestandserhaltung als Erhaltung des Nettovermögens, also des Eigenkapitals. Es ist keine Frage des Gläubigerschutzes, ob beispielsweise sakrale Gebäude mit Verkehrs- oder mit Sachwerten bilanziert werden.[434] Aus einer rein bilanziellen Erhöhung des Eigenkapitals (durch höhere Bewertung des Anlagevermögens) würden bei Kirchen, anders als bei Unternehmen, auch keine höheren Ausschüttungen erfolgen, da es solche bei

---

433 Vgl. beispielsweise BBR-EKD, S. 3; Evangelische Kirche in Deutschland 2013d.
434 So aber BBR-EKD, S. 2-3; Evangelische Kirche in Deutschland 2012b, S. 2. Die Ablehnung bzw. kritische Sichtweise auf sog. Markt- oder Verkehrswerte erscheint in der Sache nicht gerechtfertigt. Letztlich sind auch Anschaffungs- und Herstellungskosten nichts anderes als ein Marktpreis (im Zeitpunkt des Zugangs eines Vermögensgegenstands).

kirchlichen Körperschaften nicht gibt. Eine bloße buchhalterische Erhöhung des Eigenkapitals hat per se auch nichts mit der finanziellen Ausstattung der Körperschaften zu tun. Insofern ist strikt zwischen den Rücklagen als Teil des Reinvermögens und den ‚Rücklagen' nach kameralem Verständnis (Liquidität) zu unterscheiden. Die Anforderungen an die Liquidität ergeben sich nur im zweiten Schritt aus den Vorschriften für finanzgedeckte Rücklagen.

- Aus dem Anlagevermögen, insbesondere dem nicht realisierbaren, sakralen Vermögen, resultieren finanzielle Belastungen. Die EKD sieht über ein System finanzgedeckter Rücklagen vor, dass eventuelle künftige Mittelabflüsse zuvor angespart werden. Dies – nicht die Bewertung des Anlagevermögens – steht im Zusammenhang mit dem Gläubigerschutz und erhöht diesen ceteris paribus.[435] Im Übrigen ist davon auszugehen, dass die Maßnahmen zur Sicherstellung der Substanzerhaltung auch tatsächlich zu einer solchen führen. Auch dies würde die Gläubiger begünstigen, da somit im Verwertungsfall ein angemessener Verwertungserlös erzielt werden kann.
- Die EKD begründet die Nachrangigkeit des Ziels Gläubigerschutz damit, dass kirchliches Vermögen unveräußerlich sei.[436] Die Unveräußerbarkeit von Vermögen widerspricht jedoch a priori dem Gläubigerschutz nicht, sondern verbessert ihn sogar, da die damit verbundene Erhaltung des Vermögens die Schuldendeckung erhöht. Dies setzt naturgemäß voraus, dass zur Schuldendeckung nötigenfalls auch Teile des Vermögens liquidiert werden können. In der Praxis zeigt sich, dass auch sog. unveräußerbares kirchliches Vermögen wie z. B. Kirchengrundstücke durchaus veräußert wird, wenn dies nötig ist und die Veräußerbarkeit durch entsprechende Beschlüsse herbeigeführt wurde.[437]

Als Zwischenergebnis sprechen diese Argumente eher für einen ausgeprägten Gläubigerschutz als für eine Abkehr davon. Es liegt in der Natur der Sache, dass kirchliche Körperschaften, sofern sie eine weitgehende Eigenfinanzierung anstreben, die Zahl der Gläubiger und deren finanzielles Risiko minimieren und dadurch die verbleibenden Gläubiger schützen. Im Übrigen geht mit der Frage des Gläubigerschutzes auch die Frage nach der Person der schützenswerten Gläubiger einher:

---

435 S. zu den immobilienbezogenen Rücklagen unten, Kapitel 4.3.1.
436 Vgl. Evangelische Kirche in Deutschland 2013d.
437 S. zur Veräußerung von Kirchengrundstücken und dem Begriff Unveräußerbarkeit mit weiteren Nachweisen unten, Kapitel 5.1.1.

- Gläubiger kirchlicher Körperschaften sind zunächst alle natürlichen und juristischen Personen, die im Rahmen eines Leistungsaustauschs mit der Körperschaft in Vorleistung getreten sind. Dies betrifft beispielsweise Gehaltsforderungen oder Pensionsansprüche der Mitarbeiter sowie Forderungen aus Lieferungen und Leistungen von Lieferanten.
- Darüber hinaus kommen auch andere kirchliche Körperschaften als Gläubiger in Betracht. Dies trifft beispielsweise zu, wenn Geldleistungen nicht in Form von (nicht zurückzuzahlenden) Zuwendungen gewährt werden, sondern in Form von (zurückzuzahlenden) Darlehen und ähnlichen Verträgen, bei denen die Kapitaldienstfähigkeit der Schuldner-Körperschaft für den Gläubiger relevant ist. Ein Beispiel sind sog. Rücklagen- und Darlehensfonds, in denen Kirchenkreise liquide Mittel von Kirchengemeinden gebündelt verwalten, anlegen und gegebenenfalls auch ausleihen. Alle hierin einzahlenden Körperschaften werden somit zu Gläubigern des Rücklagen- und Darlehensfonds sowie dort eventuell kreditnehmender Körperschaften.

Im Ergebnis scheint der Gläubigerschutz in der Rechnungslegung der EKD durchaus verankert, auch wenn man unterstellt, dass die kirchliche Tätigkeit überwiegend eigenfinanziert ist. Gläubigerschutz erscheint nicht nur zum Schutz Dritter erforderlich, sondern auch zum Schutz kirchlicher Gläubiger-Körperschaften. Er ist eng mit der Funktion der kirchlichen Bestandserhaltung verbunden.

3.3.2.3 Rechenschaftsfunktion

Dass die kirchliche Bilanzierung der Rechenschaft dienen soll, scheint angesichts des von der EKD gesetzten Ziels Transparenz keiner Erläuterung zu bedürfen. Ebenso trivial ist, dass die kirchliche Bilanz wie die handelsrechtliche zunächst der Selbstinformation der gesetzlichen Vertreter dient. Kritisch erscheint aber mit Hinblick auf weitere Adressaten, dass die EKD zwar von externen Adressaten spricht,[438] diese aber nicht benennt. Um Adressaten im Sinne von informationsberechtigten Personen einzugrenzen,

---

438 Vgl. BBR-EKD, S. 3.

stellt *Ballwieser* die These auf, dass jedenfalls Kapitalgeber und Kapitalnehmer zu den Adressaten zählen.[439] Bei den Kapitalgebern kommen neben den Kirchenmitgliedern (Kirchensteuer) auch Darlehensgeber, staatliche und kommunale Stellen (Fördermittel) sowie kirchliche ‚Kunden' (wie z. B. Auftraggeber kirchlicher Dienstleistungen oder Mieter) als wesentliche Adressaten in Betracht. Bei den Kapitalnehmern sind dies exemplarisch Mitarbeiter, Pensionäre sowie die Nutzer kirchlicher Einrichtungen. Bei Informationsberechtigen handelt es sich also keineswegs zwingend auch um Kirchenmitglieder.

Um eine Rechenschaftsfunktion durch Jahresabschlüsse erfüllen zu können, müssen diese an die Informationsberechtigten kommuniziert werden. Rechenschaft kann aufgrund der Vielzahl der Informationsberechtigten, die nicht zwingend Kirchenmitglieder sind, nur unter der Prämisse erfüllt werden, dass kirchliche Körperschaften ihre Jahresabschlüsse veröffentlichen.

Dabei kann es insbesondere nicht genügen, die Publizität auf die EKD oder die jeweiligen Landeskirchen zu beschränken. Zwar entfalten die EKD und die Landeskirchen eigene Aktivitäten und verwalten eigenes Vermögen. Jedoch handelt es sich dabei um Einrichtungen, die – ähnlich wie Mutterunternehmen eines Konzerns – eine verwaltende und lenkende Funktion übernehmen. Die Vielzahl der kirchlichen Betätigungen sowie der gesamte Umfang von bilanziell zu erfassenden Positionen werden nur in einer Gesamtschau mit allen untergeordneten Körperschaften und beherrschten Beteiligungen verständlich. Solange die Landeskirchen dies nicht im Wege der Konsolidierung berücksichtigen, was haushaltsrechtlich auch noch nicht umgesetzt ist, erhalten die Adressaten kein vollständiges Bild der Vermögens-, Finanz- und Ertragslage einer Landeskirche. Hieraus ergeben sich zwei Anforderungen an die Rechnungslegung: Zum einen ist zu fordern, dass die Haushaltsrichtlinie der EKD und die Haushaltsordnungen der Landeskirchen eine Konsolidierung rechtlich selbstständiger, untergeordneter Körperschaften vorsehen. Zum anderen sind die Jahresabschlüsse von untergeordneten Körperschaften jedenfalls dann vollständig zu publizieren, wenn deren Auswirkung auf die Vermögens-, Finanz- und Ertragslage der gesamten Landeskirche nicht im Wege der Konsolidierung berücksichtigt wird.[440]

---

439 Vgl. für nachfolgende Angaben Ballwieser 2013a, S. 33-39. *Ballwieser* untersucht hierzu die wesentlichen Einnahmequellen und Ausgaben.
440 Ein ähnliches Konzept verfolgen die Vorschriften zur Konzernrechnungslegung des HGB. Diese sehen vor, dass auf die Offenlegung einzelner Jahresabschlüsse

3 Aspekte der Aufgaben des kirchlichen Jahresabschlusses

Um den Adressaten die im Rahmen der Rechenschaft zu publizierenden Jahresabschlüsse zugänglich zu machen, bedarf es einer technischen Plattform, deren Ausgestaltung zur Disposition steht. Dass eine adressatenfreundliche Publizität – wie handelsrechtlich vorgesehen[441] – durch elektronische Plattformen und nicht durch Auslegen oder Aushängen zu erfolgen hat, ergibt sich aus dem breiten Adressatenkreis, zu dem nicht nur Kirchenmitglieder gehören.

Mit der Forderung nach Transparenz setzt die EKD ein hohes Ziel für die kirchliche Rechenschaftsfunktion. Die Haushaltsrichtlinie der EKD enthält jedoch keine Regelung, wie Rechenschaft nicht nur durch Aufstellung, sondern auch durch Publizität von Jahresabschlüssen erfüllt werden soll. Ein Systemwechsel von der Kameralistik zur Doppik ohne eine damit einhergehende Publizität ist für die Adressaten wirkungslos.

3.3.3 Probleme der Anwendbarkeit von Grundsätzen ordnungsmäßiger Buchführung im kirchlichen Abschluss

3.3.3.1 Fehlender Begriff der Grundsätze ordnungsmäßiger Buchführung in der Haushaltsrichtlinie

Ausgangspunkt einer Würdigung von – möglichen – kirchlichen Grundsätzen ordnungsmäßiger Buchführung ist die Frage, ob die Haushaltsrichtlinie der EKD diesen Begriff überhaupt verwendet. In materieller Hinsicht wurden die allgemeinen Bewertungsgrundsätze – mit Ausnahme des Going-concern-Prinzips – weitgehend aus § 252 Abs. 1 HGB übernommen. Somit sind die wesentlichen kodifizierten Grundsätze ordnungsmäßiger Buchführung des Handelsrechts auch Grundlage der kirchlichen Rechnungslegung.

Andererseits verwendet die Haushaltsrichtlinie in keiner Norm[442] den Begriff ‚Grundsätze ordnungsmäßiger Buchführung'. Stellt man auf die

---

von Tochterunternehmen verzichtet werden kann, wenn diese (neben weiteren Voraussetzungen) in den Konzernabschluss des Mutterunternehmens einbezogen werden. S. hierzu §§ 264 Abs. 3, 264b HGB.

441 S. §§ 325 Abs. 1 S. 1 i.V.m. 8b Abs. 2 Nr. 4 HGB.
442 Lediglich die Ausführungsbestimmung zu § 64 HHR-EKD verweist »für die Durchführung der Inventur und die Aufstellung des Inventars« auf die (handelsrechtlichen) Grundsätze ordnungsmäßiger Buchführung.

oben genannten Fallgruppen des Handelsrechts ab,[443] resultieren daraus folgende Überlegungen:

Die erste Gruppe handelsrechtlicher Verweise auf Grundsätze ordnungsmäßiger Buchführung widmet sich formellen Aspekten im Rahmen der Buchführung, Aufzeichnung der Handelsbücher sowie Inventur- und Bewertungsvereinfachungen einschließlich der Aufbewahrung von Unterlagen. Diese Vorschriften finden eine inhaltliche Entsprechung in der Haushaltsrichtlinie der EKD: Vorschriften zum Kassen- und Rechnungswesen regeln organisatorische und personelle Verfahren für die Buchhaltung und Kassenführung.[444] Weitere Aufstellungsgrundsätze beinhalten formelle Vorschriften zum Rechnungswesen und zur Buchführung. Hierzu zählen Übersichtlichkeit, Vollständigkeit und Richtigkeit der Buchführung.[445] Die Haushaltsrichtlinie stellt dabei aber nicht auf den Begriff Grundsätze ordnungsmäßiger Buchführung ab.

Die zweite Gruppe handelsrechtlicher Verweise auf Grundsätze ordnungsmäßiger Buchführung betrifft deren Beachtung im Rahmen der Aufstellung des Jahresabschlusses. Die nachfolgende Gegenüberstellung der handelsrechtlichen und der kirchlichen Regelungen zeigt, dass die Haushaltsrichtlinie auch in dieser Fallgruppe den Begriff Grundsätze ordnungsmäßiger Buchführung nicht verwendet:

§ 243 Abs. 1 HGB:	§ 61 Abs. 1 HHR-EKD:
»Der Jahresabschluß ist **nach den Grundsätzen ordnungsmäßiger Buchführung** aufzustellen.«	»Für den Schluss eines Wirtschaftsjahres ist ein Jahresabschluss (Bilanz sowie Gewinn- und Verlustrechnung) zu erstellen.«
§ 264 Abs. 2 S. 1 HGB:	§ 53 Abs. 1 S. 2 HHR-EKD:
»Der Jahresabschluß der Kapitalgesellschaft hat **unter Beachtung der Grundsätze ordnungsmäßiger Buchführung** ein den tatsächlichen Verhältnissen entsprechendes Bild der Vermögens-, Finanz- und Ertragslage der Kapitalgesellschaft zu vermitteln.«	»Der Jahresabschluss hat ein den tatsächlichen Verhältnissen entsprechendes Bild der Haushaltsführung sowie der Vermögens-, Finanz- und Ergebnislage zu vermitteln.«

(Hervorhebungen durch den Verfasser)

---

443 S. zu diesen Gruppen oben, Kapitel 3.1.3.1
444 S. §§ 38-45 HHR-EKD.
445 S. §§ 46-52 HHR-EKD, entspricht §§ 238, 239, 243, 246 HGB.

Bezieht man ferner die Haushaltsordnungen einzelner Landeskirchen ein, so ergibt sich dort eine uneinheitliche Verwendung dieses zentralen Begriffs. Wie noch gezeigt wird, unterlässt die Evangelisch-lutherische Landeskirche Hannovers einen Verweis auf Grundsätze ordnungsmäßiger Buchführung. Hingegen stellt die Evangelische Landeskirche im Rheinland auf Grundsätze ordnungsmäßiger Buchführung ab.[446] Insofern soll nachfolgend erörtert werden, ob es sich dabei nur um einen vernachlässigbaren redaktionellen Unterschied handelt oder ob der Verweis auf Grundsätze ordnungsmäßiger Buchführung inhaltlich relevant sein kann.

3.3.3.2 Notwendigkeit von Grundsätzen ordnungsmäßiger Buchführung

Allein aus der Nicht-Verwendung des Begriffs ‚Grundsätze ordnungsmäßiger Buchführung' kann nicht darauf geschlossen werden, dass diese für die kirchliche Rechnungslegung entbehrlich wären. Dafür sprechen insbesondere folgende Gründe:

- Wesentliche Vorschriften, die inhaltlich formelle und materielle Grundsätze ordnungsmäßiger Buchführung sind, wurden in die Haushaltsrichtlinie übernommen.
- Grundsätze ordnungsmäßiger Buchführung »werden zur Darstellung von Sachverhalten herangezogen, die der Gesetzgeber nicht oder mit auslegungsbedürftigen Normen geregelt hat«[447]. Auch die Haushaltsrichtlinie der EKD kann nicht jeden Lebenssachverhalt durch eine bilanzielle Abbildungsvorschrift im Sinne eines Enumerativkatalogs berücksichtigen.
- Grundsätze ordnungsmäßiger Buchführung sind zudem ein Verweis »auf außergesetzliche Normen und Erkenntnisquellen«[448], die für die Rechnungslegung zu beachten sind. Ohne die gesetzliche Möglichkeit, auf Grundsätze ordnungsmäßiger Buchführung zurückgreifen zu können, wird der Zugang zu Weiterentwicklungen des kirchlichen Bilanzrechts durch Beiträge und Kommentierungen außerhalb der Haushaltsrichtlinie oder der Bilanzierungs- und Bewertungsrichtlinien erschwert.

---

446 S. zum Vergleich der Bewertungsgrundsätze und des true and fair view unten, Kapitel 4.1.1, Tabelle 3.
447 Ballwieser 2013b, Tz. 1.
448 Baetge et al. 2011, S. 103.

- Grundsätze ordnungsmäßiger Buchführung werden als System interdependenter Bilanzierungsregeln gesehen,[449] das nicht durch ein generelles Über- oder Unterordnungsverhältnis gekennzeichnet ist[450]. Dies sei an folgendem Beispiel verdeutlicht, welches das Konkurrenzverhältnis von Grundsätzen ordnungsmäßiger Buchführung bei der Bewertung von Sachanlagen zeigt:[451] Bei Sachanlagen dominiert zunächst das Anschaffungskostenprinzip. Abnutzbare Sachanlagen werden einer Abschreibung unterzogen, die grundsätzlich dem Stetigkeitsgrundsatz unterliegt. Bei einer dauerhaften Wertminderung wird der Stetigkeitsgrundsatz vom Vorsichtsprinzip dominiert, wobei aber Fortführungswerte die Untergrenze bilden. Bei einem Wegfall der Going-concern-Prämisse – wie er haushaltsrechtlich jedoch nicht vorgesehen ist – wäre zudem zu prüfen, ob nicht ein niedrigerer Wertansatz zu Zerschlagungswerten zu erfolgen hat. Dieses Beispiel verdeutlicht, dass auch im Rahmen der kirchlichen Rechnungslegung auf ein interdependentes System von Grundsätzen ordnungsmäßiger Buchführung abgestellt werden muss.

Im Ergebnis scheint es wünschenswert, dass die EKD den Begriff Grundsätze ordnungsmäßiger Buchführung verwendet, um die Anwendung des kirchlichen Bilanzrechts zu vereinfachen und die Fortentwicklung eigenständiger kirchlicher Grundsätze ordnungsmäßiger Buchführung zu fördern.

3.3.3.3 Grenzen einer bilanziellen Generalnorm

Wenngleich die Haushaltsrichtlinie der EKD nicht auf Grundsätze ordnungsmäßiger Buchführung abstellt, übernimmt sie das handelsrechtliche Einblicksgebot des ‚true and fair view', wie nochmals folgender Vergleich zeigt:

---

449 Vgl. Coenenberg et al. 2012, S. 37. Vgl. zur Systembildung auch Beisse 1994.
450 Vgl. Baetge et al. 2011, S. 140; Moxter 2007, S. 2.
451 S. zu diesem Beispiel Baetge et al. 2011, S. 140.

§ 264 Abs. 2 S. 1 HGB:

»Der Jahresabschluß der Kapitalgesellschaft hat unter Beachtung der Grundsätze ordnungsmäßiger Buchführung **ein den tatsächlichen Verhältnissen entsprechendes Bild** der Vermögens-, Finanz- und Ertragslage der Kapitalgesellschaft zu vermitteln.«

(Hervorhebung durch den Verfasser)

§ 53 Abs. 1 S. 2 HHR-EKD:

»Der Jahresabschluss hat **ein den tatsächlichen Verhältnissen entsprechendes Bild** der Haushaltsführung sowie der Vermögens-, Finanz- und Ergebnislage zu vermitteln.«

(Hervorhebung durch den Verfasser)

Eine Begriffsdefinition der ‚tatsächlichen Verhältnisse' oder der ‚Vermögens-, Finanz- und Ertragslage'[452] enthält die Haushaltsrichtlinie einschließlich ihrer Begriffsbestimmungen (s. § 83 HHR-EKD) nicht. Bereits die Betrachtung der handelsrechtlichen Generalnorm und ihres Verhältnisses zu den Grundsätzen ordnungsmäßiger Buchführung (s. Kapitel 3.1.3.2) hat die konzeptionellen Grenzen des Einblicksgebots gezeigt: Die Adressaten erwarten bei den tatsächlichen Verhältnissen eher zukunftsorientierte Informationen als vergangenheitsorientierte. Indem die Generalnorm des § 53 Abs. 1 S. 2 HHR-EKD nicht auf Grundsätze ordnungsmäßiger Buchführung verweist, verstärkt sie den Eindruck, dass der Jahresabschluss ein den tatsächlichen Verhältnissen absolut entsprechendes Bild liefern könne, ohne kenntlich zu machen, dass dieses Bild durch Grundsätze ordnungsmäßiger Buchführung erheblich relativiert bzw. maßgeblich bestimmt wird.

Streim konkretisierte die Kritik an der Generalnorm dahingehend, dass mit dem Einblicksgebot auf drei Arten verfahren werden könne:[453] (1) Das Einblicksgebot bleibt bestehen, (2) mit den Rechnungslegungsgrundsätzen muss sich das ‚tatsächliche Bild' darstellen lassen, oder (3) das Einblicksgebot wird gestrichen. Diese Varianten lassen sich auf die kirchliche Rechnungslegung wie folgt übertragen:

- Gegen ein kodifiziertes Einblicksgebot wird eingewendet, dass die Bilanzierungsvorschriften des Handelsrechts überwiegend vergangenheitsorientiert und somit systembedingt informationsunfreundlich sind.[454] Für die kirchliche Rechnungslegung wurden die wesentlichen Bewertungsgrundlagen vom Handelsrecht übernommen. Somit liegt es

---

452 Für die synonymen Begriffe Ertrags- und Ergebnislage wird im Folgenden einheitlich der Begriff Ertragslage verwendet.
453 Diese Varianten entwickelte Streim 1994, S. 404, für den handelsrechtlichen Jahresabschluss.
454 Vgl. Streim 1994, S. 404-405.

3.3 Gemeinsamkeiten und Unterschiede der Abschlusszwecke

fern, dass die kirchliche Rechnungslegung ein tatsächliches Bild der Vermögens-, Finanz- und Ertragslage vermitteln kann. Die vorstehenden Ausführungen zeigten vielmehr, dass die Haushaltsrichtlinie der EKD insgesamt Elemente einer kapitalerhaltenden Rechnungslegung aufweist. Um den Informationsgrad zu erhöhen, müssten aber Erwartungen hinsichtlich zukünftiger Entwicklungen stärker bilanziell berücksichtigt werden.[455] Dies würde jedoch eine intersubjektiv nachprüfbare Rechnungslegung unterlaufen und geeignete zukunftsorientierte Messinstrumente erfordern.[456]

- Gegen die Schlussfolgerung, das Einblicksgebot zu streichen, spricht zunächst, dass eine Generalklausel eine sinnvolle Ergänzung zu – möglicherweise lückenhaften – Einzelvorschriften sein kann.[457]
- Für die Streichung der Generalnorm spricht allerdings, dass diese historisch vor dem Hintergrund spärlicher bilanzieller Einzelvorschriften entstand und seinerzeit nötig war.[458] Durch die Vierte EG-Richtlinie wurden zahlreiche Grundsätze ordnungsmäßiger Buchführung kodifiziert und durch das Bilanzrichtliniengesetz im Handelsrecht umgesetzt. Gerade die allgemeinen Bewertungsgrundsätze des § 252 Abs. 1 HGB wurden auch von der Haushaltsrichtlinie der EKD übernommen (s. § 65 Abs. 1 HHR-EKD). Der Anwendungsbereich einer Generalnorm ist also gering, da die meisten Bilanzierungssachverhalte durch Einzelnormen geregelt wurden oder mit den kodifizierten Grundsätzen ordnungsmäßiger Buchführung gelöst werden können.
- Für die Streichung der Generalnorm spricht außerdem, dass die Defizite der Informationsvermittlung auch durch den von kirchlichen Körperschaften zu erstellenden Anhang kaum vermindert werden. Die Anhangangaben der Haushaltsrichtlinie sehen vielmehr lediglich Erläuterungen vor, die sich auf die nach kirchlichen Gewinnermittlungsregeln ermittelten Buchwerte beziehen, und sind somit nicht in der Lage, die

---

455 Im Ansatz werden zukünftige Erwartungen, z. B. durch Bildung von Substanzerhaltungsrücklagen, durchaus berücksichtigt. Jedoch sind diese gesetzlich vorgeschrieben und derart pauschal, dass dies mit den ‚tatsächlichen Verhältnissen' einer Körperschaft nichts gemeinsam hat.
456 Vgl. Streim 1994, S. 405.
457 Vgl. Schildbach 1987, S. 11.
458 Der Begriff ‚true and fair view' geht insbesondere auf den englischen Companies Act zurück und wurde dann in die Vierte EG-Richtlinie übernommen, vgl. Schildbach 1987, S. 2-4; Tubbesing 1979, S. 92.

durch Buchwerte entstehenden Informationsverzerrungen zu beseitigen. Für *Moxters* Abkopplungsthese, wonach durch Bilanzierungsregeln verursachte Informationsverzerrungen im Anhang beseitigt werden können,[459] findet sich in der Haushaltsrichtlinie der EKD kaum ein Anhaltspunkt. So fehlt der Haushaltsrichtlinie beispielsweise eine Regelung nach dem Vorbild des § 264 Abs. 2 S. 2 HGB, die dem Grunde nach zusätzliche Anhangangaben bei einem Verstoß gegen das Einblicksgebot fordert. Zudem schreibt die Haushaltsrichtlinie keinen Lagebericht vor, der zukunftsorientierte Informationen zur Vermögens-, Finanz- und Ertragslage liefern könnte. Dies bleibt folglich ausschließlich den Haushaltsplanungen vorbehalten.

Streim folgerte für das handelsrechtliche Einblicksgebot über die Vermögens-, Finanz- und Ertragslage: »Lageinformationen dieses Inhalts kann aber der Jahresabschluß nicht liefern, weil er gar nicht dazu konzipiert ist.«[460] Auch der kirchliche Jahresabschluss kann unter Berücksichtigung der bisherigen Ausführungen kein den tatsächlichen Verhältnissen entsprechendes Bild der Vermögens-, Finanz- und Ertragslage vermitteln. Der Jahresabschluss nach den Vorschriften der Haushaltsrichtlinie der EKD entfernt sich durch einzelne Gewinnermittlungsregeln weit vom sog. Tatsächlichen. Vielmehr wird von der Haushaltsrichtlinie unterstellt, dass durch die Berücksichtigung von Bilanzierungsvorschriften ein den tatsächlichen Verhältnissen entsprechendes Bild der Vermögens-, Finanz- und Ertragslage entsteht und somit als vermittelt gilt.[461] Dies kommt im Wortlaut von § 53 Abs. 1 S. 2 HHR-EKD nicht zum Ausdruck und führt somit zwangsläufig zu einer Erwartungslücke bei den Adressaten.[462]

---

459 Vgl. Moxter 1986, S. 67-68.
460 Streim 1994, S. 400. Ähnliche Kritik wurde beispielsweise auch im Zusammenhang mit der kommunalen Doppik laut. Dort wurde kritisiert, dass sich Gemeindehaushaltsverordnungen keines dynamischen Verweises auf das HGB bedienen und somit ein (nicht erreichbarer) true and fair view vermittelt werden solle, vgl. Eibelshäuser 2012, S. S82, dort Fußnote 7.
461 Ähnlich für das Handelsrecht Streim 1994, S. 403-404.
462 Dieser Kritik sehen sich allerdings auch andere Rechnungslegungsvorschriften ausgesetzt. So bezweifelt Moxter 2000, S. 2147, »ob die sich aus den weltweit üblichen Rechnungslegungsinhalten ergebenden massiven Informationsgrenzen gesehen werden«.

3.4 Praktische Bedeutung der Abschlusszwecke am Beispiel des Paradigmenwechsels der Landeskirchen in Baden und im Rheinland

Am Beispiel der Landeskirche in Baden soll gezeigt werden, dass die ‚kirchliche Bilanzauffassung' noch nicht als gefestigt bezeichnet werden kann.[463] Die ursprüngliche Fassung des Kirchlichen Gesetzes über die Vermögensverwaltung und die Haushaltswirtschaft (KVHG-Baden) aus dem Jahr 2011 schrieb vor: »Kirchen und Kapellen sind mit 1 Euro zu bewerten.«[464] Die Landeskirche begründete dies wie die EKD damit, dass nicht realisierbares Anlagevermögen einem kirchlichen Veräußerungsverbot unterliegt. Auf Grund der fehlenden Marktfähigkeit ließen sich für sakrale Gebäude keine Marktwerte ableiten. Eine Bewertung von Kirchen oder Kapellen würde ein falsches Bild der ‚tatsächlichen Lage' der kirchlichen Körperschaft vermitteln.[465] Dies gilt für den zugehörigen Grund und Boden entsprechend.[466]

In der darauf folgenden Fassung der KVHG-Baden[467] wurde die Bewertung zum Erinnerungswert durch die Bewertung zu Anschaffungs- oder Herstellungskosten (oder ersatzweise Gebäudeversicherungswerten) ersetzt. Zur Begründung wird in den Unterlagen zur neunten ordentlichen Tagung der Landessynode im Oktober 2012 ausgeführt, dass der Erinnerungswert zu »erheblichen Verzerrungen bei der Vermögensdarstellung«[468] führen würde. Stattdessen sollen sakrale Gebäude zum Substanzwert bewertet werden, da sie einen sichtbaren Wert hätten, der auch in der Bilanz dokumentiert werden solle. Die fehlende Marktfähigkeit sei durch den Ausweis als nicht realisierbares Vermögen hinreichend berücksichtigt. Ferner sei durch den Substanzwert eine vollständige Darstellung des Vermögens und des damit einhergehenden Ressourcenverbrauchs möglich. Durch die

---

463 Dass die Landeskirche in Baden lediglich die erweiterte Kameralistik und nicht die Doppik anwendet, hat auf die nachfolgend geschilderte Bewertung der Grundstücke (in dieser Arbeit verstanden als Oberbegriff für Grund und Boden sowie Gebäude) keinen Einfluss. Vgl. zu den weiteren Rechtsgrundlagen für die Landeskirche in Baden auch unten, 5.2.1.3.
464 § 6 Abs. 2 S. 1 KVHG-Baden in der Fassung vom 15.04.2011 (GVBl. 2011, S. 113).
465 Vgl. BewBilRL-Baden, Tz. 3.1.
466 Vgl. BewBilRL-Baden, Tz. 3.1 aa).
467 Zur Streichung von § 6 Abs. 2 KVHG-Baden s. GVBl. 2012, S. 267.
468 Evangelische Landeskirche in Baden 2013, S. 311.

1-Euro-Bewertung befürchtet die Landeskirche in Baden zudem die Gefahr einer bilanziellen Überschuldung vieler ihrer Körperschaften.[469]

Auch die Evangelische Kirche im Rheinland wandte sich von der ursprünglich verpflichtenden 1-Euro-Bewertung ab und fordert nunmehr die Bewertung zu Anschaffungskosten oder Ersatzwerten.[470] Die Zielsetzung des kirchlichen Jahresabschlusses scheint somit in den einzelnen Landeskirchen noch nicht abschließend geklärt, da insbesondere bei der Rechnungslegung über sakrale Immobilien als ureigene kirchliche Bilanzfrage keine Einigkeit herrscht. Dies ist aus Sicht der Rechenschaft über das kirchliche Vermögen zu kritisieren, da in sakralen Gebäuden erhebliche finanzielle Mittel gebunden sind. Indem die Landeskirchen die Bilanzierungspraxis für Kirchen und Kapellen unter anderem zur Vermeidung einer eventuellen bilanziellen Überschuldung ihrer Körperschaften ändern, setzen sie sich der Kritik aus, eine ergebnisorientierte Bilanzpolitik zu betreiben.

---

469   Vgl. Evangelische Landeskirche in Baden 2013, S. 310-311.
470   S. hierzu im Einzelnen unten, Kapitel 5.2.1.2.

3.5 Handlungsvorschläge

Im Lichte der vorgenannten Ansätze und Probleme kirchlicher Abschlusszwecke können folgende Handlungsvorschläge unterbreitet werden:

1. Vor dem Hintergrund der Schwächen einer zersplitterten Rechnungslegung der öffentlichen Verwaltung und dem somit erkennbaren Risiko einer ebenso zersplitterten kirchlichen Rechnungslegung ist eine stärkere Selbstverpflichtung der EKD und der Landeskirchen für ein einheitliches Bilanzrecht zu fordern.

2. Die Gesetzesmaterialien sollten um weitere Ausführungen zu den Zwecken des kirchlichen Jahresabschlusses ergänzt werden. Wo und warum sich der kirchliche Jahresabschluss vom handelsrechtlichen unterscheiden soll, ist eindeutig zu benennen und zu begründen. Dabei sind spezifische kirchliche Anforderungen wie beispielsweise das Aufzeigen eines Finanzbedarfs im Zusammenhang mit Immobilien oder kirchlichen Finanzausgleichssystemen differenziert zu berücksichtigen.

3. Es ist haushaltsrechtlich festzulegen, ob und in welcher Form die Geldentwertung berücksichtigt wird. Im Lichte relativ hoher Finanzanlagen und langfristiger Substanzerhaltungsverpflichtungen scheint dies für kirchliche Körperschaften wichtiger als beispielsweise für Unternehmen.

4. Die Rechnungslegung sollte auf Grundsätzen ordnungsmäßiger Buchführung aufbauen, deren Einhaltung eindeutig von der Haushaltsrichtlinie zu fordern ist. Eine Vermeidung des Begriffs Grundsätze ordnungsmäßiger Buchführung führt nur zu einer vermeintlichen Abgrenzung des Haushaltsrechts vom Handelsrecht.

5. Die Forderung nach einem den tatsächlichen Verhältnissen entsprechenden Bildes der Vermögens-, Finanz- und Ertragslage führt zu keinen materiellen Veränderungen in der Rechnungslegung. Sie fördert jedoch eine vermeidbare Erwartungslücke bei den Adressaten und steht daher zur Disposition.

4 Formelle und materielle Besonderheiten der Rechnungslegung der EKD

4.1 Grundlagen der kirchlichen Rechnungslegung

4.1.1 Formelle Bestandteile der Rechnungslegung der EKD und ausgewählter Landeskirchen im Vergleich

Aufgabe eines Jahresabschlusses ist, »den verschiedenen Adressaten in standardisierter Form ein Mindestmaß an Informationen über das Unternehmen zur Verfügung zu stellen«[471]. Art und Umfang der formellen Bestandteile des Jahresabschlusses haben somit grundlegende Bedeutung für dessen Rechenschafts- bzw. Informationsfunktion. Der Jahresabschluss dient zum einen der standardisierten und somit jederzeit kurzfristig verfügbaren Selbstinformation der Organe einer Körperschaft als sog. interne Adressaten. Zum anderen wird hierdurch Rechenschaft gegenüber den externen Adressaten abgelegt.[472]

In den nachfolgenden Übersichten sollen die materiellen Grundsätze und formellen Bestandteile der Rechnungslegung der EKD sowie von drei Landeskirchen vergleichend dargestellt werden. Dafür wurden die zwei mitgliederstärksten Landeskirchen, die Evangelisch-lutherische Landeskirche Hannovers und die Evangelische Kirche im Rheinland ausgewählt. Beide Landeskirchen führen die Doppik ein. Ergänzend wird die mittelgroße Evangelische Landeskirche in Baden dargestellt, die sich für die Einführung der erweiterten Kameralistik entschieden hat.[473] Die HHR-EKD strahlt dabei als Richtlinie im Sinne von Art. 9 lit. d) GO-EKD auf die Haushaltsordnungen der Landeskirchen aus.[474]

Tabelle 3 zeigt, dass sich alle Haushaltsordnungen an die handelsrechtlichen allgemeinen Bewertungsgrundsätze anlehnen. Besonderheiten ergeben sich aufgrund des Rechnungsstils der erweiterten Kameralistik im We-

---

471 Hinz 2013b, Tz. 5.
472 Vgl. Hinz 2013b, Tz. 5.
473 S. zur Auswahl der Landeskirchen und ihrem jeweiligen Reformstatus im Einzelnen oben, Kapitel 2.2.4.
474 S. zur Eigenschaft der HHR-EKD als Richtlinie oben, Kapitel 2.1.2.2.

sentlichen bei der Evangelischen Landeskirche in Baden. Ein uneinheitliches Bild ergibt sich ferner hinsichtlich der in Kapitel 3.3.3 diskutierten Problematik der Generalnorm und der Einbeziehung von Grundsätzen ordnungsmäßiger Buchführung:

Tabelle 3: Bewertungsgrundsätze und ‚true and fair view' in ausgewählten Haushaltsordnungen[475]

Grundsatz	EKD[476]	Hannover[477]	Rheinland[478]	Baden[479]
Rechnungsstil	Doppik	Doppik	Doppik	Erweiterte Kameralistik
Allgemeine Bewertungsgrundsätze entsprechend § 252 Abs. 1 HGB	Ja (§ 65 Abs. 1), wobei sich Vorsichts-, Realisations- und Imparitätsprinzip nur in den Ausführungsbestimmungen finden (zu § 65 Abs. 1 Nr. 3).	Ja (§ 70 Abs. 1), wobei der Wortlaut hinsichtlich des Vorsichts-, Realisations- und Imparitätsprinzips stark verkürzt wurde (s. § 70 Abs. 1 Nr. 3).	Ja (§ 113 Abs. 1)	Ja (§ 5 Abs. 1), wobei der Wortlaut hinsichtlich des Vorsichts-, Realisations- und Imparitätsprinzips stark verkürzt wurde (s. § 5 Abs. 1 Nr. 3). Der Grundsatz der Periodenabgrenzung wird aufgrund des Rechnungsstils nicht gefordert.
Generalnorm zum Einblickgebot (‚true and fair view') des Jahresabschlusses	Ja (§ 53 Abs. 1 S. 2): »Der Jahresabschluss hat ein den tatsächlichen Verhältnissen entsprechendes Bild der Haushaltsausführung sowie der Vermögens-, Finanz- und Ergebnislage zu vermitteln.«	Keine Regelung über das Einblickgebot.	Ja (§ 123 Abs. 1 S. 2): Der Jahresabschluss »muss unter Beachtung der Grundsätze ordnungsgemäßer Buchführung ein den tatsächlichen Verhältnissen entsprechendes Bild der Vermögens-, Schulden-, Ertrags- und Finanzlage der kirchlichen Körperschaft vermitteln und ist zu erläutern.«	Ja (§ 86 Abs. 1 S. 2): »Der Jahresabschluss muss ein den tatsächlichen Verhältnissen entsprechendes Bild der Haushaltsausführung und ihrer Auswirkungen auf das Vermögen, die Schulden und die Finanzsituation der kirchlichen Körperschaft vermitteln.«

---

475 Eigene Darstellung.
476 Paragraphenangaben beziehen sich auf die HHR-EKD (erweiterte Kameralistik hier nicht dargestellt).
477 Paragraphenangaben beziehen sich auf die KonfHO-Doppik-Hannover.
478 Paragraphenangaben beziehen sich auf die KF-VO-Rheinland.
479 Paragraphenangaben beziehen sich auf das KVHG-Baden.

Grundsatz	EKD[476]	Hannover[477]	Rheinland[478]	Baden[479]
Dabei: Verweis auf Grundsätze ordnungsmäßiger Buchführung	Kein Verweis auf Grundsätze ordnungsmäßiger Buchführung.	Keine Regelung bezüglich Grundsätze ordnungsmäßiger Buchführung.	Ja, s. oben (§ 123 Abs. 1 S. 2).	Kein Verweis auf Grundsätze ordnungsmäßiger Buchführung.

Tabelle 4 zeigt, dass sich der Jahresabschluss nach dem Vorbild der EKD aus Bilanz, Ergebnisrechnung, Kapitalflussrechnung sowie Anhang zusammensetzt.[480] Der kirchliche Jahresabschluss unterscheidet sich vom handelsrechtlichen Abschluss für Kapitalgesellschaften im Wesentlichen dadurch, dass letzterer die Kapitalflussrechnung (außer für den Konzernabschluss[481]) nicht verpflichtend vorsieht, jedoch ein Lagebericht zu erstellen ist[482]. Ursprünglich plante auch die EKD »einen dem Lagebericht entsprechenden Bericht«[483], was sich aber nicht in der Haushaltsrichtlinie niederschlägt. Hinsichtlich der formellen Abschlussbestandteile haben die EKD und die ausgewählten Landeskirchen durchaus einen gemeinsamen Nenner gefunden, wenn man von der Evangelischen Landeskirche in Baden absieht, die aufgrund der erweiterten Kameralistik systembedingt die Abschlussbestandteile Ergebnisrechnung und Kapitalflussrechnung nicht vorschreibt:

Tabelle 4: Bestandteile der Jahresabschlüsse ausgewählter Haushaltsordnungen[484]

Bestandteil	EKD	Hannover	Rheinland	Baden
Bilanz	Ja (§ 55)	Ja (§ 61)	Ja (§ 127)	Ja (§ 78)
Ergebnisrechnung	Ja (§ 54 Abs. 1, Abs. 2)	Ja (§ 60 Abs. 1, Abs. 2)	Ja (§ 125)	Statt der Ergebnisrechnung ist eine Jahresrechnung auf Grundlage von Einnahmen und Ausgaben zu erstellen (§ 86).
Anhang	Ja (§§ 56, 57)	Ja (§§ 62, 63)	Ja (§ 128)	Ja (§ 79)

---

480 S. § 53 Abs. 1 S. 1 HHR-EKD. Zwischen Kapitalflussrechnung und Investitions- und Finanzierungsrechnung wird nachfolgend aus Vereinfachungsgründen nicht unterschieden.
481 S. § 297 Abs. 1 S. 1 HGB.
482 S. § 264 Abs. 1 S. 1 HGB. Kleine Kapitalgesellschaften sind von der Erstellung eines Lageberichts befreit.
483 Evangelische Kirche in Deutschland 2006a, S. 5.
484 Eigene Darstellung. Zu den Rechtsquellen s. Tabelle 3.

4.1 Grundlagen der kirchlichen Rechnungslegung

Bestandteil	EKD	Hannover	Rheinland	Baden
Lagebericht	Als Soll-Vorschrift nur für kirchliche Wirtschaftsbetriebe vorgesehen (Ausführungsbestimmung zu § 61).	Nicht geregelt.	Nicht geregelt.	Verpflichtend für kirchliche Wirtschaftsbetriebe vorgesehen (§ 61 Abs. 1).
Kapitalflussrechnung	Ja (§ 53 Abs. 1)	Ja (§ 59 Abs. 2)	Ja (§ 126)	Entfällt, da die Jahresrechnung bereits die Einnahmen und Ausgaben darstellt.

Tabelle 5 stellt ferner die Konsolidierungsgrundsätze der ausgewählten Kirchen dar. Sofern Regelungen zur Konsolidierung bestehen, ist diesen gemeinsam, dass sie sich lediglich auf die Zusammenfassung von (rechtlich unselbständigem) Sondervermögen beziehen. Eine Konsolidierung in dem Sinne, dass rechtlich selbstständige Körperschaften über mehrere Ebenen hinweg zu einem Gesamtabschluss aggregiert werden, ist indes nicht vorgesehen:[485]

Tabelle 5: Übersicht zu den Konsolidierungsgrundsätzen[486]

EKD[487]	Hannover[488]	Rheinland[489]	Baden[490]
Derzeit nur Soll-Vorschrift bezüglich des Sondervermögens ohne eigene Rechtspersönlichkeit (Ausführungsbestimmung zu § 71 Abs. 1). Ein Gesamtabschluss i.S.d. Handelsrechts ist nicht vorgesehen.	Nicht geregelt.	Gesamtabschluss mit Sondervermögen, Treuhandvermögen und Beteiligungen ab 2020 vorgesehen. Regelungen sind bis 2017 zu verlautbaren (§ 138).	Derzeit nur Soll-Vorschrift bezüglich des Sondervermögens ohne eigene Rechtspersönlichkeit (s. Anlage 1, Nr. 80). Ein Gesamtabschluss i.S.d. Handelsrechts ist nicht vorgesehen.

---

485 Dabei müsste zumindest die Konsolidierung auf Ebene der Landeskirche gefordert werden. Denkbar wäre jedoch auch, dass alle Landeskirchen auf einen EKD-weiten Gesamtabschluss konsolidiert werden. Dies würde der Außendarstellung der EKD als übergeordnete Organisation entsprechen. Neben den damit verbundenen rechtlichen Grundsatzfragen ist dieses Ziel auch praktisch kaum erreichbar, da es eine zwischen den Landeskirchen einheitliche Bewertung voraussetzt.
486 Eigene Darstellung. Zu den Rechtsquellen s. Tabelle 3.
487 Paragraphenangaben beziehen sich auf die HHR-EKD.
488 Paragraphenangaben beziehen sich auf die KonfHO-Doppik-Hannover.
489 Paragraphenangaben beziehen sich auf die KF-VO-Rheinland.
490 Paragraphenangaben beziehen sich auf das KVHG-Baden.

4.1.2 Aspekte der Publizität der kirchlichen Rechnungslegung

Im vorstehenden Kapitel wurde ersichtlich, dass die EKD und die dort ausgewählten Landeskirchen ein Mindestmaß gemeinsamer formeller Rechnungslegungsbestandteile vorsehen. Sämtliche Reformbemühungen können jedoch nur greifen, wenn die kirchlichen Jahresabschlüsse auch gegenüber externen Adressaten offen gelegt werden. Die EKD selbst fordert ‚Transparenz' als einen Baustein ihrer Reformbemühungen.[491] Zudem erhöht sich der Handlungsdruck durch kritische Veröffentlichungen über Kirchenfinanzen im Allgemeinen, wie z. B. von *Schwarz*[492] oder *Frerk*[493]. Vielbeachtete Einzelfälle wie etwa der Umbau der Limburger Bischofsresidenz[494] wirken sich über die Grenzen der Konfessionen hinweg nachteilig auf die öffentliche Wahrnehmung kirchlicher Finanzen aus.[495] Die durch sog. Publizitätsvorschriften normierte Offenlegung von Jahresabschlüssen ist im Bereich von Unternehmen und Kirchen sehr unterschiedlich ausgeprägt, wie nachfolgender Vergleich zeigt:

1. Das Handelsrecht verfügt durch das Gesetz über elektronische Handelsregister und Genossenschaftsregister sowie das Unternehmensregister (EHUG) seit dem 01. Januar 2007 über verschärfte Offenlegungsvorschriften.[496] Die Offenlegungsvorschriften verpflichten insbesondere Kapitalgesellschaften, ihren Jahresabschluss (bestehend aus Bilanz, Gewinn- und Verlustrechnung sowie Anhang), gegebenenfalls den Lagebericht sowie den Vermerk des Abschlussprüfers innerhalb bestimmter Fristen offenzulegen.[497] Die Publizität ist zwar bezüglich des Umfangs der offenzulegenden Abschlussteile abgestuft,[498] trifft aber grundsätzlich alle Kapitalgesellschaften. Verstöße werden mit Ordnungsgeldverfahren[499] sanktioniert. Die offengelegten Abschlüsse sind im sog. elektronischen Unternehmensregister für jedermann kostenlos abrufbar.[500] Bezüglich des Adressatenkreises

---

491 Vgl. Evangelische Kirche in Deutschland 2006b, S. 4.
492 S. Schwarz 2005, dort mit Blick auf die Transparenz insbesondere S. 55-59.
493 S. Frerk 2010, dort mit Blick auf die Transparenz insbesondere S. 14-20.
494 S. beispielsweise die Berichterstattung im Spiegel (s. Authaler et al. 2013) oder in der Frankfurter Allgemeinen Zeitung (s. Bollmann 2013).
495 Vgl. Schäfer 2013.
496 S. zum Hintergrund des Gesetzgebungsverfahrens Seibert und Decker 2006.
497 S. § 325 HGB.
498 S. §§ 326-327a HGB.
499 S. § 335 HGB.
500 S. § 9 Abs. 1 S. 1 HGB. Die Einsichtnahme ist nach § 9 Abs. 6 S. 3 HGB nur bei sog. Kleinstkapitalgesellschaften eingeschränkt.

hat der Gesetzgeber somit keinerlei Einschränkungen vorgesehen und die in der Literatur vertretene Differenzierung zwischen Adressaten als Auskunftsberechtigten und übrigen Rechenschaftsempfängern faktisch aufgehoben.[501]

2. Die Adressaten der kirchlichen Rechnungslegung sehen sich derzeit einer nicht standardisierten Rechenschaft gegenüber. *Ballwieser* und *Vogelbusch* liefern einige Beispiele der kirchlichen Veröffentlichungspraxis und kritisieren diese zurecht als uneinheitlich und bruchstückhaft:[502] Einerseits können Reden von Vertretern der Finanzausschüsse zum Haushalt auf den Internetauftritten der Landeskirchen nachgelesen werden, andererseits stellen manche Landeskirchen Jahresberichte sehr verschiedenen Umfangs zur Verfügung.

3. Ein Blick in die einzelnen Rechtsordnungen bestätigt dieses Bild. Die EKD schreibt beispielsweise in ihrer neuen (doppischen) Haushaltsordnung (HHO-EKD) vor, dass der Haushalt (also die Planungsrechnung) zu veröffentlichen ist.[503] Hingegen muss der Jahresabschluss lediglich dem ständigen Haushaltsausschuss der Synode der EKD vorgelegt werden.[504] Auch am Beispiel der Evangelisch-lutherischen Landeskirche Hannovers zeigt sich, dass ein doppisches Haushaltsrecht (KonfHO-Doppik-Hannover) ohne flächendeckende Offenlegungsvorschriften eingeführt wird. Es bleibt somit bei den bisherigen Publizitätsvorschriften. Demnach ist die Rechnungslegung beispielsweise der Kirchenkreise oder -gemeinden lediglich für mindestens eine Woche zur Einsicht auszulegen.[505]

Im Ergebnis kann die kirchliche Praxis, wonach Haushaltsberatungen auf verschiedenen Ebenen kirchlicher Körperschaften zwar ‚öffentlich' sind oder Bilanzen auf Anfrage ausgelegt oder zugeschickt werden, nicht befriedigen.[506] Für eine transparente Finanzberichterstattung sind einheitliche Publizitätsstandards zu fordern, die folgende Merkmale aufweisen:

---

501 Diese Unterscheidung vertreten beispielsweise Moxter 1976, S. 95 und differenzierter Ballwieser 2002, S. 115.
502 Vgl. Ballwieser 2013a, S. 39-43; Vogelbusch 2012, S. 14-17.
503 S. § 28 Abs. 1 S. 2 HHO-EKD.
504 S. § 70 HHO-EKD.
505 S. § 51 Abs. 2 KKO-Hannover bzw. § 62 Abs. 2 KGO-Hannover.
506 Schon der Zugang zu den Unterlagen der Synoden ist nicht einheitlich geregelt. Ein positives Beispiel bildet die Evangelische Kirche in Hessen und Nassau. Dort sind die Aktenstücke der Synoden zentral auf der Website www.kirchenrecht-ekhn.de abrufbar.

- Die Offenlegung umfasst standardisierte Inhalte entsprechend dem Umfang des Jahresabschlusses, zumindest also Bilanz, Ergebnisrechnung und Anhang.
- Die Offenlegung erfolgt auf einer elektronischen Plattform. Dabei erscheint es aufgrund des ohnehin schon breit gestreuten Adressatenkreises der Kirchen empfehlenswert, ähnlich wie beim elektronischen Unternehmensregister keinerlei personelle Einschränkungen bezüglich des Zugangs zu den Rechnungslegungsdaten vorzusehen.
- Darüber hinaus kann die Offenlegung von (nicht konsolidierten) Jahresabschlüssen der Landeskirchen nicht genügen, da diese die organisatorisch untergeordneten Körperschaften nicht berücksichtigen. Die standardisierte Offenlegung sollte demnach auch für sämtliche nicht im Wege der Konsolidierung einbezogenen Körperschaften wie Kirchenkreise und -gemeinden gelten.

4.1.3 Begriff und Bedeutung der Eröffnungsbilanz

Als Eröffnungsbilanz wird die erste Bilanz bezeichnet, die den Ansatz- und Bewertungsvorschriften der doppischen Haushaltsrichtlinie unterliegt.[507] Die Eröffnungsbilanz ermöglicht erstmalig eine Darstellung der Vermögens- und Finanzlage auf Grundlage der Wertmaßstäbe der doppischen Haushaltsrichtlinie. Der Eröffnungsbilanz liegt in der Regel die Fiktion zugrunde, dass Vermögensgegenstände und Schulden so zu bilanzieren sind, als ob die entsprechenden Rechnungslegungsvorschriften schon immer angewendet worden wären.[508] Technisch und organisatorisch erfordert dies zunächst eine Inventur der Vermögensgegenstände und Schulden, die mit entsprechenden Kosten einhergeht.

Da es sich hierbei um eine Zeitpunktbetrachtung handelt, können zur Eröffnungsbilanz weder Ergebnis- noch Kapitalflussrechnung erstellt werden.

---

507 Die im Rahmen der Umstellung von der Kameralistik auf die Doppik erzeugte Eröffnungsbilanz wird mitunter auch als ‚erste Eröffnungsbilanz' bezeichnet. Sie soll dadurch von den Eröffnungsbilanzen der laufenden Rechnungslegung unterschieden werden, die wegen der Bilanzkontinuität mit der Schlussbilanz des Vorjahres übereinstimmen müssen (s. § 65 Abs. 1 Nr. 1 HHR-EKD). Hier wird vereinfachend nur der Begriff Eröffnungsbilanz verwendet, mit dem stets die ‚erste Eröffnungsbilanz' gemeint ist.

508 So im Ergebnis auch § 74 HHR-EKD. Ähnlich ist dies beispielsweise bei einer steuerlichen Übergangsbilanz, s. hierzu Förschle und Kropp 2002, Tz. 188, oder im Rahmen der Vorschriften der IPSAS, s. hierzu IPSAS 3, Tz. 19-24.

Trotzdem ist es nicht so, dass das kumulative Ergebnis des bisherigen Wirtschaftens nicht ersichtlich wäre. Vielmehr zeigt die Eröffnungsbilanz, dass sich Vermögensgegenstände und Schulden der Höhe nach in der Regel nicht decken. Die verbleibende Differenz stellt das bis zum Stichtag der Eröffnungsbilanz erwirtschaftete bzw. durch Spenden, Finanzausgleichsmaßnahmen oder ähnliche Zuweisungen erhaltene Reinvermögen dar. Im Lichte der oben geführten Diskussion um ein kirchliches Gewinnermittlungskonzept ist präziser zu formulieren: Die Eröffnungsbilanz zeigt das Reinvermögen, das unter bestimmten bilanzrechtlichen Annahmen vorhanden ist, wobei sich die Höhe der bewerteten Vermögensgegenstände und Schulden unmittelbar auf das Reinvermögen auswirkt. Von der Eröffnungsbilanz geht also eine Signalwirkung aus. Sofern das Vermögen die Schulden nicht deckt, ist auf der Aktivseite ein sog. nicht durch Reinvermögen gedeckter Fehlbetrag auszuweisen.[509] Diesem ist erhöhte Beachtung zu schenken, da er die Organe zu Haushaltssicherungskonzepten verpflichten kann.[510] Zwischen der Eröffnungsbilanz und der späteren laufenden Bilanzierung bestehen naturgemäß Interdependenzen, die hier am Beispiel von Sachanlagen verdeutlicht werden:

- Eine hohe Bewertung von Sachanlagen in der Eröffnungsbilanz verursacht spiegelbildlich ein hohes Reinvermögen. Sofern die Sachanlagen der Abnutzung und somit der Abschreibung unterliegen (Beispiel: Gebäude, nicht aber Grund und Boden), steigen die Abschreibungen in den Folgeperioden im gleichen Umfang wie die Buchwerte in der Eröffnungsbilanz. Dies belastet die zukünftigen Ergebnisrechnungen.[511]
- Mit einer niedrigen Bewertung von Sachanlagen können hingegen sog. stille Reserven gelegt werden. Diese verursachen in der Eröffnungsbilanz ein vergleichsweise niedriges Reinvermögen. Zukünftig geht dies einerseits mit einer geringeren Ergebnisbelastung durch Abschreibungen einher, andererseits entstehen im Fall der Veräußerung von Vermögensgegenständen höhere Buchgewinne.

---

509 S. § 74 Abs. 6 HHR-EKD.
510 Vgl. am Beispiel der Evangelischen Landeskirche in Baden Evangelische Landeskirche in Baden 2013, S. 311.
511 Auch im kommunalen Bereich wird eine hohe Bewertung in der Eröffnungsbilanz deshalb kritisch gesehen, vgl. Mühlenkamp und Glöckner 2009, Abschnitt 1, S. 17.

Die Ausnutzung von Ermessensspielräumen in der Eröffnungsbilanz wirkt sich daher nicht nur auf diesen Bilanzstichtag aus, sondern ist für die Vermögens-, Finanz- und Ertragslage und für die Bilanzgestaltung der Folgeperioden in hohem Maße relevant.

4.2 Kirchliche Besonderheiten in der Eröffnungsbilanz

4.2.1 Bewertung von Immobilien

Im Folgenden wird die Bewertung des Sachanlagevermögens in Form von Immobilien[512] spezifiziert. Das Immobilienvermögen hat wertmäßig eine herausragende Bedeutung, insbesondere für die Landeskirchen der EKD sowie deren Untergliederungen.[513]

Die Bewertung der zum ersten Bilanzstichtag vorhandenen Immobilien erfolgt nach § 74 Abs. 2 HHR-EKD zu den sog. fortgeführten Anschaffungs- und Herstellungskosten. Darunter versteht man die Anschaffungskosten[514], die zum Zeitpunkt des ursprünglichen Erwerbs oder der Herstellung nach den heutigen Grundsätzen aktivierungsfähig sind, vermindert um die seither nach den heutigen Grundsätzen zu verbuchenden Abschreibungen. Nachfolgend sollen die Fälle, in denen die fortgeführten Anschaffungskosten bekannt sind, als unproblematisch gelten und nicht weiter dargestellt werden.[515]

Sonderregelungen sind nötig, wenn die historischen Anschaffungskosten unbekannt sind, weil Aufzeichnungen zur Anschaffung bzw. Herstellung (z. B. Kaufverträge oder Rechnungen) fehlen oder das Grundstück im Wege der Schenkung[516] zuging. Die entsprechenden Vorgänge liegen mitunter Jahrzehnte oder Jahrhunderte zurück. In diesen Fällen ist für Zwecke der Eröffnungsbilanz ein Surrogat für die Anschaffungskosten zu ermitteln.

---

512 Die Begriffe ‚Immobilien' oder ‚Grundstücke' dienen in dieser Arbeit als Sammelbegriff. Sie umfassen im Einzelnen die Komponenten ‚Grund und Boden' sowie ‚Gebäude'.

513 S. zur wirtschaftlichen und bilanziellen Bedeutung der Immobilien unten, Kapitel 5.1.

514 Im Zusammenhang mit Immobilien wird nachfolgend statt des bilanzsprachlichen Begriffs Anschaffungs- und Herstellungskosten vereinfachend und gleichbedeutend der Begriff Anschaffungskosten verwendet.

515 Naturgemäß bestehen auch in diesen Fällen Ermessensspielräume für die Bewertung, die beispielsweise aus der zugrundeliegenden Nutzungsdauer resultieren.

516 So explizit BBR-EKD, S. 10, dort Fußnote 4.

Hierfür schreibt das Haushaltsrecht bestimmte Bewertungsverfahren vor, die nachfolgend erörtert werden. Aufgrund des Einzelbewertungsgrundsatzes[517] erfolgt die Bewertung von Grund und Boden sowie von Gebäuden separat.[518]

Für die Bewertung von Grund und Boden zu einem Surrogatwert trifft die Haushaltsrichtlinie keine Regelungen.[519] Konkrete Bewertungsvorschriften enthalten lediglich die Bilanzierungs- und Bewertungsrichtlinien der EKD:[520]

- Bebauter Grund und Boden soll demnach das bewertungsmäßige Schicksal des Gebäudes teilen. Soweit ein Gebäude von nutzungsspezifischen Wertminderungen betroffen ist (z. B. aufgrund seiner Nutzung als Gemeinbedarf), soll der Grund und Boden der gleichen Abwertung unterliegen.
- Zudem soll Grund und Boden zum Erinnerungswert (1 Euro) aktiviert werden, soweit die aufstehenden Kirchen- und Kapellengebäude gemäß § 66 Abs. 2 HHR-EKD vereinfachend zum Erinnerungswert bewertet wurden.
- Sofern bebauter oder unbebauter Grund und Boden dem nicht realisierbaren Anlagevermögen zugeordnet und nicht zum Erinnerungswert ausgewiesen wird, kann dieser auf 25 bis 40 % des aktuellen Bodenrichtwerts benachbarter Flächen abgewertet werden.
- Die Bewertung von Grund und Boden, der dem realisierbaren Anlagevermögen zugeordnet wird, ist nach Bodenrichtwerten vorzunehmen. Pauschale Abschläge auf den Bodenrichtwert sind (im Gegensatz zum nicht realisierbaren Anlagevermögen) nicht vorgesehen.[521]
- Selbstständig bewertbare Sonderflächen für den Gemeingebrauch wie Straßen, Wege und Plätze können pauschal mit 10 % des Bodenrichtwerts bilanziert werden.[522]

---

517 Der Einzelbewertungsgrundsatz ergibt sich aus § 65 Abs. 1 Nr. 2 HHR-EKD sowie aus § 64 Abs. 1 S. 1 HHR-EKD. Im Übrigen müssen sog. geringwertige Wirtschaftsgüter gemäß § 64 Abs. 2 S. 1 HHR-EKD nicht erfasst werden. Gruppenbewertungsverfahren sind nach § 64 Abs. 5 HHR-EKD nur für das Vorratsvermögen zulässig.
518 S. § 65 Abs. 1 Nr. 2 HHR-EKD und das Bilanzschema gemäß Anlage II HHR-EKD.
519 § 74 Abs. 3 HHR-EKD, der auf Zeitwerte abstellt, gilt dem Wortlaut nach nur für Gebäude.
520 Vgl. im Folgenden BBR-EKD, S. 10-11.
521 Individuelle wertbeeinflussende Merkmale sind zu berücksichtigen.
522 Sonderflächen sind mit mindestens 1 Euro/m² zu bewerten.

Kirchliche Gebäude sind nach § 74 Abs. 3 HHR-EKD »mit vorsichtig geschätzten Zeitwerten nach einem vereinfachten Verfahren« zu bewerten, sofern sich Anschaffungskosten nicht mehr ermitteln lassen.[523] Genauere Vorgaben enthalten wieder die Bilanzierungs- und Bewertungsrichtlinien. Diese grenzen den Wertbegriff des Zeitwerts auf einen Substanzwert ein, der für alle Gebäudearten des realisierbaren und nicht realisierbaren Anlagevermögens wie folgt zu ermitteln ist:[524]

- Zunächst kann der Gebäudeversicherungswert von 1914 herangezogen werden. Dieser muss auf den Bilanzstichtag indiziert werden.[525] Von diesem Wert kann eine Pauschalwertberichtigung von 20 bis 30 % in Abzug gebracht werden, insbesondere dann, wenn die Versicherungswerte selbst bereits Vereinfachungen und Pauschalierungen enthielten.
- »Hilfsweise«[526] können statt Versicherungswerten auch zum Bilanzstichtag indizierte Sachwerte auf Grundlage der Immobilienwertermittlungsverordnung (ImmoWertV) berechnet werden. Für deren Ermittlung sollen die auf den Bilanzstichtag indizierten Normalherstellungskosten (NHK) gemäß den Wertermittlungsrichtlinien des Bundesministeriums für Verkehr, Bau und Stadtentwicklung (WertR) Beachtung finden.
- Für ältere Gebäude und Gebäude mit einem Kunstwert ist außerdem eine Bewertung nach Raummeter- oder Kubaturpreisen zulässig.

Als Zwischenergebnis ist festzuhalten, dass sich die ‚Bewertung mit vorsichtig geschätzten Zeitwerten' in den Bilanzierungs- und Bewertungsrichtlinien insbesondere auf Versicherungswerte und Sachwertverfahren der ImmoWertV beschränkt. Andere Verfahren zur Zeitwertermittlung, beispielsweise Vergleichs- und Ertragswertverfahren, werden hierdurch für Bewertungen in der Eröffnungsbilanz ausgeschlossen.[527]

---

523 Widersprüchlich insofern Evangelische Kirche in Deutschland 2012b, S. 3, wonach eine Kapitalisierung von Kirchen und Kapellen »vom Grunde her unvereinbar mit dem kirchlichen Selbstverständnis« sei.
524 Vgl. im Folgenden BBR-EKD, S. 11-12.
525 Mit welchem Index auf den Bilanzstichtag fortzuschreiben ist, lassen die Bilanzierungs- und Bewertungsrichtlinien offen. Üblicherweise wird auf den Baupreisindex abgestellt.
526 BBR-EKD, S. 12. Die Festlegung auf das Versicherungs- oder das Sachwertverfahren soll von den Landeskirchen getroffen werden. Diese sollen sich jeweils auf ein Verfahren festlegen.
527 S. zu diesen Verfahren unten, Kapitel 5.2.3.1.

4.2 Kirchliche Besonderheiten in der Eröffnungsbilanz

Eines der für die Bilanzierung und Außendarstellung der kirchlichen Körperschaften bedeutendsten Wahlrechte gewährt die Haushaltsrichtlinie in Bezug auf Kirchen und Kapellen. Diese können statt mit den oben genannten Versicherungs- oder Sachwerten auch zum Erinnerungswert (1 Euro) ausgewiesen werden.[528] Die für die Eröffnungsbilanz geltenden Wahlrechte und Vereinfachungen für Kirchen und Kapellen gelten im Übrigen auch für die laufende Bilanzierung. Auch hier können sakrale Gebäude mit einem Erinnerungswert bilanziert werden.[529] Dies betrifft sowohl neu erworbene oder hergestellte sakrale Gebäude als auch solche, die durch Baumaßnahmen eine Wertsteigerung im Sinne aktivierungspflichtiger nachträglicher Anschaffungs- und Herstellungskosten erfahren würden.[530] Eine ausführliche Darstellung anderer Bewertungsmöglichkeiten, die diesbezüglichen Vorgaben der Landeskirchen sowie kritische Anmerkungen hierzu finden sich ausführlich in Kapitel 5.

4.2.2 Bewertung des Reinvermögens über die Eigenschaft als Residualgröße hinaus

Das Reinvermögen der Eröffnungsbilanz ergibt sich zunächst rechnerisch als Differenz von Vermögensgegenständen, aktiven und passiven Rechnungsabgrenzungsposten sowie Schulden und Sonderposten. Der Begriff Reinvermögen soll im Gegensatz zum Begriff Eigenkapital zum Ausdruck bringen, dass es sich dabei nicht um das ‚eigene' Kapital einer kirchlichen Körperschaft handelt, sondern um das von Mitgliedern und Spendern überlassene Kapital.[531] Das Reinvermögen setzt sich aus dem Vermögensgrundbestand und den Rücklagen zusammen.[532] Die Rücklagen bemessen sich

---

528 S. § 74 Abs. 1 i.V.m. § 66 Abs. 2 S. 1 HHR-EKD.
529 S. §§ 66 Abs. 2, 67 Abs. 5 HHR-EKD.
530 Zur Bestimmung der aktivierungspflichtigen Maßnahmen orientiert sich die EKD an den steuerlichen Vorschriften. Insbesondere Erweiterungen, Wesensänderungen und wesentliche Verbesserungen zählen zu den nachträglichen Anschaffungs- und Herstellungskosten, vgl. BBR-EKD, S. 13-14.
531 Vgl. Evangelische Kirche in Deutschland 2012b, S. 3.
532 Vgl. BBR-EKD, S. 19.

nach einem gesetzlichen Pflichtkatalog sowie auf Grundlage von Beschlüssen kirchlicher Organe.[533] Mithin verbleibt der Vermögensgrundbestand als echte Residualgröße.[534]

Wirtschaftlich entspricht das Reinvermögen dem kumulierten Ergebnis der Tätigkeit der kirchlichen Körperschaft bis zum Stichtag der Eröffnungsbilanz. Sofern die Schulden das Vermögen übersteigen, liegt eine buchmäßige Überschuldung vor, die sich bilanziell zunächst als negatives Reinvermögen darstellt. Ein solches negatives Reinvermögen ist grundsätzlich als letzte Position der Aktivseite als sog. nicht durch Reinvermögen gedeckter Fehlbetrag auszuweisen.[535]

Das Reinvermögen ist als Residualgröße an sich keiner eigenen Bewertung zugänglich, sondern hängt lediglich von der Bewertung der Aktiv- und der übrigen Passivposten ab. Folglich kann Reinvermögen grundsätzlich nur ‚ausgewiesen', aber nicht ‚bewertet' werden. Im Rahmen der Eröffnungsbilanz räumt die Haushaltsrichtlinie jedoch weitergehende Wahlrechte ein, die nicht nur zu einem Ausweis negativen Reinvermögens unter den Aktivposten führen, sondern auch die Höhe des negativen Reinvermögens ändern können. Insofern wird das Reinvermögen über seine Eigenschaft als Residualgröße hinaus ‚bewertet'. Folgende Maßnahmen sieht die Haushaltsrichtlinie der EKD hierfür vor:

- Statt den ‚nicht durch Reinvermögen gedeckten Fehlbetrag' am Ende der Aktivseite auszuweisen, kann bereits vor dem Anlagevermögen ein ‚Ausgleichsposten für Rechnungsumstellung' in Höhe des Fehlbetrags ausgewiesen werden.[536]
- Darüber hinaus erlaubt die Haushaltsrichtlinie, dass der Ausgleichsposten für Rechnungsumstellung nicht nur in Höhe des negativen Eigenka-

---

533 S. § 74 Abs. 1 i.V.m. § 70 HHR-EKD.
534 Die Eigenkapitalposten Ergebnisvortrag und Bilanzergebnis sind erst in der laufenden Bilanzierung relevant. Das Eigenkapital schließt dann nicht mit dem Jahresergebnis, sondern mit dem Bilanzergebnis ab, da insbesondere Zuführungen zu und Entnahmen aus den Rücklagen als Ergebnisverwendung dargestellt werden, vgl. BBR-EKD, S. 23.
535 S. das Bilanzschema in Anlage II zur HHR-EKD. Der Ausweis entspricht der handelsrechtlichen Vorgehensweise bei einem nicht durch Eigenkapital gedeckten Fehlbetrag, s. § 268 Abs. 3 HGB.
536 S. § 74 Abs. 6 S. 1, 2. Hs. sowie das Bilanzschema in Anlage II der HHR-EKD.

pitals gebildet wird. Vielmehr kann er rein buchhalterisch erhöht werden, um – passivisch – einen »angemessenen Betrag für Rücklagen und Vermögensgrundbestand«[537] ausweisen zu können.[538]
- In den auf die Eröffnungsbilanz folgenden Jahresabschlüssen ist der Ausgleichsposten »über einen angemessenen Zeitraum aufwandswirksam aufzulösen«[539]. Dies betrifft einerseits das negative Reinvermögen, andererseits auch die zusätzliche Erhöhung des Ausgleichspostens für die Bildung von Vermögensgrundbestand und Rücklagen.
- Die Haushaltsrichtlinie der EKD sieht ferner eine Erläuterung des Ausgleichspostens im Anhang vor, überlässt den Abschreibungszeitraum aber einer gliedkirchlichen Regelung.[540]

Die Gestaltungsmöglichkeiten bei der Darstellung der Vermögenslage in der Eröffnungsbilanz einer überschuldeten kirchlichen Körperschaft sollen an nachfolgendem Beispiel verdeutlicht werden:[541] Es handele sich um eine Körperschaft mit Immobilien (bewertet mit 10 Geldeinheiten), Finanzanlagen von 50 Geldeinheiten und Rückstellungen von 100 Geldeinheiten. Als ‚angemessener' Betrag für den Vermögensgrundbestand wurden 10 Geldeinheiten und für Substanzerhaltungsrücklagen 20 Geldeinheiten[542] festgelegt. Die nachfolgenden Schritte zeigen die verschiedenen nach der Haushaltsrichtlinie zulässigen Gestaltungsoptionen, die durch die Erhöhung des Reinvermögens im Ergebnis zu Bewertungsspielräumen führen:

---

537 § 74 Abs. 6 S. 2 HHR-EKD.
538 Vergleicht man dieses Wahlrecht mit den Vorschriften der untersuchten Landeskirchen, so fällt auf, dass dies nicht von allen Landeskirchen übernommen wurde. Beispielsweise sehen die Bilanzschemata der Evangelischen Landeskirche im Rheinland oder der Evangelisch-lutherischen Landeskirche Hannovers zwar den Ausweis eines negativen Reinvermögens auf der Aktivseite als letzter Bilanzposten, aber keinen Ausgleichsposten vor. Die Evangelische Kirche im Rheinland schreibt zwar die Bildung eines Ausgleichspostens vor dem Anlagevermögen vor, der planmäßig abzuschreiben ist (s. § 9 Abs. 6 KVHG-Baden). Jedoch bemisst sich dieser lediglich an der Höhe des negativen Reinvermögens, ohne Zuschläge für ‚angemessene' Rücklagen und Vermögensgrundbestand. Die Haushaltsrichtlinie der EKD räumt somit den weitestgehenden Spielraum ein.
539 § 74 Abs. 6 S. 3 HHR-EKD.
540 S. Ausführungsbestimmung zu § 74 Abs. 6 HHR-EKD.
541 Eigene Darstellung.
542 Das Beispiel unterstellt, dass der entsprechend verfügbare Teil der Finanzanlagen zum Zeitpunkt der Eröffnungsbilanz als Substanzerhaltungsrücklage gebildet wird.

4 Formelle und materielle Besonderheiten der Rechnungslegung der EKD

Schritt 1, Eröffnungsbilanz am 01.01.2014 ohne Anpassungen:

Aktiva	01.01.2014	Passiva	01.01.2014
Sachanlagen	10	Reinvermögen	-40
Finanzanlagen	50	Rückstellungen	100
	60		60

Schritt 2, Ausweis des nicht durch Reinvermögen gedeckten Fehlbetrags gemäß Bilanzschema der HHR-EKD (zwingend):

Aktiva	01.01.2014	Passiva	01.01.2014
Sachanlagen	10	Rückstellungen	100
Finanzanlagen	50		
Nicht durch Reinvermögen gedeckter Fehlbetrag	40		
	100		100

Schritt 3, Ausweis (Reklassifizierung) des nicht durch Reinvermögen gedeckten Fehlbetrags als Ausgleichsposten für Rechnungsumstellung gemäß § 74 Abs. 6 S. 2 HHR-EKD (Wahlrecht):

Aktiva	01.01.2014	Passiva	01.01.2014
Ausgleichsposten für Rechnungsumstellung	40	Rückstellungen	100
Sachanlagen	10		
Finanzanlagen	50		
	100		100

Schritt 4, Erhöhung des Ausgleichspostens um einen angemessenen Vermögensgrundbestand und angemessene Rücklagen gemäß § 74 Abs. 6 S. 3 HHR-EKD (Wahlrecht):

Aktiva	01.01.2014	Passiva	01.01.2014
Ausgleichsposten für Rechnungsumstellung	70	Vermögensgrundbestand	10
Sachanlagen	10	Substanzerhaltungsrücklagen	20
Finanzanlagen	50	Saldo Reinvermögen	30
		Rückstellungen	100
	130		130

Angesichts des Bilanzbildes, das sich zwischen Schritt 1 und Schritt 4 erheblich unterscheidet, wird im nachfolgenden Abschnitt erörtert, ob durch die Verwendung des Ausgleichspostens für Rechnungsumstellung noch ein ‚Bild der tatsächlichen Verhältnisse' im Sinne der Generalnorm (§ 53 Abs. 1 S. 2 HHR-EKD) vermittelt wird.

4.2.3 Kritische Würdigung der Bewertungsspielräume des Reinvermögens

Die Problematik der Bilanzierung und Bewertung der Immobilien wird in Kapitel 5 gesondert abgehandelt und problematisiert. An dieser Stelle sollen daher nur Ausweis und ‚Bewertung' des Reinvermögens kritisch gewürdigt werden.

Der Ausweis negativen Reinvermögens auf der Aktivseite dient nach der Bilanzlehre lediglich zwei Aspekten: Zum einen wird dadurch die Bilanzposition Eigenkapital bzw. Reinvermögen saldiert und weiterhin innerhalb einer Bilanzpostengruppe ausgewiesen.[543] Zum anderen soll dadurch ein »nicht vertrauter Ausweis eines negativen Eigenkapitals vermieden werden«[544], mithin soll kein Bilanzposten mit einem negativen Vorzeichen entstehen. Diesem Konzept folgt zunächst auch die Haushaltsrichtlinie der EKD.

Naturgemäß kann negatives Reinvermögen grundsätzlich nur dadurch beseitigt werden, dass in zukünftigen Perioden Gewinne erwirtschaftet werden, die die kumulierten negativen Ergebnisse der Vergangenheit übersteigen. Die Auflösung des negativen Reinvermögens ergibt sich somit zwingend aus den zukünftigen Ergebnissen. Diese bestimmen, in welcher Höhe das negative Reinvermögen aufgelöst wird und wie lange es dauert, bis wieder ein positives Reinvermögen vorliegt.

Der nach der Haushaltsrichtlinie der EKD für die Eröffnungsbilanz zulässige ‚Ausgleichsposten für Rechnungsumstellung' verletzt die vorstehenden Grundsätze in mehrfacher Hinsicht:

1. Die EKD räumt für die Eröffnungsbilanz das Wahlrecht ein, den ‚Ausgleichsposten für Rechnungsumstellung' als ersten Posten der Aktivseite auszuweisen statt einen ‚nicht durch Reinvermögen gedeckten Fehlbetrag' als letzten Posten. Der Ausgleichsposten hat insofern den Charakter einer

---

543 Vgl. Forster et al. 1997, § 268 Tz. 86.
544 Forster et al. 1997, § 268 Tz. 86.

Bilanzierungshilfe[545] und ist mit der Regelung des § 269 HGB a. F.[546] vergleichbar, wonach Aufwendungen für die Ingangsetzung des Geschäftsbetriebs aktiviert werden durften. Der Zweck einer solchen Bilanzierungshilfe bestand darin, Verluste, die während der Anlaufphase oder Expansion eines Unternehmens entstanden, zu kapitalisieren und eine bilanzielle Überschuldung zu vermeiden.[547] Die Vorschrift wurde mit dem Bilanzrechtsmodernisierungsgesetz jedoch aufgehoben, um bilanzpolitische Spielräume einzuschränken und die Vergleichbarkeit von Jahresabschlüssen zu verbessern.[548] Auch für die Adressaten kirchlicher Abschlüsse ist nicht unmittelbar ersichtlich, dass es sich bei diesem Ausgleichsposten dem Grunde nach um negatives Reinvermögen handelt. Die Aussage, »durch den Ausgleichsposten wird die bilanzielle Überschuldung abgewendet«[549], hat lediglich deklaratorischen Charakter, da eine Bilanzierungshilfe kein Vermögensgegenstand ist,[550] sondern nur einen fiktiven Wert darstellt. Ferner ist unklar, warum ein historisch gewachsenes negatives Reinvermögen in der Eröffnungsbilanz (Anwendungsbereich des § 74 HHR-EKD) relativiert werden sollte, während ein in laufender Rechnung entstehendes negatives Reinvermögen als solches zu bezeichnen ist. Die Rechenschaftsfunktion der Eröffnungsbilanz im Falle einer buchmäßigen Überschuldung wird durch Wortlaut und Ausweis der Übergangsvorschriften deutlich abgeschwächt.

2. Der Ausgleichsposten für Rechnungsumstellung kann neben den kumulierten negativen Ergebnissen der Vergangenheit noch um einen angemessenen Betrag für Vermögensgrundbestand und Rücklagen erhöht werden. Hierdurch wird der zuvor genannte Grundsatz durchbrochen, wonach das Reinvermögen in einer Bilanzposition – also entweder aktivisch oder passivisch – zusammengehalten wird. Dies führt zu einer Bilanz, die ein Reinvermögen ausweist, welches auf Grundlage der Bilanzierungs- und Bewertungsvorschriften der übrigen Aktiv- und Passivposten gar nicht vorhanden ist. Das ausgewiesene Reinvermögen resultiert lediglich buchhalterisch aus einer Bilanzverlängerung, ohne dass das Reinvermögen durch Vermögensgegenstände belastbar wäre. Durch ein nur buchhalterisch gebildetes Reinvermögen ändert sich der Aussagegehalt der Eröffnungsbilanz

---

545 So im Ergebnis auch Marianek und Vogelbusch 2009, S. 15.
546 § 269 HGB wurde im Rahmen des Bilanzrechtsmodernisierungsgesetzes aufgehoben.
547 Vgl. Forster et al. 1997, § 269, Tz. 8.
548 Vgl. RegE BilMoG, S. 36.
549 Marianek und Vogelbusch 2009, S. 12.
550 Vgl. Forster et al. 1997, § 269, Tz. 10.

sowie der folgenden Jahresabschlüsse erheblich. Die die Adressaten warnende Signalwirkung eines negativen Reinvermögens wird durch die Bilanzverlängerung sogar insoweit negiert als sich den Adressaten auf der Passivseite wieder Rücklagen und Vermögensgrundbestand in ‚angemessener Höhe' präsentieren.

3. Der rein buchhalterisch gebildete bzw. erhöhte Teil des Ausgleichspostens muss in zukünftigen Perioden wieder ausgebucht werden.[551] Dies bewirkt, dass die Ergebnisrechnungen in den Folgeperioden mit Aufwendungen belastet sind, die diesen Perioden nicht zuzurechnen sind. Dadurch werden Verluste der Vergangenheit buchhalterisch in die Zukunft verlagert. Die haushaltsrechtliche Fiktion des Ausgleichspostens widerspricht den allgemeinen Bewertungsgrundsätzen des Vorsichtsprinzips und der periodengerechten Zuordnung von Aufwendungen und Erträgen.[552] Diese sind jedoch Grundlage für eine kapitalerhaltende Bilanzierung und werden mit Schlagwörtern wie ‚intergenerative Gerechtigkeit' und ‚Ressourcenverbrauch' assoziiert.

4. Der Ausgleichsposten für Rechnungsumstellung ist »über einen angemessenen Zeitraum aufwandswirksam aufzulösen«[553]. Dies führt in den Folgeperioden zu einer Ergebnisbelastung. Sieht man von der Frage ab, wie lange ein ‚angemessener Zeitraum' dauert, konterkariert die Abschreibung des Ausgleichspostens auch, dass zukünftige Jahresüberschüsse ausschließlich zum Abbau des Ausgleichspostens verwendet werden. Hierdurch kann beispielsweise der Fall entstehen, dass in Folgeperioden positive Ergebnisse ausgewiesen werden, obwohl ausweislich des Ausgleichspostens noch immer unkompensierte historische Verluste bestehen.

Insgesamt kann das Wahlrecht zur Bildung eines Ausgleichspostens für Rechnungsumstellung nicht losgelöst von seiner Auswirkung auf die Darstellung der Vermögens-, Finanz- und Ertragslage bewertet werden. Es verstößt gegen den Grundsatz der Periodisierung, da die Zeitpunkte der Verlustverbuchung entgegen ihrer wirtschaftlichen Verursachung in eine unbestimmte Periode nach der Eröffnungsbilanz verschoben werden. Die Ausübung des Wahlrechts kann bei den Adressaten die Wahrnehmung einer kritischen Lage der Körperschaft verbergen, dem Einblicksgebot der Haushaltsrichtlinie widersprechen und insofern durchaus als unzulässig erachtet

---

551 Dies ist der Fall des § 74 Abs. 6 S. 3 HHR-EKD.
552 S. § 65 Abs. 1 Nr. 3 sowie Nr. 4 HHR-EKD.
553 § 74 Abs. 6 S. 3 HHR-EKD.

werden.[554] Verfolgt man die These, dass Informationen über das Reinvermögen bei den Adressaten naturgemäß erhebliche Beachtung finden,[555] ist von bilanziellen Maßnahmen, die eine ‚Bewertung' des Reinvermögens ermöglichen, abzusehen.

4.3 Kirchliche Besonderheiten der laufenden Rechnungslegung

4.3.1 Bildung und Bewertung von Rücklagen

Oben wurde die These aufgestellt, dass die EKD in besonderer Weise den Rechnungszweck Bestandserhaltung verfolgt.[556] Hierfür bedient sich die EKD eines umfassenden Katalogs für – sog. finanzgedeckte – Pflichtrücklagen. Demgegenüber beschränkt sich die handelsrechtliche Kapitalerhaltung auf einige Ausschüttungssperren, die von rechtsformspezifischen Vorschriften, insbesondere zur Erhaltung des gezeichneten Kapitals, begleitet werden.[557] Um der kirchlichen Systematik finanzgedeckter Rücklagen Rechnung zu tragen, soll im Folgenden zwischen Posten der Passivseite (Rücklagenkatalog) und Posten der Aktivseite (Finanzanlagen) unterschieden werden. Die Darstellung der Finanzanlagen erfolgt anschließend in Kapitel 4.3.2.[558]

Rücklagen sind im kirchlichen wie im handelsrechtlichen Bilanzschema ein Teil des Reinvermögens[559] bzw. des Eigenkapitals. Der separate Ausweis von Rücklagen soll deren zweckbezogene Verwendung sicherstellen.

---

554 Ähnlich Leffson 1986, S. 99 und Kropff 1966, S. 373, die sich gegen einen Missbrauch von Wahlrechten aussprechen, die den Einblick in die Vermögens-, Finanz- und Ertragslage verschleiern.
555 Dies kann auch für den kirchlichen Bereich unterstellt werden, vgl. Evangelische Landeskirche in Baden 2013, S. 311. Ähnlich für die Rechnungslegung der öffentlichen Verwaltung Brede 2007, S. 159-162.
556 S. zu möglichen kirchlichen Rechnungszwecken oben, Kapitel 3.2.2.1.
557 S. zur handelsrechtlichen Kapitalerhaltungsfunktion oben, Kapitel 3.1.2.2.
558 Nach § 74 Abs. 1 HHR-EKD sind die hier beschriebenen Rücklagen im Übrigen bereits in der Eröffnungsbilanz zu bilden. Ihre Besonderheiten sollen aber am Beispiel der laufenden Rechnungslegung dargestellt werden. Da auch in der Eröffnungsbilanz der Grundsatz der Finanzdeckung gilt, kommt dem Ausweis einer Deckungslücke maßgebliche Bedeutung zu, wenn die rechnerisch notwendige Substanzerhaltungsrücklage nicht durch entsprechende Finanzanlagen gedeckt ist.
559 Dies ergibt sich bereits aus dem Bilanzschema, s. Anlage II zur HHR-EKD.

4.3 Kirchliche Besonderheiten der laufenden Rechnungslegung

Die Haushaltsrichtlinie sieht vier Arten von Pflichtrücklagen[560] sowie freiwillige zweckgebundene Rücklagen[561] vor. Folgende Pflichtrücklagen sind zu bilden:

- Die Betriebsmittelrücklage soll 1/12 bis 1/6 des durchschnittlichen Haushaltsvolumens der vorangegangenen drei Haushaltsjahre abdecken.[562] Die Betriebsmittelrücklage soll durch kurzfristig verfügbare Finanzmittel gedeckt sein.[563]
- Die Ausgleichsrücklage in Höhe von 1/10 bis 1/3 des durchschnittlichen Haushaltsvolumens der vorangegangenen drei Haushaltsjahre soll eventuelle zukünftige Verluste kompensieren.[564]
- Die Substanzerhaltungsrücklage steht im Zusammenhang mit dem kirchlichen Immobilienbestand. In dem Maß, wie der Wert der Immobilien abschreibungsbedingt abnimmt, ist die Substanzerhaltungsrücklage zu erhöhen.[565] Der Substanzerhaltungsrücklage liegt die Fiktion zugrunde, dass vor allem die Abschreibungen (‚Ressourcenverbrauch') des Immobilienbestands wieder erwirtschaftet werden müssen. Auf diese Weise sollen aktivierungsfähige Baumaßnahmen und laufende Aufwendungen für den Unterhalt von Immobilien finanziert werden.[566]
- Probleme ergeben sich in den Fällen, in denen sakrale Gebäude zum Erinnerungswert ausgewiesen und in der Folge nicht abgeschrieben werden. Die Zuführung zur Substanzerhaltungsrücklage hat dann in Höhe einer kalkulatorischen Abschreibung zu erfolgen,[567] die wiederum die Kenntnis ‚kalkulatorischer Anschaffungskosten' voraussetzt.
- Daneben sind Tilgungs- bzw. Bürgschaftssicherungsrücklagen zu bilden. Die Tilgungsrücklage soll die Liquidität für endfällige Darlehen

---

560 S. § 70 Abs. 1 HHR-EKD.
561 S. § 70 Abs. 6 HHR-EKD.
562 S. § 70 Abs. 2 HHR-EKD.
563 S. § 70 Abs. 7 S. 2 HHR-EKD.
564 S. § 70 Abs. 3 HHR-EKD. Nach § 8 Abs. 3 HHR-EKD ist ein geplanter Jahresfehlbetrag haushaltsrechtlich zulässig, wenn er aus der Ausgleichsrücklage oder aus freien Rücklagen ausgeglichen werden kann.
565 Die Rücklagenbildung kann geringer ausfallen als die Abschreibung, wenn diese mit der Auflösung eines Sonderpostens zusammenfällt, s. § 70 Abs. 4 S. 2 HHR-EKD. Hintergrund dieser Regelung ist, dass nur die Abschreibungen erwirtschaftet werden müssen, die sich auf den von der kirchlichen Körperschaft selbst finanzierten Teil der Investition beziehen, vgl. BBR-EKD, S. 20-21.
566 Vgl. BBR-EKD, S. 20-21.
567 S. § 70 Abs. 4 S. 1, 2. Hs. HHR-EKD.

ansammeln, während die Bürgschaftssicherungsrücklage in Höhe des Risikos der Inanspruchnahme vorzuhalten ist.[568]

Auf weitere Arten von Rücklagen, die freiwillig gebildet werden können, soll hier nicht näher eingegangen werden.
Der Begriff Rücklage verursacht im Kontext mit dem oben Gesagten einige Schwierigkeiten. Umgangssprachlich sind Rücklagen »Reserven für schlechte Zeiten«[569]. Im Sinne der Haushaltsrichtlinie handelt es sich dabei um Aktivposten,
- die kurzfristig fällig sind und im Umlaufvermögen ausgewiesen werden (z. B. Kassenbestände, Bankguthaben) sowie insbesondere um
- unter dem Anlagevermögen ausgewiesene Finanzanlagen, die der Deckung von Rücklagen dienen, wobei es sich nicht ausschließlich um langfristige Anlageformen handeln muss.[570]

Das kamerale Verständnis von ‚Rücklagen‘ als ‚Mittel‘ ist historisch gewachsen und im kirchlichen Bereich verbreitet.[571] In der Evangelisch-lutherischen Landeskirche Hannovers hat die Doppelbelegung des Begriffs Rücklagen beispielsweise dazu geführt, dass die doppische Haushaltsordnung zwar noch von (passiven) Rücklagen spricht,[572] das Bilanzschema im Reinvermögen statt ‚Rücklagen‘ aber den Begriff »Ergebnisreserve«[573] verwendet. Um die Anwendung der Doppik zu vereinfachen, erscheinen weitergehende Abgrenzungen und Begriffsdefinitionen notwendig, die eindeutig zwischen (aktiven) Finanzanlagen und (passiven) Rücklagen unterscheiden. Diese sollten berücksichtigen, dass der Sinn und Zweck der finanzgedeckten ‚Rücklagen‘ darin liegt, dass ausreichende finanzielle Mittel für künftige, durch entsprechende Beschlüsse definierte Auszahlungen vorhanden sind. Hierfür ist eine Ergebnisverwendung im Reinvermögen weder

---

568 S. § 70 Abs. 5 HHR-EKD.
569 Baetge et al. 2011, S. 485.
570 Vgl. BBR-EKD, S. 16.
571 Auch die Haushaltsordnung der EKD verwendet den Begriff ‚Mittel‘ missverständlich: § 83 Nr. 71 HHR-EKD definiert Rücklagen als »<u>Mittel</u>, die gesetzlich oder freiwillig für bestimmte Verwendungszwecke zur Sicherstellung ihrer künftigen <u>Finanzierbarkeit</u> aus der laufenden Haushaltswirtschaft ausgesondert werden und durch Finanzanlagen gedeckt sein müssen.« (Unterstreichung durch den Verfasser)
572 S. § 75 KonfHO-Doppik-Hannover.
573 S. Anlage 5 (Bilanzstruktur) zur Bewertungsrichtlinie-Hannover.

notwendig noch hilfreich. Das Vorhandensein entsprechender Finanzanlagen und die Beachtung ihrer Zweckbestimmung reichen hierzu aus.

4.3.2 Bildung, Ausweis und Bewertung von Finanzanlagen

Während es für handelsrechtliche Rücklagen genügt, dass diese »zusammen mit den anderen Passiva durch die Gesamtheit aller Vermögensgegenstände gedeckt«[574] sind, verlangt der Grundsatz der Finanzdeckung kirchlicher Rücklagen, dass ihnen Finanzanlagen (Aktiva) gegenüberstehen.[575] Ziel ist, für den Fall, dass die Rücklagen später bestimmungsgemäß verwendet werden (z. B. für Instandhaltungen oder Ertragsschwankungen), »die Liquidität effektiv zu sichern«[576]. Hierfür sind nach dem Wortlaut der Haushaltsrichtlinie Finanzanlagen vorzuhalten, beispielsweise verzinsliche Wertpapiere.[577] Denkbar ist aber auch, auf liquide Mittel zurückzugreifen.[578] Im Folgenden soll im Zusammenhang mit dem Grundsatz der Finanzdeckung vereinfachend nur von Finanzanlagen gesprochen werden.

Die Höhe der von kirchlichen Körperschaften vorzuhaltenden Finanzanlagen sowie deren Zweckbindung hängen von den Rücklagen ab. Umgekehrt wirkt sich aber auch die Höhe der verfügbaren Finanzanlagen auf die Rücklagen aus, denn »Rücklagen dürfen nur in der Höhe ausgewiesen werden, wie sie durch entsprechende Finanzanlagen gedeckt sind«[579]. Sofern keine ausreichenden Finanzanlagen vorhanden sind, entsteht eine Deckungslücke. Die Deckungslücke einer Substanzerhaltungsrücklage ist unter der Bilanz oder im Anhang auszuweisen.[580] Ob eine Unterdeckung auch für Betriebsmittel-, Ausgleichs- sowie Bürgschaftssicherungs- und Tilgungsrücklage anzugeben ist, wird in der Haushaltsrichtlinie nicht eindeutig geregelt. Jedoch ist im Anhang »die Finanzdeckung der Passivposten, für die eine Finanzdeckung vorgegeben ist«[581], generell anzugeben.

---

574 Baetge et al. 2011, S. 486.
575 S. §§ 66 Abs. 7 S. 1, 83 Nr. 33 HHR-EKD.
576 BBR-EKD, Anlage 6, S. 1.
577 Eine Übersicht über die Anlageformen findet sich in BBR-EKD, Anlage 7, S. 1.
578 Vgl. BBR-EKD, Anlage 6, S. 1. Die genaue Regelung soll demnach den Landeskirchen obliegen.
579 § 70 Abs. 7 S. 1 HHR-EKD.
580 S. § 67 Abs. 2 S. 2 HHR-EKD.
581 § 56 lit. d) HHR-EKD.

Bei der Bewertung der Finanzanlagen, die Wertschwankungen unterliegen, bestehen Besonderheiten, die auch durch das Zusammenspiel mit den Rücklagen beeinflusst sind:
- Für Finanzanlagen gilt nach der Haushaltsrichtlinie das sog. gemilderte Niederstwertprinzip.[582] Der Begriff ‚gemildertes Niederstwertprinzip' stammt aus dem Handelsrecht und meint, dass im Fall einer voraussichtlich nicht dauernden Wertminderung eine außerplanmäßige Abschreibung nicht gebucht werden muss, aber darf.[583]
- Bei nachhaltigen Wertminderungen ist zwingend abzuschreiben.[584]
- Eine Besonderheit der Haushaltsrichtlinie der EKD ergibt sich aus der vereinfachenden Gruppenbewertung für Finanzanlagen. Diese durchbricht den Einzelbewertungsgrundsatz.[585] Eine Wertminderung liegt demnach nur vor, soweit die Summe der Marktwerte aller Finanzanlagen die Summe ihrer Buchwerte unterschreitet. Diese Wertminderung kann als Korrekturposten für Wertschwankungen unter den Rücklagen ausgewiesen werden.[586] Die vereinfachte Gruppenbewertung bezweckt in Verbindung mit dem Korrekturposten für Wertschwankungen, dass vorübergehende Wertschwankungen keine Verminderung der korrespondierenden Pflichtrücklagen nach sich ziehen.[587]

4.3.3 Kritische Würdigung der Bewertungsspielräume

Bei den Finanzanlagen eröffnen sich Bewertungsspielräume einerseits aus dem Begriff der dauernden Wertminderung (im Fall der Einzelbewertung von Finanzanlagen) und andererseits aus der Gruppenbewertung:
- Bei der Einzelbewertung von Finanzanlagen sind Abschreibungen aufgrund des gemilderten Niederstwertprinzips nur im Fall von dauerhaften Wertminderungen zwingend. Entscheidend ist also, wann eine

---

582 S. § 66 Abs. 3 S. 3 HHR-EKD, entspricht § 253 Abs. 3 S. 4 HGB.
583 Vgl. Kozikowski und Kreher 2012, § 253 Tz. 350.
584 S. § 66 Abs. 3 S. 6 HHR-EKD, entspricht § 253 Abs. 3 S. 3 HGB.
585 S. § 66 Abs. 3 S. 4-5 HHR-EKD.
586 S. hierzu das Bilanzschema gemäß Anlage II zur HHR-EKD.
587 Vgl. BBR-EKD, S. 20.

4.3 Kirchliche Besonderheiten der laufenden Rechnungslegung

Wertminderung nachhaltig ist.[588] Die Bilanzierungs- und Bewertungsrichtlinie geht von einer nachhaltigen Wertminderung aus, wenn der Kurswert zum Bilanzstichtag drei Jahre lang mehr als fünf Prozent unter dem Buchwert liegt.[589] Die handelsrechtliche Kommentierung betont hingegen, dass der Prognosezeitraum zur Beurteilung der Nachhaltigkeit einer Wertminderung kurz zu wählen sei.[590] Mit einem kurzen Prognosezeitraum soll dem Vorsichtsprinzip Rechnung getragen werden, wonach mögliche Verluste bereits unmittelbar in der Periode zu verbuchen sind, in der sie erkennbar werden. Andernfalls weist die Bilanz Werte aus, die auf Grundlage der derzeitigen Marktverhältnisse nicht realisierbar sind.

- Bei der Gruppenbewertung kommt es durch die summarische Betrachtung von Markt- und Buchwerten zu einer Durchbrechung des Einzelbewertungsgrundsatzes. Die gruppeninterne Verlustverrechnung negiert erstens das Einzelbewertungsprinzip,[591] da Verluste einzelner Finanzanlagen nicht erfasst werden müssen, soweit sie durch Buchgewinne anderer Finanzanlagen kompensiert werden. Die Verlustverrechnung negiert zweitens das Anschaffungskosten- und das Realisationsprinzip, indem die über den Anschaffungskosten valutierenden Finanzanlagen zu Marktwerten in die Gruppenbewertung eingehen. Es kommt mithin zu einer Aufdeckung stiller Reserven in Form unrealisierter Gewinne.
- Zudem führt die Verbuchung als Korrekturposten für Wertschwankungen dazu, dass Wertberichtigungen nicht erfolgswirksam über die Ergebnisrechnung, sondern erfolgsneutral direkt im Reinvermögen erfasst werden.[592] Eine im Sinne des Vorsichtsprinzips notwendige Aufwandsbuchung unterbleibt zugunsten eines geringeren Verwaltungaufwands.[593]

---

588 S. § 66 Abs. 3 S. 6 HHR-EKD. Das Handelsrecht spricht nicht von ‚nachhaltigen', sondern von ‚voraussichtlich dauernden' Wertminderungen, s. § 253 Abs. 3 S. 3-4 HGB.
589 Vgl. BBR-EKD, S. 17.
590 Vgl. Kozikowski und Kreher 2012, § 253 Tz. 351.
591 Kritisch hierzu auch der für Versicherungsunternehmen geltende IDW RS VFA 2, Tz. 18. Dort wird empfohlen, Wertminderungen für jede Kapitalanlage gesondert zu prüfen.
592 S. § 66 Abs. 3 S. 4 HHR-EKD.
593 Vgl. BBR-EKD, S. 16.

Auch bei den zu bildenden Pflichtrücklagen, insbesondere den Substanzerhaltungsrücklagen, ergeben sich Bewertungsspielräume. Diese lassen sich wie folgt zusammenfassen:
- Zunächst erscheint schon die Bezeichnung ‚Pflichtrücklagen' fraglich. Das Primat der Finanzdeckung bewirkt, dass nur in Höhe der verfügbaren Finanzanlagen tatsächlich Rücklagen zu bilden sind. Sofern die Finanzanlagen nicht ausreichen, um sämtliche Rücklagen zu decken, sind die Rücklagen zwar verpflichtend, aber entsprechend niedriger zu bilanzieren. In diesem Fall kommt es zu einer Deckungslücke.
- Des Weiteren handelt es sich beim bilanziellen Ausweis von Rücklagen um eine reine Stichtagsbetrachtung. Stichtagsbetrachtungen sind nur eingeschränkt aussagefähig, da sie durch bilanzielle Gestaltungsmaßnahmen punktuell beeinflusst werden können. Beispielsweise kann am Bilanzstichtag durch den Aufbau von Verbindlichkeiten im gewissen Rahmen zusätzliche Liquidität ausgewiesen werden. Eine dementsprechende Gestaltung des sog. Working Capital ist für Bilanzadressaten nicht ohne Weiteres nachvollziehbar.
- Die Erhöhung der Substanzerhaltungsrücklage korrespondiert grundsätzlich mit den jährlichen Abschreibungen auf Sachanlagen und unterliegt daher auch den damit verbundenen Bewertungsspielräumen. Ein inhärenter Bewertungsspielraum ergibt sich dabei aus der zugrunde liegenden Nutzungsdauer.[594] Je länger die Nutzungsdauer gewählt wird, umso niedriger fallen die Abschreibungen und somit die Zuführungen zu den Rücklagen aus. Weitere Unsicherheiten resultieren in den Fällen, in denen kirchliche Gebäude zum Erinnerungswert angesetzt werden. In diesen Fällen werden Abschreibungen lediglich kalkulatorisch ermittelt. Dies hat den Nachteil, dass die Adressaten deren Ermittlung mangels Bezug zu Bilanz sowie Gewinn- und Verlustrechnung nicht nachvollziehen können, während die tatsächlich gebuchten Abschreibungen beispielsweise im Anlagenspiegel[595] unmittelbar nachvollziehbar sind.[596]

---

594 Empfehlungen zu den Nutzungsdauern des Anlagevermögens finden sich in BBR-EKD, Anlagen 3 und 4. Die Landeskirchen können jedoch hiervon abweichende Vorgaben zu Nutzungsdauern verlautbaren.
595 Der Anlagenspiegel ist Bestandteil des Anhangs, s. § 57 Abs. 1 lit. b) HHR-EKD.
596 Mit diesem Kritikpunkt der sonst erforderlichen Nebenrechnung stützte auch die Evangelische Landeskirche in Baden die Umstellung von Erinnerungswerten auf Versicherungswerte bei der Bewertung von Kirchengebäuden, vgl. Evangelische Landeskirche in Baden 2013, S. 311.

- Die genannten Bewertungsspielräume könnten ferner zu opportunistischem Verhalten der gesetzlichen Vertreter kirchlicher Körperschaften führen. Ein Anreiz könnte darin bestehen, die Abschreibungen niedrig zu halten, um nur geringe Substanzerhaltungsrücklagen bilden zu müssen. Somit erhöhen sich die für andere Bereiche der kirchlichen Arbeit frei verfügbaren liquiden Mittel und Finanzanlagen.
- Ferner ist fraglich, ob sich das Konstrukt der Substanzerhaltungsrücklage nicht als zu starr erweist. Denkbar ist beispielsweise, dass für ein Gebäude keine Ersatzinvestition vorgesehen ist oder dass neue Gebäude durch Darlehen oder Zuschüsse finanziert werden, sodass zum Investitionszeitpunkt keine Barmittel nötig sind.
- Aus betriebswirtschaftlicher Sicht können die bisherigen Investitionen in das Anlagevermögen schlichtweg als sog. sunk costs verstanden werden, also als ein vergangener Vorgang, der keine Relevanz für zukünftige Entscheidungen besitzt.[597] Dieser Gedanke lässt sich auf die Pflichtrücklagen übertragen, da deren Bildung der Fiktion folgt, dass tatsächlich Erhaltungsmaßnahmen oder Ersatzinvestitionen vorgenommen werden. Diese Fiktion ist Ausdruck eines standardisierten Vorsichtsprinzips, das in der Praxis dem Grunde und der Höhe nach selten den tatsächlichen Gegebenheiten entsprechen wird.
- Die Substanzerhaltungsrücklage wird von der EKD selbst kritisch betrachtet, da es für viele Körperschaften kaum möglich sein wird, »den so errechneten Sollbestand auch nur annähernd zu erreichen«[598]. Gleichzeitig räumen die Bilanzierungs- und Bewertungsrichtlinien ein, dass in Einzelfällen »unrealistisch viel Kapital gebunden und damit der laufenden Arbeit entzogen würde«[599]. Sie eröffnen deshalb je nach Bauzustand und Erhaltungsbedürfnis der Gebäude eine hohe Bewertungsbandbreite. Demnach darf die Substanzerhaltungsrücklage auf 33 bis 66 % des Sollwerts begrenzt werden. Hieraus resultiert ein deutlicher Gestaltungsspielraum für die freie Liquidität kirchlicher Körperschaften.

---

597 Auf dieses Argument bezieht sich Siegel 2007, S. 614.
598 BBR-EKD, S. 22.
599 BBR-EKD, S. 22.

- Bezüglich der Betriebsmittel- und der Ausgleichsrücklage ergeben sich Spielräume aus den von der Haushaltsrichtlinie eingeräumten Bewertungsbandbreiten.[600]

Die insbesondere mit den Substanzerhaltungsrücklagen verbundenen Unsicherheiten und Bewertungsspielräume lassen es insoweit fraglich erscheinen, ob der kirchliche Jahresabschluss ein ‚den tatsächlichen Verhältnissen' entsprechendes Bild der Vermögens-, Finanz- und Ertragslage vermitteln kann.

4.4 Tabellarische Zusammenfassungen der Vor- und Nachteile der kirchlichen Doppik, auch gegenüber der Kameralistik

Im Lichte der Aufgaben des kirchlichen Jahresabschlusses (s. Kapitel 3) und seiner formellen und materiellen Besonderheiten (zuvor in Kapitel 4 dargestellt) sollen die durch die Reform erreichten Verbesserungen, insbesondere gegenüber dem kameralen Rechnungsstil, dargestellt werden. Dabei soll die Doppik-Reform der EKD an ihren Mindestanforderungen gemessen werden. Als Ziele wurden von der EKD ‚finanzielle Zielorientierung', ‚Transparenz', ‚Vollständigkeit' und ‚Vergleichbarkeit' der Rechnungslegung formuliert.[601] Tabelle 6 stellt die Vor- und Nachteile der Doppik mit Hinblick auf die finanzielle Zielorientierung dar. Dieses Kriterium betrifft insbesondere interne Adressaten, die Finanzdaten als Grundlage ihrer Steuerungsentscheidungen benötigen:

Tabelle 6: Aspekte der finanziellen Zielorientierung[602]

Kriterium	Vor- und Nachteile
Rechnungsstil	• Die Kameralistik erlaubt keinen Einblick in die Vermögens- und Schuldensituation einer Körperschaft. • Im Rechnungsstil der Doppik werden Vermögen und Schulden einer Körperschaft erfasst und bewertet.

---

600 Bei den Betriebsmittelrücklagen beläuft sich der Unterschied zwischen Mindest- und Höchstbetrag (1/12 bis 1/6, s. § 70 Abs. 2 S. 2 HHR-EKD) auf den Faktor 2, bei den Ausgleichsrücklagen (1/10 bis 1/3, s. § 70 Abs. 3 S. 2 HHR-EKD) auf den Faktor 3,3.
601 Zu den Anforderungen an die neue kirchliche Rechnungslegung s. oben, Kapitel 2.2.1.
602 Eigene Darstellung.

4.4 Tabellarische Zusammenfassungen der Vor- und Nachteile der kirchlichen Doppik

Kriterium	Vor- und Nachteile
Allgemeine betriebswirtschaftliche Entscheidungsgrundlage für interne Adressaten	• Die Doppik bietet durch die integrierte Rechnung in Form des Jahresabschlusses, bestehend aus Bilanz, Ergebnisrechnung, Kapitalflussrechnung und Anhang, eine gegenüber der kameralen Einnahmen-Ausgaben-Rechnung erweiterte Rechenschaft. • Der doppische Jahresabschluss gewährt (unter den Prämissen der Bewertungsvorschriften) Einblick in die Vermögens-, Finanz- und Ertragslage.
Steuerungsgrundlage für den innerkirchlichen Finanzausgleich	• Kirchliche Haushaltsordnungen sehen vor, dass für Ersatzinvestitionen und Instandhaltungen von Gebäuden Substanzerhaltungsrücklagen gebildet werden. Dies hat wegen des Grundsatzes der Finanzdeckung erhebliche Auswirkungen auf die freie Liquidität. • Jahresabschlüsse, in denen der Gebäudebestand aktiviert und abgeschrieben wird, bieten dann eine (pauschalierte) Bewertungsgrundlage für die Bemessung finanzgedeckter Rücklagen. • Durch die Gebäudebewertung wird deutlich, in welchen Körperschaften und auf welcher Ebene (Kreise, Gemeinden, Landeskirche) Liquidität thesauriert werden müsste. • Dies beeinflusst das System des innerkirchlichen Finanzausgleichs und bietet neue Entscheidungsgrundlagen für eine allokationseffiziente bzw. verursachungsgerechte Verteilung liquider Mittel.

Tabelle 7 zeigt die Eigenschaften der neuen Haushaltsrichtlinie bezüglich der Transparenzanforderungen. Nachdem interne Adressaten in der Regel einen uneingeschränkten Zugang zu Finanzinformationen besitzen, ist die Frage der Transparenz insbesondere mit der Rechenschaft gegenüber externen Adressaten verbunden:

Tabelle 7: Aspekte der Transparenz[603]

Kriterium	Vor- und Nachteile
Öffentlichkeitsarbeit allgemein	• Kirchliche Finanzen werden in der Öffentlichkeit zunehmend beobachtet. • Deshalb ist ein standardisiertes und aussagefähiges Berichtswesen in Form von Jahresabschlüssen zu begrüßen, dessen Wahrnehmung aber von konkreten Publizitätsvorschriften abhängt.

---

603 Eigene Darstellung.

4 Formelle und materielle Besonderheiten der Rechnungslegung der EKD

Kriterium	Vor- und Nachteile
Sinn und Zweck des kirchlichen Jahresabschlusses	• Rechenschaft setzt voraus, dass das Rechenschaftsobjekt klar definiert ist. Hierzu zählt vor allem das kirchliche Vermögen. • Zur Frage, wie kirchliches und insbesondere sakrales Vermögen zu bewerten ist, wurde jedoch von der EKD keine verbindliche Vorgabe getroffen, sodass sich zwischen der EKD und den Landeskirchen kein einheitliches Bilanzverständnis im Sinne einer 'kirchlichen Bilanzauffassung' ausprägt. • Im Einzelnen erscheint die spezifische Funktion des kirchlichen Jahresabschlusses und dessen Abgrenzung zum handels- oder kommunalrechtlichen Abschluss ('Gläubigerschutz') auslegungsbedürftig.
Konkrete Publizitätsvorschriften (insbesondere gegenüber externen Adressaten)	• Durch den Rechnungsstil der Doppik ergeben sich für externe Adressaten auf Ebene des Jahresabschlusses die gleichen Informationsmöglichkeiten wie für interne Adressaten. • Eine Verbesserung gegenüber der Kameralistik setzt allerdings voraus, dass sich die Publizität der Rechnungslegung nicht auf die derzeit verbreitete Praxis der Einsichtnahme beschränkt. • Wünschenswert wäre ein Online-Portal, auf dem Abschlüsse sämtlicher kirchlicher Körperschaften ohne Zugangsbeschränkung veröffentlicht werden.

Tabelle 8 greift das Kriterium der Vollständigkeit auf, das vor allem mit den Ansatz- und Bewertungsvorschriften korrespondiert, die sich wiederum auf die Höhe des kirchlichen Reinvermögens auswirken:

Tabelle 8: Aspekte der Vollständigkeit[604]

Kriterium	Vor- und Nachteile
Grundsätze ordnungsmäßiger Buchführung und Generalnorm bezüglich des Einblicks in die Vermögens-, Finanz- und Ertragslage	• Die Haushaltsrichtlinie vermeidet den Begriff 'Grundsätze ordnungsmäßiger Buchführung'. Dies erschwert den Rückgriff auf Bewertungsgrundsätze für den Fall, dass einzelne Bilanzierungssachverhalte nicht abschließend haushaltsrechtlich geregelt sind. • Gleichzeitig fordert die Generalnorm ein 'den tatsächlichen Verhältnissen entsprechendes Bild' der Vermögens-, Finanz- und Ertragslage, das eine Rechnungslegung durch ihre systembedingten Annahmen nicht liefern kann.

---

604 Eigene Darstellung.

4.4 Tabellarische Zusammenfassungen der Vor- und Nachteile der kirchlichen Doppik

Kriterium	Vor- und Nachteile
Themenkomplex Anlagevermögen und finanzgedeckte Rücklagen	• Gegenüber der Kameralistik wurde eine Verbesserung erreicht, indem Vermögen und Schulden erstmals vollständig erfasst und bewertet werden. • Hierdurch ist es möglich, die Veränderung des Reinvermögens unabhängig von den Zahlungsströmen zu messen. • Insbesondere im Bereich des sakralen Anlagevermögens, der dafür zu bildenden Substanzerhaltungsrücklagen und den Finanzanlagen bestehen Bewertungsspielräume, die sich auf die Höhe des Reinvermögens nicht unerheblich niederschlagen. • Eine Interpretation der Bilanz ist ohne Berücksichtigung der Deckungslücke – die jedoch selbst mit erheblichen Ermessensspielräumen verbunden ist – kaum sinnvoll möglich.
Wahlrechte bei der ‚Bewertung' des Eigenkapitals	• Über den Ausweis des negativen Reinvermögens als 'Ausgleichsposten' hinaus räumt die Haushaltsrichtlinie die Möglichkeit ein, das Reinvermögen um angemessene Beträge für Vermögensgrundbestand und Rücklagen zu erhöhen. • Hierdurch wird Reinvermögen, das nicht durch Vermögensgegenstände gedeckt ist, rein buchhalterisch ausgewiesen. Die Vorschrift ähnelt im Ergebnis der handelsrechtlichen und durch das BilMoG abgeschafften Aktivierung von Ingangsetzungsaufwendungen. • Die Rechenschaft gegenüber den Adressaten und die Bestandserhaltungsfunktion des Jahresabschlusses werden durch dieses Wahlrecht eingeschränkt. • Dieser Mangel wirkt sich über mehrere Perioden aus, da keine konkreten Vorschriften zur Auflösung des Ausgleichspostens bestehen.
Finanzanlagen	• Die Berücksichtigung von Wertminderungen bei Finanzanlagen eröffnet in Verbindung mit einem vergleichsweise langen Betrachtungszeitraum Ermessensspielräume, die die vollständige Berücksichtigung von Risiken und mithin das Vorsichtsprinzip konterkarieren.

Tabelle 9 fasst die wesentlichen Aspekte der Vergleichbarkeit kirchlicher Abschlüsse zusammen:

Tabelle 9: Aspekte der Vergleichbarkeit[605]

Kriterium	Vor- und Nachteile
Wahlrecht bezüglich der Rechnungsstile	• Die EKD räumt das Wahlrecht ein, statt der Doppik die erweiterte Kameralistik anzuwenden. Den Rechnungsstil der erweiterten Kameralistik wendet eine der drei untersuchten Landeskirchen an. • Sofern Landeskirchen die erweiterte Kameralistik anwenden, folgen sie nicht in allen Punkten den Periodisierungsgrundsätzen der Doppik. Dies führt ceteris paribus stichtagsbezogen zum Ausweis eines abweichenden Reinvermögens.

---

605 Eigene Darstellung.

Kriterium	Vor- und Nachteile
Bewertungswahlrechte für sakrale Immobilien	• Die Bewertung sakralen Vermögens korrespondiert mit der Problematik ‚kirchlicher Bilanzauffassungen'. Für Kirchen- und Kapellengebäude wurde das Wahlrecht eingeräumt, diese lediglich zum Erinnerungswert auszuweisen. • Dieses Wahlrecht konterkariert die Rechenschaft gegenüber den Adressaten und führt ceteris paribus zu einer erheblich abweichenden Darstellung des Reinvermögens. • Im Haushaltsrecht der Landeskirchen haben sich die Bewertungsunterschiede noch verstärkt.[606] Dies führt dauerhaft zu nicht vergleichbaren Jahresabschlüssen.
Konsolidierungsvorschriften	• Die EKD sieht Konsolidierungsvorschriften derzeit nur für Sondervermögen vor. • Für die Adressaten wäre jedoch ein Konzern- bzw. Gesamtabschluss über alle Ebenen der Landeskirche einschließlich ihrer Kirchenkreise und -gemeinden von Interesse. Dahingehende einheitliche Standards stehen noch aus.

Insgesamt resultieren aus der Reform des kirchlichen Finanzwesens also zahlreiche Verbesserungen gegenüber der kameralen Haushaltsordnung. Jedoch besteht bei den Kriterien ‚finanzielle Zielorientierung', ‚Transparenz', ‚Vollständigkeit' und ‚Vergleichbarkeit' noch Anpassungsbedarf, um die kirchliche Rechnungslegung zu einem einheitlichen, vergleichbaren und allen Adressaten zugänglichen Rechenschaftsinstrument auszubauen.

4.5 Handlungsvorschläge

Im Lichte der formellen und materiellen Merkmale der Rechnungslegungsvorschriften der EKD sollen folgende Verbesserungen angeregt werden:

1. Die Reform zu einer vergleichbaren Rechnungslegung setzt einen einheitlichen Rechnungsstil voraus. Vor dem Hintergrund, dass eine der untersuchten Landeskirchen die erweiterte Kameralistik einführt, ist im Umkehrschluss zu fordern, dass sich zumindest die als Vorbild dienenden Haushaltsrichtlinien der EKD auf den Rechnungsstil der Doppik festlegen.

2. Heterogene Publizitätsvorschriften konterkarieren einen zurecht geforderten Zugang zu Jahresabschlüssen, der sich nicht auf Einsichtnahmen beschränken sollte. Im Lichte der technisch gegebenen Möglichkeiten elektronischer Publizitätsplattformen ist mittelfristig eine dementsprechende Veröffentlichung von kirchlichen Jahresabschlüssen anzuregen.

---

606 S. zu den Bewertungsunterschieden der Landeskirchen im Einzelnen unten, Kapitel 5.2.1.

3. Die von der Haushaltsrichtlinie gewährten Ausweis- und Bewertungsspielräume bezüglich des Reinvermögens bilanziell überschuldeter Körperschaften führen zu einer Verzerrung der Vermögens-, Finanz- und Ertragslage. Abgesehen vom Ausweis eines nicht durch Reinvermögen gedeckten Fehlbetrags als letztem Posten der Aktivseite sollten sämtliche eingeräumten Ausweis- und Bewertungsspielräume ersatzlos gestrichen werden.

4. Für den Themenkomplex finanzgedeckter Rücklagen ist eine klare begriffliche Trennung zwischen Rücklagen nach kameralem und nach doppischem Verständnis zu fordern. Der ferner bestehende dreiseitige Zusammenhang zwischen Immobilienbewertung, Substanzerhaltungsrücklagen sowie Finanzanlagen dürfte die Bilanzanalyse seitens der Adressaten erheblich erschweren. Statt Finanzanlagen und Substanzerhaltungsrücklagen sollten nur ‚Finanzanlagen zum Zwecke der Substanzerhaltung' auf der Aktivseite ausgewiesen und auf eine entsprechende Verwendung des Reinvermögens verzichtet werden. Für die Deckungslücke sind zumindest ausführliche Anhangangaben zu fordern, die sich z. B. an der Aufteilung und Gliederungstiefe des Anlagevermögens gemäß dem Anlagenspiegel orientieren. Pauschale Kappungen des Rücklagen-Sollwerts sind zu streichen. Im Zweifel ist stattdessen konsequent auf einen Einzelbewertungsgrundsatz für Rücklagen abzustellen.

5. Eine Gruppenbewertung bei Finanzanlagen, die die Saldierung von unrealisierten Gewinnen mit unrealisierten Verlusten zulässt, vereinfacht den Ausweis von Finanzanlagen zulasten zwingender Bewertungsgrundsätze der Haushaltsrichtlinie. Der Betrachtungszeitraum für Wertminderungen sollte entsprechend dem Vorsichtsprinzip kurz gefasst werden.

6. Mit Hinblick auf eine adressatenorientierte Finanzberichterstattung sind die Rechtsgrundlagen für konsolidierte Abschlüsse zu schaffen. Dies ist darin begründet, dass ein ganz erheblicher Teil der kirchlichen Tätigkeit nicht auf Ebene der Landeskirchen geleistet wird, sondern in deren Kirchengemeinden und -kreisen.

Auf Handlungsvorschläge bezüglich der Immobilienbewertung wird in Kapitel 5.4 gesondert eingegangen.

5 Die Immobilienbewertung in der Eröffnungsbilanz – Darstellung, Problematik und kritische Würdigung

5.1 Thematische Einordnung und Relevanz

5.1.1 Wirtschaftliche Bedeutung

Der Grundstücksbestand[607] der verschiedenen kirchlichen Rechtsträger ist von erheblicher wirtschaftlicher Bedeutung – und grundlegend für die Rechnungslegung der Evangelischen Kirche. Als wesentliche Immobilien werden zum einen Flächen von insgesamt rund 325.000 Hektar genannt,[608] zum anderen rund 75.000 Gebäude, von denen 20.648 Kirchen und Kapellen sind[609]. Die Mehrzahl der Immobilien befindet sich im Besitz der Landeskirchen bzw. ihrer Untergliederungen, insbesondere den Kirchengemeinden. Der Grundbesitz stellt einerseits durch Vermietung und Verpachtung eine wichtige Einnahmequelle dar,[610] andererseits verursachen gebäudebezogene Ausgaben rund 11 % der Gesamtausgaben in der EKD[611].

Immer wieder steht der kirchliche Immobilienbesitz auch im Fokus der Medien. In einer Immobilienzeitschrift wurden beispielsweise die Bodenwerte von Kirchgebäuden in zentraler Lage deutscher Großstädte geschätzt.[612] Demnach beträgt allein der Bodenwert der (katholischen) St.-Mi-

---

607 Die Begriffe ‚Immobilien' oder ‚Grundstücke' sollen im bilanziellen Kontext weiterhin so verstanden werden, dass sie sich aus den Komponenten ‚Grund und Boden' sowie ‚Gebäude' zusammensetzen.
608 Vgl. Evangelische Kirche in Deutschland 2013a.
609 S. zum Immobilienbestand auf Basis einer Erhebung 2011 Evangelische Kirche in Deutschland 2013c, S. 35. Neben den Kirchen und Kapellen bestehen demnach auch 3.370 Gemeindezentren mit Gottesdienstraum. Für diese gilt bei überwiegend sakraler Nutzung dasselbe Bewertungswahlrecht wie für Kirchen und Kapellen.
610 Die EKD beziffert die Einnahmen aus dem Grundbesitz auf geschätzt 110 Mio. Euro, jedoch ohne diese Einnahmen näher zu qualifizieren, vgl. Evangelische Kirche in Deutschland 2013a.
611 Die Ausgaben für die Unterhaltung und Pflege der Gebäude belaufen sich auf rund 1,0 Mrd. Euro, vgl. Evangelische Kirche in Deutschland 2013c, S. 38.
612 Vgl. Loibl 2008. Für bilanzielle Zwecke ist die bloße Betrachtung von Bodenwerten nicht ausreichend.

chaels-Kirche in München 210 Mio. Euro. Aus kirchlicher Sicht sind insbesondere die jeweilige Zweckbestimmung des Immobilienbesitzes sowie dessen Unveräußerbarkeit zu beachten.[613] Zudem stehen von den über 20.000 Kirchen und Kapellen in der EKD rund 17.000 unter Denkmalschutz.[614] Ein Blick auf die im Internet angebotenen Kirchengrundstücke zeigt aber, dass der Grundsatz der Unveräußerbarkeit durchaus durchbrochen wird.[615] Beide christlichen Großkirchen haben Leitfäden für die Umnutzung von Kirchengebäuden veröffentlicht.[616] Mit zunehmender Häufigkeit stellt sich die Frage: »*Wie lassen sich kirchliche Immobilien am effektivsten und gewinnbringendsten vermarkten?*«[617] Dabei zeigt sich auf Seite der Kirchen ein durchaus streitbares Vorgehen. So hatte eine Kirchengemeinde der Evangelisch-lutherischen Landeskirche Hannovers einen Rechtsstreit gegen das Landesamt für Denkmalpflege geführt und obsiegt, um ein entwidmetes Kirchengebäude verkaufen zu können. Die Pressemitteilung der Landeskirche spricht von »überregionaler Bedeutung, weil in den nächsten Jahren zahlreiche entwidmete evangelische und katholische Kirchen aus der Nachkriegszeit zum Verkauf stehen werden«[618].

5.1.2 Bilanzielle Bedeutung

Aus dem wirtschaftlichen Spannungsfeld resultiert unmittelbar die bilanzielle Bedeutung der Immobilienbewertung. Dies sei nachfolgend am Beispiel der sakralen Immobilien verdeutlicht. Für die 20.648 evangelischen Kirchen und Kapellen besteht laut Haushaltsrichtlinie der EKD das bereits

---

613 Vgl. zum Grundsatz der Unveräußerbarkeit aus kirchenrechtlicher Sicht grundlegend Winkel 2001. Vgl. vor dem Hintergrund der Veräußerung von kirchlichen Immobilien Schmidt 2010, S. 23-26; Mahlstedt 2010, S. 211-213.
614 Vgl. Evangelische Kirche in Deutschland 2013c, S. 35.
615 S. www.kirchengrundstuecke.de.
616 Vgl. z. B. Zentrum Ökumene der Evangelischen Kirche in Hessen und Nassau 2010; Deutsche Bischofskonferenz 2003.
617 Kippes 2010, S. 242. In dessen Beitrag finden sich auch Beispiele aus dem Ausland, wonach Sakralgebäude mitunter in Appartementhäuser umgewandelt werden, und Beispiele aus Deutschland über die Reaktionen in der Öffentlichkeit, die durch den Verkauf von Kirchen ausgelöst werden.
618 Evangelisch-lutherische Landeskirche Hannovers 2013b.

5 Die Immobilienbewertung in der Eröffnungsbilanz

erwähnte Wahlrecht zwischen einer Bewertung zu den fortgeführten Anschaffungskosten[619] (bzw. deren Surrogat) und einer Bewertung zum Erinnerungswert.[620] Unterstellt man für diese Immobilien einen fiktiven durchschnittlichen Buchwert (Mittelwert) von 1 Mio. Euro,[621] würde sich das Wahlrecht wie folgt auswirken:
- Bei einem Ausweis zum Buchwert betrüge der Gesamtwert der Kirchen und Kapellen im Bereich der EKD und ihrer Landeskirchen rund 20,7 Mrd. Euro. Das sind in Zahlen 20.700.000.000 Euro.
- Bei einer einheitlichen Bewertung zum Erinnerungswert (je 1 Euro) wäre diese Bilanzposition kaum wahrnehmbar. Sie betrüge in Zahlen rund 20.700 Euro.

Das Beispiel ist überzeichnet und unterstellt eine Bilanz, die die EKD, alle Landeskirchen und ihre Untergliederungen im Sinne eines konsolidierten Abschlusses beinhaltet. Es soll verdeutlichen, dass sich die Entscheidung zwischen Anschaffungskosten (bzw. einem Surrogat) einerseits und Erinnerungswerten andererseits in der Summe ganz maßgeblich auf die Höhe des Anlagevermögens sowie spiegelbildlich auf das Reinvermögen auswirkt. Die Immobilienbewertung beeinflusst maßgeblich, inwieweit sich die Kirchen als vermögend präsentieren.

Der eigentliche Bewertungsvorgang ist zuvorderst ein Problem bei Eröffnungsbilanzen. Hier liegen oft keine oder unvollständige Informationen über die Anschaffungskosten älterer Grundstücke vor. Die Bewertung solcher Grundstücke stellt dann ein zentrales fachliches und organisatorisches Problem dar und ist wegen der verschiedenen Bewertungsverfahren mit inhärenten Spielräumen verbunden. Bei Kirchen und Kapellen sticht zudem die Frage hervor, ob eine Bewertung zum Erinnerungswert der Rechen-

---

619 Im Zusammenhang mit Immobilien wird weiterhin statt des bilanzsprachlichen Begriffs Anschaffungs- und Herstellungskosten vereinfachend und gleichbedeutend der Begriff Anschaffungskosten verwendet.
620 S. hierzu oben, Kapitel 4.2.1, sowie in diesem Kapitel.
621 Auswertungen zum durchschnittlichen Wert von Kirchen und Kapellen liegen nicht vor. Der Durchschnittswert von 1 Mio. Euro pro Kirchen- und Kapellengebäude dient insofern nur als Platzhalter. Für eine genauere Schätzung würden mehr Informationen über den Immobilienbestand, dessen Eigenschaften und deren Verteilung benötigt. Das Beispiel ist bewusst einfach gestaltet und vernachlässigt z. B. auch die über 3.000 Gemeindezentren mit Gottesdienstraum, die zu weiteren Immobilienwerten führen würden.

schaftspflicht genügen kann. Das entsprechende Wahlrecht in der Haushaltsrichtlinie der EKD[622] betrifft nicht nur ältere sakrale Immobilien, sondern auch Gebäude, die einen Zugang (z. B. durch Anschaffung, Herstellung oder Schenkung) nach dem Stichtag der Eröffnungsbilanz darstellen, und beeinflusst mithin die laufende Rechnungslegung.

Ohnehin bleiben Immobilien meist viele Jahre erhalten, sodass sich die Erstbewertung auch auf alle Folgeabschlüsse niederschlägt. Ferner unterliegen Gebäude der Abnutzung. Abschreibungen belasten die Ergebnisrechnungen der Folgejahre, sodass sich ein anfänglich hohes Vermögen später negativ auf die Ertragslage auswirkt und zudem die Bildung finanzgedeckter Rücklagen auslöst. Insgesamt hängt die Darstellung der Vermögens-, Finanz- und Ertragslage bzw. der sog. tatsächlichen Verhältnisse gegenüber den Adressaten in hohem Maße von der Bilanzierung des Immobilienbestands ab. Die Ausgestaltung des kirchlichen Bilanzrechts beeinflusst unmittelbar die Anforderungen der EKD[623] an Transparenz, Vergleichbarkeit und Vollständigkeit kirchlicher Jahresabschlüsse.

5.1.3 Regelungen der Landeskirchen, der öffentlichen Verwaltung und des Baurechts als methodischer Bezugsrahmen

Für die Erstellung der Eröffnungsbilanz werden mangels dokumentierter Anschaffungskosten oder im Fall von un- oder teilentgeltlichem Erwerb Ansätze auf Grundlage alternativer Bewertungsverfahren benötigt. Die von der EKD vorgesehenen Verfahren zur Grundstücksbewertung wurden oben bereits umrissen.[624] In Kapitel 5.2.1 sollen die Regelungen der Evangelisch-lutherischen Landeskirche Hannovers, der Evangelischen Kirche im Rheinland und der Evangelischen Landeskirche in Baden folgen und denen der EKD gegenübergestellt werden.

Um die kirchlichen Bewertungsschemata zu würdigen, bietet sich des Weiteren ein Vergleich mit den Vorschriften für die öffentliche Verwaltung (s. Kapitel 5.2.2) an. Die öffentliche Verwaltung steht beim Thema Doppik in mehrfacher Hinsicht vor ähnlichen Herausforderungen wie die EKD.

---

622 S. § 66 Abs. 1 HHR-EKD.
623 S. zu diesen Anforderungen im Einzelnen oben, Kapitel 2.2.1.
624 S. zu den Vorgaben der Grundstücksbewertung nach den Bilanzierungs- und Bewertungsrichtlinien der EKD oben, Kapitel 4.2.1.

Dort herrschte ebenfalls bis vor kurzem die Kameralistik vor.[625] Eröffnungsbilanzen müssen mit hohem organisatorischen und finanziellen Aufwand erstellt werden, da oftmals keine für die Eröffnungsbilanz nutzbaren historischen Anschaffungskosten dokumentiert sind. Dies löst den Wunsch aus, Vereinfachungen in Anspruch nehmen zu können. Zudem werden viele Grundstücke und Gebäude der öffentlichen Verwaltung als Infrastruktur- oder Kulturgut genutzt, was ähnlich wie bei Kirchengebäuden eine spezielle Bewertung rechtfertigen kann. Um Methodik und Begriffe der kommunalen Rechnungslegung einzuführen, werden zwei Regelwerke aus dem Bereich der öffentlichen Verwaltung losgelöst von einzelnen Haushaltsordnungen der Bundesländer vorgestellt. Hierbei handelt es sich um Rechnungslegungsvorschriften des Instituts der Wirtschaftsprüfer in Deutschland e.V. (IDW) und des International Public Sector Accounting Standards Board (IPSASB):

- Das IDW hat im Jahr 2001 eine Stellungnahme zur ‚Rechnungslegung der öffentlichen Verwaltung nach den Grundsätzen der doppelten Buchführung (IDW ERS ÖFA 1)' vorgelegt. Sie fußt als in sich geschlossenes Konzept vor allem auf dem HGB und versucht, die Besonderheiten der öffentlichen Rechnungslegung ergänzend zu berücksichtigen.[626] Da sich trotz eines Leittextes der Innenministerkonferenz keine einheitlichen doppischen Gemeindeordnungen ausgeprägt haben, vereinfacht IDW ERS ÖFA 1 als einzelnes Regelwerk den thematischen Umgang.
- Die International Public Sector Accounting Standards (IPSAS) sind Rechnungslegungsstandards, die vom International Public Sector Accounting Standards Board (IPSASB) verlautbart werden.[627] Das IPSASB ist ein privatrechtlich organisierter Fachausschuss der International Federation of Accountants (IFAC).[628] Mit den IPSAS sollen harmonisierte Rechnungslegungsvorschriften für die öffentliche Verwaltung erreicht werden, wobei die Umstellung von der Kameralistik auf

---

625 Zur Entwicklung in Deutschland s. oben, Kapitel 2.3.1.3.
626 Vgl. IDW ERS ÖFA 1, Tz. 3.
627 S. International Federation of Accountants (IFAC) 2012, Preface, Tz. 1.
628 Zu den 167 Mitgliedern aus 127 Ländern zählen insbesondere fachlich nahestehende Berufsvereinigungen, vgl. International Federation of Accountants (IFAC) 2012, S. 2. Aus Deutschland sind dies beispielsweise die Wirtschaftsprüferkammer und das Institut der Wirtschaftsprüfer in Deutschland e.V., vgl. International Federation of Accountants (IFAC) 2014.

die Doppik im Vordergrund steht.[629] Sie lehnen sich hierfür an die für Unternehmen verlautbarten IFRS an.[630] Die IPSAS werden unter anderem von der OECD[631], der Europäischen Union[632], sowie zahlreichen Ländern, darunter die Schweiz, Kanada und Australien, direkt angewendet oder weitgehend übernommen.[633] Die weitere, an den IPSAS ausgerichtete Harmonisierung der staatlichen Doppik-Projekte ist beispielsweise Gegenstand jährlicher OECD-Symposien.[634]

Daneben werden die Bewertungsvorschriften einiger Bundesländer umrissen. Diese zeigen, dass die Gemeindeordnungen trotz des Leittextes der Innenministerkonferenz deutlich voneinander abweichen. Die Darstellung erhebt keinen Anspruch auf Vollständigkeit, sondern soll die hohe Bandbreite der Bewertungsmöglichkeiten verdeutlichen.

Als weiterer Vergleichsrahmen werden in Kapitel 5.2.3 die baurechtlichen Verkehrswertvorschriften in ihren Grundzügen dargestellt. Sie beinhalten kodifizierte Konzepte zur Bestimmung des Markt- bzw. Verkehrswerts von Grundstücken, die auch für bilanzielle Zwecke herangezogen werden können.

---

629 Einige grundlegende Aufsätze, die sich der Entstehung der IPSAS sowie dem Vergleich mit den deutschen Doppik-Vorschriften für die öffentliche Verwaltung widmen, sind: Vogelpoth und Dörschell 2001; Vogelpoth et al. 2002; Vogelpoth 2004; Adam 2004; Adam 2005. Ein Vergleich zu ausgewählten Vorschriften des HGB findet sich bei Bolsenkötter 2007.
630 Vgl. International Federation of Accountants (IFAC) 2012, Preface, Tz. 13-14.
631 Vgl. Organisation for Economic Co-Operation and Development (OECD) 2002, S. 9.
632 Vgl. Schreyer 2004, S. S9-S11. *Schreyer* weist auch darauf hin, dass sich die Bilanzierung von Organisationen wie der Europäischen Union vergleichsweise einfach gestaltet, da diese wenig (Infrastruktur-)Vermögen besitzen. Allerdings geht von diesen Organisationen eine Signalwirkung an die Mitgliedsstaaten aus.
633 Eine Liste der Anwender findet sich in International Federation of Accountants (IFAC) 2007.
634 Die Präsentationen des jeweiligen Annual OECD Public Sector Accruals Symposium finden sich auf www.oecd.org.

5 Die Immobilienbewertung in der Eröffnungsbilanz

5.2 Bilanzierung von Grundstücken nach landeskirchlichen sowie kommunal- und baurechtlichen Regelungen

5.2.1 Grundstücksbewertung ausgewählter Landeskirchen im Vergleich zur EKD

5.2.1.1 Evangelisch-lutherische Landeskirche Hannovers

Die Evangelisch-lutherische Landeskirche Hannovers schreibt im Rahmen ihrer Reform künftig die Anwendung der Doppik vor. Fortgeführte Anschaffungskosten bilden somit den Ausgangspunkt der Immobilienbewertung. Die Rechnungslegung der ersten untersuchten Landeskirche weist dennoch einige Besonderheiten auf.

Für Grund und Boden macht die Landeskirche Hannovers im Vergleich zu den anderen untersuchten Landeskirchen und der EKD die differenziertesten Bewertungsvorgaben. Demnach ist in der Eröffnungsbilanz der Bodenrichtwert anzusetzen, der jedoch gegenüber dem Niveau zum Zeitpunkt der Eröffnungsbilanz einheitlich auf 60,8 % zurückzuindizieren ist.[635] Durch die Rückindizierung auf 60,8 % entspricht die Bewertung des Grund und Bodens rechnerisch den Preisverhältnissen des Jahres 1980.[636] Im Übrigen ist diese Rückindizierung auf den gesamten Grundstücksbestand (soweit keine Anschaffungskosten vorliegen) unabhängig vom tatsächlichen Zugangsjahr einheitlich anzuwenden. Ferner ist der rückindizierte Bodenwert in Abhängigkeit von der Art der Nutzung des Grundstücks um weitere pauschale Abschläge zu vermindern. So sind beispielsweise bei Verwaltungsgebäuden nur 75 % des Grundstückswerts anzusetzen, bei Gemeindehäusern 50 %.[637] Der Bodenanteil eines Gemeindehauses würde letztlich pauschal mit 30,4 % des Bodenrichtwerts vom ersten Bilanzstichtag aktiviert werden.

---

635 S. Bewertungsrichtlinie-Hannover, Tz. 8.2. Eine Begründung für diese Rückindizierung enthalten die Bewertungsrichtlinien nicht.
636 Welche Tabellen dem zugrunde liegen, ist den Bewertungsrichtlinien nicht zu entnehmen. Als Basisjahr diente wohl das Jahr 2000. Zieht man hierfür die Preisindizes für den Neubau von Wohngebäuden des Statistischen Bundesamtes heran, hat das Jahr 2000 einen Indexwert von 100 % und das Jahr 1980 einen Indexwert von 60,8 %. Die Rückindizierung umspannt somit 20 Jahre.
637 S. Bewertungsrichtlinie-Hannover, Tz. 8.2. Dort findet sich auch die Klassifizierung weiterer Gebäudetypen.

Im Gegensatz zur Evangelischen Kirche im Rheinland sowie zur Evangelischen Landeskirche in Baden erfolgt die Bilanzierung von Kirchen und Kapellen verpflichtend zum Erinnerungswert.[638] Dabei teilt der Grund und Boden das Schicksal der Gebäudebewertung und muss ebenfalls mit 1 Euro ausgewiesen werden.

Für die übrigen Gebäude gibt die Landeskirche Hannovers im Gegensatz zur EKD sowie den Landeskirchen in Baden und im Rheinland als einzige Landeskirche dem Sachwertverfahren auf Grundlage der Normalherstellungskosten den Vorzug.[639]

5.2.1.2 Evangelische Kirche im Rheinland

Die einschlägige Verordnung über das Kirchliche Finanzwesen (KF-VO-Rheinland) wurde im Jahr 2007 zur Erprobung eingeführt.[640] In dieser mittlerweile überholten Fassung waren Kirchen und Kapellen ausschließlich zum Erinnerungswert zu bewerten. Für veräußerbare Gebäude galt bei fehlenden Anschaffungskosten das Ertragswertverfahren.[641]

Beide Bewertungsmuster wurden in der nun gültigen Fassung des Haushaltsrechts verworfen:[642] So orientiert sich die Bewertung von Gebäuden nun generell an indizierten Feuerversicherungswerten. Dies betrifft den gesamten Gebäudebestand, unabhängig davon, ob es sich um Kirchen und Kapellen, anderes nicht realisierbares Anlagevermögen oder realisierbares Anlagevermögen handelt. Kirchen und Kapellen dürfen nicht mehr, auch nicht wahlweise, zum Erinnerungswert ausgewiesen werden.[643] Auf die Motive dieser Bewertungsänderung wurde in Kapitel 3.4 bereits eingegangen.

Grund und Boden ist mit den rückindizierten Bodenrichtwerten zu erfassen. Im Gegensatz zur Evangelisch-lutherischen Landeskirche Hannovers wird dabei der Zugangszeitpunkt nicht pauschaliert, sondern ist für jedes

---

638 S. § 71 Abs. 3 S. 1 KonfHO-Doppik-Hannover.
639 S. Bewertungsrichtlinie-Hannover, Tz. 8.3.
640 S. § 17 Abs. 2 KF-VO-Rheinland 2007.
641 S. KF-VO-Rheinland 2007, Anlage 4, Teil 2, Tz. 3.2.
642 Für Gebäude, die bereits zum Ertragswert bewertet wurden, besteht (außer bei Kirchen und Kapellen) Bestandsschutz, vgl. Anlage 9 zur KFVO-Rheinland (Bewertungsrichtlinien), Tz. 3.2.
643 S. §140 Abs. 4 S. 1 KF-VO-Rheinland sowie Anlage 9 zur KFVO-Rheinland (Bewertungsrichtlinien), Tz. 3.2.

Grundstück einzeln zu berücksichtigen. Die Rückindizierung soll jedoch längstens bis 1962 zurückreichen.

5.2.1.3 Evangelische Landeskirche in Baden

Die Evangelische Landeskirche in Baden implementiert die sog. erweiterte Kameralistik. Die Immobilienbewertung unterscheidet sich im Grundsatz nicht gegenüber den Landeskirchen, die die Doppik einführen.[644]

Ähnlich wie die Evangelische Kirche im Rheinland hat auch die Evangelische Landeskirche in Baden die Haushaltsordnung seit ihrer Einführung wesentlich verändert. Die Bewertung von sakralen Immobilien zum Erinnerungswert[645] wurde gestrichen. Die Evangelische Landeskirche in Baden begründete die Änderung des Haushaltsrechts damit, dass mit einer Bewertung zum Erinnerungswert auch ein niedrigeres Reinvermögen korrespondiert. Die Landeskirche befürchtete, dass einige Rechtsträger bilanziell überschuldet sein könnten, und beruft sich dabei auf Modellberechnungen der EKD. Die Bewertung von Kirchen und Kapellen soll deshalb nun zu einem »wirklichkeitsnahen Wert«[646] erfolgen.

Kirchen- und Kapellengebäude sind nach den für alle Gebäude geltenden Grundsätzen (bei nicht bekannten Anschaffungskosten) aus indizierten Gebäudeversicherungswerten herzuleiten.[647] Für Grund und Boden gelten Bodenrichtwerte als Surrogat. Dabei ist allerdings zu beachten, dass die derzeit veröffentlichten Bewertungs- und Bilanzierungsrichtlinien (BewBilRL-Baden) noch auf der alten Gesetzeslage beruhen. Es ist daher nicht auszuschließen, dass die Neufassung der Bewertungs- und Bilanzierungsrichtlinien Abschläge für Gemeinbedarfsflächen vorsehen werden.

Eine Besonderheit der Evangelischen Landeskirche in Baden resultiert aus der Rechtsverordnung über die Bildung von Substanzerhaltungsrückla-

---

644 Auch in der erweiterten Kameralistik gilt das Anschaffungskostenprinzip, s. §§ 6 Abs. 1, 9 Abs. 2 KVHG-Baden.
645 § 6 Abs. 2 S. 1 KVHG-Baden in der Fassung vom 15.04.2011 (GVBl. 2011, S. 113).
646 Evangelische Landeskirche in Baden 2013, S. 311.
647 S. BewBilRL-Baden, Tz. 3.1 bb). Hinweis: Die BewBilRL-Baden wurde hinsichtlich der Abschaffung von § 6 Abs. 2 KVHG-Baden noch nicht an die aktuelle Rechtslage angepasst. Darin ist also noch von der nicht mehr zulässigen 1-Euro-Bewertung von Kirchen und Kapellen die Rede.

gen (SuberhR-RVO-Baden). Diese regelt die Zuführungen zu den Substanzerhaltungsrücklagen, die – ähnlich wie nach dem Konzept der EKD – grundsätzlich den jährlichen Abschreibungen entsprechen sollen.[648] Nach den Regelungen der Evangelischen Landeskirche in Baden sind jedoch nur 80 % der Anschaffungskosten oder des Zeitwerts zu aktivieren.[649] Dies betrifft sowohl Gebäude, die zum Stichtag der Eröffnungsbilanz vorhanden sind, als auch solche, die später zugehen. Die pauschale Kürzung der Anschaffungskosten soll bewirken, dass den Substanzerhaltungsrücklagen lediglich »ein Erhaltungswert und kein Neubauwert«[650] zugeführt wird. Dies erscheint sehr problematisch, da Bestimmungen zur Rücklagenbildung unmittelbar auf die bilanzielle Bewertung von Aktivposten (Gebäuden) durchschlagen und das Anschaffungskostenprinzip außer Kraft setzen.

5.2.1.4 Tabellarische Gegenüberstellungen zur Grundstücksbewertung

Die nachfolgenden Tabellen stellen die wesentlichen Vorschriften der EKD und der drei ausgewählten Landeskirchen zur Bewertung von Grundstücken in der Eröffnungsbilanz gegenüber. Tabelle 10 zeigt, dass alle Haushaltsordnungen auf der ersten Ebene anscheinend die gleichen Bewertungs- und Ausweisgrundsätze verfolgen:

---

648 S. § 3 Abs. 1 SuberhR-RVO-Baden.
649 S. SuberhR-RVO-Baden, Anlage 2, Tz. 2 zu § 4 Abs. 1.
650 BewBilRL-Baden, Tz. 3.1 bb).

5 Die Immobilienbewertung in der Eröffnungsbilanz

Tabelle 10: Bewertungs- und Ausweisgrundsätze von Immobilien[651]

EKD[652]	Hannover[653]	Rheinland[654]	Baden[655]
Fortgeführte Anschaffungs- und Herstellungskosten (s. § 74 Abs. 2)	Fortgeführte Anschaffungs- und Herstellungskosten (s. § 71 Abs. 2 i.V.m. Tz. 8.2, 8.3)	Fortgeführte Anschaffungs- und Herstellungskosten (s. § 140 Abs. 3 S. 1)	Fortgeführte Anschaffungs- und Herstellungskosten (s. § 9 Abs. 2)
Separater Ausweis von realisierbarem und nicht realisierbarem Anlagevermögen (s. Anlage II zur HHR-EKD sowie Ausführungsbestimmung zu § 55)	Separater Ausweis von realisierbarem und nicht realisierbarem Anlagevermögen (s. § 67 Abs. 1 S. 2)	Separater Ausweis von realisierbarem und nicht realisierbarem Anlagevermögen (s. § 127 Abs. 5 sowie Anlage 1 zur KF-VO)	Separater Ausweis von realisierbarem und nicht realisierbarem Anlagevermögen (s. Anlage 2 zum KVHG)

Tabelle 11 stellt die Bewertung von Grund und Boden dar. Dabei gehen zwar alle Haushaltsordnungen vom Bodenrichtwert aus. Sie unterscheiden sich jedoch hinsichtlich wesentlicher Parameter wie Indizierungen oder pauschalen bzw. nutzungsabhängigen Abschlägen signifikant:

---

651 Eigene Darstellung.
652 Paragraphenangaben beziehen sich auf die HHR-EKD. Seitenangaben beziehen sich auf die BBR-EKD.
653 Paragraphenangaben beziehen sich auf die KonfHO-Doppik-Hannover. Textziffern beziehen sich auf die Bewertungsrichtlinie-Hannover.
654 Paragraphenangaben beziehen sich auf die KF-VO-Rheinland. Textziffern beziehen sich auf die Bewertungsrichtlinien, die als Anlage 9 Bestandteil der KF-VO-Rheinland sind.
655 Paragraphenangaben beziehen sich auf das KVHG-Baden. Textziffern beziehen sich auf die BewBilRL-Baden. Daneben ist die SuberhR-RVO-Baden einschlägig, wonach sich die Bewertung der Substanzerhaltungsrücklagen auf die bilanzielle Bewertung niederschlägt.

Tabelle 11: Bewertung von Grund und Boden, soweit die Anschaffungskosten unbekannt sind[656]

EKD	Hannover	Rheinland	Baden
a) Grundsatz: Bodenrichtwerte, aber: Grund und Boden teilt für die Bewertung das Schicksal des Gebäudes.	a) Grundsatz: Es sind Bodenrichtwerte anzusetzen, die unabhängig vom tatsächlichen Zugang für alle Grundstücke einheitlich auf 60,8 % des aktuellen Bodenrichtwerts rückindiziert werden müssen.	a) Grundsatz: Auf das Anschaffungsjahr indizierte Bodenrichtwerte (§ 140 Abs. 5 S. 1).	a) Grundsatz: Bodenrichtwerte.
b) Wenn das Wahlrecht ausgeübt wird, Kirchen und Kapellen zum Erinnerungswert zu bewerten, dann ist der Grund und Boden auch zum Erinnerungswert anzusetzen.	b) Grund und Boden von Kirchen und Kapellen ist zum Erinnerungswert zu bewerten (Ausnahme: Friedhofskapellen).	b) Vor 1962 angeschaffte Grundstücke sind auf das Jahr 1962 zu indizieren (s. Tz. 1).	b) Derzeit keine ausdrückliche Regelung zu Gemeinbedarfsflächen und Indizierung.
c) Je nach städteplanerischer Festsetzung und zur Berücksichtigung von Rückbaukosten können für Grundstücke des nicht realisierbaren Anlagevermögens 25 bis 40 % des Bodenrichtwerts angesetzt werden (s. jeweils S. 10-11 BBR-EKD).	c) Bei Gebäuden für öffentliche Zwecke wie Gemeindehäuser und Schulen sind 50 % des rückindizierten Bodenrichtwerts anzusetzen. Bei Wohn-, Verwaltungs-, Gewerbe- oder Pfarrgrundstücken sind 75 % des rückindizierten Bodenrichtwerts anzusetzen (s. Tz. 8.2).	c) Je nach städteplanerischer Festsetzung und zur Berücksichtigung von Rückbaukosten können 25 bis 40 % des Bodenrichtwerts angesetzt werden (s. Tz. 1.b.).	c) Wertbeeinflussende Merkmale können durch Zu- und Abschläge berücksichtigt werden (s. Tz. 3.1 aa)).

Tabelle 12 verdeutlicht insbesondere, dass bei der Bewertung von Kirchen und Kapellen das Wahlrecht, das die EKD zwischen Erinnerungswerten und Anschaffungskosten eingeräumt hat, von den Landeskirchen uneinheitlich in Anspruch genommen wird:

---

656 Eigene Darstellung. Zu den Rechtsquellen s. Tabelle 10. Auf die Bewertung von Sonderflächen wie Friedhöfe, Wege, Plätze, Wald- und Ackerflächen wird nicht eingegangen.

5 Die Immobilienbewertung in der Eröffnungsbilanz

Tabelle 12: Besondere Bewertungsgrundsätze für Kirchen- und Kapellen-Gebäude[657]

EKD	Hannover	Rheinland	Baden
a) Wahlrecht zwischen Erinnerungswert oder fortgeführten Anschaffungskosten (s. § 66 Abs. 2 S. 1).	Kirchen und Kapellen sind zwingend zu 1 Euro anzusetzen (s. § 71 Abs. 3 S. 1).	a) Nach alter Fassung mussten Kirchen und Kapellen zu 1 Euro bewertet werden (§ 17 Abs. 2 KF-VO-Rheinland 2007).	a) Nach alter Fassung mussten Kirchen und Kapellen zu 1 Euro bewertet werden (s. § 6 Abs. 2 in der Fassung vom 15.04.2011).
b) Zur Ermittlung der fortgeführten Anschaffungskosten nach einem vereinfachten Verfahren gelten die allgemeinen Bewertungsgrundsätze für Gebäude (s. S. 11-12 BBR-EKD).	-	b) Vorschrift, wonach Erinnerungswert verpflichtend war, wurde gestrichen. Nun sind die allgemeinen Bewertungsgrundsätze für Gebäude (indizierte Feuerversicherungswerte) anzuwenden.	b) Vorschrift, wonach Erinnerungswert verpflichtend war, wurde gestrichen. Nun sind die allgemeinen Bewertungsgrundsätze für Gebäude (indizierte Gebäudeversicherungswerte) anzuwenden.

Tabelle 13 fasst die allgemeinen Bewertungsgrundsätze für Gebäude zusammen. Unterschiede bestehen dabei insbesondere bei der Festlegung auf Sachwertverfahren oder Versicherungswerte:

Tabelle 13: Allgemeine Bewertungsgrundsätze für (sonstige) Gebäude, soweit fortgeführte Anschaffungskosten nicht ermittelbar sind[658]

EKD	Hannover	Rheinland	Baden
a) Grundsatz: vorsichtig geschätzte Zeitwerte nach einem vereinfachten Verfahren (s. § 74 Abs. 3).	a) Grundsatz: Sachwert auf Grundlage der Normalherstellungskosten nach ImmoWertV (s. Tz. 8.3).	a) Grundsatz: Auf das Baujahr indizierte Feuerversicherungswerte (s. §140 Abs. 4 S. 1).	a) Grundsatz: vorsichtig geschätzte Zeitwerte nach einem vereinfachten Verfahren (s. § 9 Abs. 3).
b) Erstes Verfahren: auf den Bilanzstichtag indizierter Gebäudeversicherungswert.	b) Es erfolgt (z. B. entgegen einiger kommunaler Regelungen) ausdrücklich keine Rückindizierung des Sachwerts auf das Anschaffungsjahr (s. Tz. 8.3).	b) Die Indizierung soll nicht länger als bis 1914 zurückreichen.	b) Verfahren: Indizierung des Gebäudeversicherungswerts auf den Stichtag der Eröffnungsbilanz.

---

657 Eigene Darstellung. Zu den Rechtsquellen s. Tabelle 10.
658 Eigene Darstellung. Zu den Rechtsquellen s. Tabelle 10.

EKD	Hannover	Rheinland	Baden
c) Ggf. 20 bis 30 % Pauschalwertberichtigung auf den indizierten Versicherungswert (z. B. bei Sammelverträgen auf Grundlage geschätzter Kubaturen).	c) Das Ertragswertverfahren ist auch bei vermieteten Gebäuden nicht zulässig (s. Anlage E3 zur Bewertungsrichtlinie, Tz. a.).	c) Bei Sanierungen gilt deren Jahr als fiktives Baujahr (s. § 140 Abs. 4 S. 3).	c) Zwingend 20 % Pauschalabschlag auf den Versicherungswert, um die Bemessungsgrundlage für Substanzerhaltungsrücklagen zu vermindern und somit einen Erhaltungs- statt einen Neubauwert zu berücksichtigen, s. auch die nachfolgende Tabelle (s. jeweils Tz. 3.1 bb)).
d) Alternatives Verfahren: Bewertung zum Sachwert auf Grundlage der Normalherstellungskosten nach der ImmoWertV (s. jeweils S. 11-12 BBR-EKD).	d) Bei Baumängeln erfolgt kein Abschlag auf den Gebäudewert, sondern der Ausweis einer sog. Baurückstellung (s. Anlage E3 zur Bewertungsrichtlinie, Tz. a.).	d) Es sind zwingend 20 % Pauschalwertberichtigung vom indizierten Versicherungswert abzuziehen.	-
-	-	e) Sanierungen können wertsteigernd berücksichtigt werden Zudem sind ggf. 3-15 % Abschlag für Baumängel abzusetzen (s. jeweils Tz. 3.2).	-
-	-	f) Nach alter Fassung der KF-VO war für veräußerbare Gebäude das Ertragswertverfahren vorgeschrieben (s. Anlage 4, Teil 2, Tz. 3.2 zur KF-VO-Rheinland 2007). So bewertete Gebäude genießen Bewertungsschutz.	-

Tabelle 14 führt abschließend Besonderheiten bezüglich der Substanzerhaltungsrücklagen auf:

5 Die Immobilienbewertung in der Eröffnungsbilanz

Tabelle 14: Besonderheiten hinsichtlich Substanzerhaltungsrücklagen[659]

EKD	Hannover	Rheinland	Baden
Keine	a) Die Bildung der Substanzerhaltungsrücklage wurde bis einschließlich 2017 ausgesetzt.	Keine	a) Aufgrund der SuberhR-RVO-Baden erfolgt die Bewertung der Gebäude nur zu 80 % der fortgeführten Anschaffungskosten oder des Zeitwerts (also 20 % Abschlag).
-	b) Der Finanzausgleich zwischen der Landeskirche sowie den Kreisen und Gemeinden, der die Zuweisung von Geldern zur Finanzdeckung steuert, soll bis dahin aufgrund der Erkenntnisse aus den Bilanzen neu geregelt werden (s. Tz. 5.8).	-	b) Dies betrifft auch die laufende Bilanzierung (Zugänge nach dem Stichtag der Eröffnungsbilanz), bei denen ebenfalls ein Abschlag von 20 % auf die Anschaffungskosten erfolgt (s. § 4 Abs. 1 sowie Anlage 2 SuberhR-RVO-Baden).

Die Auswertung der Regelungen der EKD und der Landeskirchen zeigt:
- Keines der vier Bewertungsschemata für die Eröffnungsbilanz gleicht dem anderen. Die Bewertungskonzepte führen bei gleichen Sachverhalten weder für Grund und Boden noch für Gebäude zu einer einheitlichen Abbildung im Jahresabschluss.
- Alle Vorschriften sehen einen separaten Ausweis von nicht realisierbarem und realisierbarem Anlagevermögen vor. Die Bewertung gottesdienstlicher Gebäude erfolgt nur bei der EKD (als Wahlrecht) und der Landeskirche Hannovers (verpflichtend) zum Erinnerungswert.
- Die Landeskirchen im Rheinland und in Baden haben frühere Fassungen ihrer Haushaltsordnungen dahingehend revidiert, dass der Erinnerungswert für die Bilanzierung von Kirchen und Kapellen unzulässig ist. Die Änderung führt zu einem vergleichsweise höheren Ausweis von Anlage- und Reinvermögen in diesen Landeskirchen.

Zusammenfassend entspricht keine der betrachteten Landeskirchen in allen Punkten der Richtlinie der EKD oder den Vorschriften einer anderen Lan-

---

659 Eigene Darstellung. Zu den Rechtsquellen s. Tabelle 10.

deskirche. Die Adressaten verschiedener Landeskirchen können somit hinsichtlich der Immobilienbewertung nicht mit vergleichbaren Jahresabschlüssen rechnen.

5.2.1.5 Rechenbeispiel zu den Auswirkungen unterschiedlicher Bewertungsverfahren

Nachfolgend soll die konkrete Bewertung eines Kirchengrundstückes betrachtet werden. Der Grundfall bezieht sich auf das von *Becherer* beschriebene Beispiel einer 1964 erbauten Kirche, die auf einem 4.100 m² großen Grundstück steht. Bei einer unterstellten Nutzungsdauer von 60 Jahren beträgt die Restnutzungsdauer zum Bewertungszeitpunkt 16 Jahre.[660] Der Grundfall zielt darauf ab, für Zwecke der Profanierung (also nicht für die Eröffnungsbilanz) einen Marktwert zu ermitteln. Er kann aber erweitert werden, da er die meisten gängigen Bewertungsverfahren umreißt. Das Beispiel soll in Tabelle 15 zunächst vorgestellt und im nächsten Schritt für bilanzielle Zwecke ausgeweitet werden.

Tabelle 15: Bewertungsunterschiede bei einer Kirche[661]

Bewertungsverfahren	Wesentliche Merkmale des Bewertungsverfahrens	Anschaffungs- und Herstellungskosten (AHK) bzw. Restbuchwert (RBW)[662] in TEUR
Liquidationswert	Ein Liquidationswert wird hier nur dem Bodenwertanteil, nicht dem Gebäude beigemessen. Ausgangsbasis ist der Bodenrichtwert (380 Euro/m²) mit 30 % baurechtlichem Flächenabzug und 230 TEUR Freilegungskosten.	a) Bodenwert nach Flächenabzug rund 1.090 b) Bodenwert nach Freilegung und Abzinsung rund 800
Ertragswert	Für den Ertragswert wird der Reinertrag bei Berücksichtigung von kulturellen Veranstaltungen einer zu erwirtschaftenden Bodenwertverzinsung gegenübergestellt. Der Ertragswert ist negativ.	Ertragswert: -45

---

660 Vgl. zu den Annahmen Becherer 2008, S. 105. Für die Berechnung des Restbuchwerts ergibt sich eine kumulierte Abschreibung von 44/60 (73 %). Diese kumulierte Abschreibung wird den nachfolgenden Berechnungen zugrunde gelegt.
661 Die nachfolgende Tabelle wurde aus den Erläuterungen und Berechnungen von Becherer 2008, zusammengestellt und aus Darstellungsgründen vereinfacht.
662 Hinweis: Der Restbuchwert wird von Becherer 2008 nicht ausgewiesen. Der hier dargestellte Restbuchwert entspricht einer Restnutzungsdauer von 16 Jahren (27 % der Anschaffungs- und Herstellungskosten).

5 Die Immobilienbewertung in der Eröffnungsbilanz

Bewertungsverfahren	Wesentliche Merkmale des Bewertungsverfahrens	Anschaffungs- und Herstellungskosten (AHK) bzw. Restbuchwert (RBW)[662] in TEUR
Herstellungskosten nach Erfahrungswerten	Als Erfahrungswert dient ein Kirchenneubau aus dem Jahr 2004 in einer Nachbargemeinde, allerdings einschließlich Gemeindesaal und Pfarrbüro.	AHK: 5.600 [663] RBW: 1.512
Herstellungskosten aufgrund damaliger Baukosten	Die Baukosten des Herstellungsjahres (982 TDM) wurden anhand des Preisindex für gewerbliche Betriebsgebäude auf das Bewertungsjahr 2006 indiziert.	AHK: 2.441 RBW: 659 (ohne Reparaturstau)
Herstellungskosten nach NHK 2000	Bei der Bewertung wurden Basispreise der NHK-Tabellen für gehobenen Ausstattungsstandard berücksichtigt und um Regionalfaktoren sowie die Veränderung des Baupreisindex angepasst.	AHK: 1.735 RBW: 468
Herstellungskosten nach BKI 2007	Die BKI-Werte basieren auf dem Baukosteninformationszentrum Deutscher Architektenkammern.	AHK: 2.312 RBW: 624
Versicherungswerte nach Lohrmann	Auf Basis der Tabellen von *Lohrmann* wurden Zuschläge für Baunebenkosten und Installationen ergänzt und die Kostensteigerung seit 1914 berücksichtigt.	AHK: 2.725 RBW: 736
Herstellungskosten nach Ross-Brachmann	Ausgangspunkt dieser Bewertungsmethode sind ebenfalls indizierte Neubau- und Versicherungswerte der Jahre 1913/1914.	AHK: 2.831 RBW: 764

In seinem Beitrag gelangt *Becherer* zu folgenden Ergebnissen:
- Der Liquidationswert (für den Grund und Boden) beträgt 800 TEUR.
- Der Sachwert beträgt 750 TEUR und setzt sich aus dem Bodenwert abzüglich eines Gebäudewerts zusammen, der wegen Reparaturstaus negativ ist.
- Der Ertragswert ist negativ und auf -45 TEUR zu beziffern.

Als Bewertungsanlass liegt diesem Beispiel allerdings die Annahme der Profanierung des Kirchengebäudes (Veräußerung und Bestellung eines Erbbaurechts) zugrunde. Dieser Fall ist für Zwecke der Eröffnungsbilanz

---

663 Würde man im Beispiel von *Becherer* den umbauten Raum des Vergleichsobjektes (14.300 m³) auf den des Bewertungsobjekts (10.040 m³, entsprechend 70 %) umrechnen, würden die vergleichbaren Anschaffungskosten 3.932 TEUR betragen (70 % von 5.600 TEUR), und der Restbuchwert läge bei 1.062 TEUR.

im Sinne eines bleibenden Gemeinbedarfs[664] nicht einschlägig.[665] Das Beispiel wird deshalb erweitert, um die für bilanzielle Zwecke möglichen und geeigneten Bewertungsverfahren hervorzuheben. Die in Tabelle 16 genannten Prämissen sollen dabei die Bewertungsmuster der EKD und der untersuchten Landeskirchen vereinfacht wiedergeben.[666]

Tabelle 16: Prämissen für die Erweiterung des Bewertungsbeispiels einer Kirche für bilanzielle Zwecke[667]

Bewertungsvariante	Prämisse
1) Erinnerungswert	Grund und Boden sowie Gebäude werden jeweils zum Erinnerungswert ausgewiesen. Dies folgt dem entsprechenden Wahlrecht der EKD, das die Evangelisch-lutherische Landeskirche Hannovers umgesetzt hat.
2) Versicherungswert ohne Abschlag	Die Evangelische Kirche Rheinland und die Landeskirche in Baden lassen ausschließlich Versicherungswerte zu. Als Versicherungswerte werden die nach *Lohrmann* berechneten Werte (im Beispiel 736 TEUR) herangezogen.
3) Versicherungswert mit Abschlag	Nach den Vorgaben der EKD können von den Versicherungswerten wahlweise pauschale Abschläge abgezogen werden. Die Evangelische Kirche Rheinland und die Landeskirche in Baden sehen verpflichtende Abschläge um 20 % vor, die in das Rechenbeispiel einfließen.
4) Sachwert nach NHK 2000	Als weiteres Bewertungsverfahren ist nach den Bewertungsrichtlinien der EKD auch das Sachwertverfahren zulässig. Dieses sei hier ebenfalls dargestellt, da die Verwendung von Versicherungswerten in der Literatur kritisiert wird. Ferner könnten sich andere als die hier dargestellten Landeskirchen zur Anwendung des Sachwertverfahrens für Kirchen und Kapellen entscheiden.
Grund und Boden als Gemeinbedarfsfläche	Für Grundstücke des nicht realisierbaren Anlagevermögens sehen die meisten Haushaltsordnungen einen Abschlag auf 25 bis 40 % des Bodenrichtwerts vor (im Rechenbeispiel mit 25 % von 1.091 TEUR berücksichtigt). Sofern Grund und Boden das Schicksal des Gebäudes teilt (Erinnerungswertvariante), wird er mit 1 Euro ausgewiesen.

---

664 S. zur Unterscheidung von abgehendem und bleibendem Gemeinbedarf unten, Kapitel 5.2.3.2.
665 Sofern beschlossen wurde, ein Grundstück zu profanieren, wäre es in der Bilanz unter dem Umlaufvermögen auszuweisen. Sofern zum Bilanzstichtag ein Verkaufswert bekannt ist, der unter dem bisherigen Restbuchwert liegt, wäre eine Abschreibung auf diesen Marktwert erforderlich.
666 Ziel des Rechenbeispiels ist es nicht, alle denkbaren Bewertungsvarianten unter Variation aller gestaltbaren Parameter darzustellen. Für das Sachwertverfahren wurde beispielsweise der Reparaturstau vernachlässigt, der bei den Landeskirchen unterschiedlich berücksichtigt wird.
667 Eigene Darstellung.

Die nachfolgende Tabelle 17 führt das Beispiel von *Becherer* mit den entsprechenden Restbuchwerten fort und ergänzt den Wert für Grund und Boden, der als Gemeinbedarfsfläche bewertet wurde:

Tabelle 17: Berechnung der Erweiterung des Bewertungsbeispiels einer Kirche für bilanzielle Zwecke[668]

Wert des nicht realisierbaren Anlagevermögens	1) Erinnerungswert Euro	2) Versicherungswert ohne Abschlag Euro	3) Versicherungswert mit Abschlag Euro	4) Sachwert Euro
a) Grund und Boden	-	273.000	273.000	273.000
b) Gebäude	-	736.000	589.000	468.000
Summe	‚1 Euro'	1.009.000	862.000	741.000
Abweichung zum höchsten Wert (1.009.000 Euro)	-100 %	-	-15 %	-27 %

Im Ergebnis zeigen sich bei diesem Beispiel unter vereinfachten Annahmen bereits deutliche Bewertungsunterschiede. Ferner resultiert die niedrige Bewertung der Immobilie insgesamt vor allem durch den pauschalen Abschlag auf die Gemeinbedarfsfläche. In der Praxis sind weitere Abweichungen zu erwarten, da im Beispiel nicht alle Bewertungsparameter vollumfänglich variiert wurden.

Das Rechenbeispiel verdeutlicht nochmals, dass zwischen unterschiedlichen Landeskirchen wohl keine vergleichbare Rechnungslegung über sakrale Immobilien erwartet werden kann. Da sich die Bewertung von Immobilien nach dem Grundsatz der Finanzdeckung auch auf die Substanzerhaltungsrücklagen und die zu thesaurierenden Finanzanlagen auswirkt, führen die unterschiedlichen bilanziellen Bewertungsschemata auch zu einer divergierenden Kapitalbindung.

---

[668] Eigene Darstellung. Die Restbuchwerte wurden der Fortführung des Beispiels von *Becherer* (s. Tabelle 15) entnommen.

5.2.2 Bewertung von Grundstücken nach Vorschriften für die öffentliche Verwaltung

5.2.2.1 Bewertung nach IDW ERS ÖFA 1

Die IDW-Stellungnahme ‚Rechnungslegung der öffentlichen Verwaltung nach den Grundsätzen der doppelten Buchführung (IDW ERS ÖFA 1)' geht davon aus, dass in der Eröffnungsbilanz Vermögensgegenstände grundsätzlich mit ihren Zeitwerten anzusetzen sind. Diese Zeitwerte fingieren die Anschaffungs- und Herstellungskosten zum Zeitpunkt der Umstellung auf die Doppik. Sofern sich der Zeitwert nicht aus konkreten Kaufpreisen – mithin aus den fortgeführten Anschaffungskosten[669] – herleiten lässt, differenziert das Bewertungsmodell des IDW zwischen zwei Arten von Vermögensgegenständen:[670]

- Dies sind erstens solche, mit denen nachhaltig Einzahlungsüberschüsse erwirtschaftet werden sollen. In diesem Fall gilt der Barwert der künftigen Einzahlungsüberschüsse als Zeitwert.
- Der zweite Fall betrifft die Vermögensgegenstände, die nicht dazu bestimmt sind, nachhaltig Einzahlungsüberschüsse zu erwirtschaften. Diese Vermögensgegenstände sind zu ihren Wiederbeschaffungs- bzw. Wiederherstellungskosten zu aktivieren (Rekonstruktionsgedanke).

Für Immobilien sollen dabei die Grundsätze des öffentlichen Baurechts,[671] insbesondere der Immobilienwertermittlungsverordnung (ImmoWertV) angewendet werden. Im Einzelnen sieht das IDW folgendes Bewertungsschema vor:
- Die Bewertung von Grund und Boden soll nach dem Vergleichswertverfahren erfolgen. Hierbei kommen Kaufpreise vergleichbarer Grundstücke bzw. Bodenrichtwerte zum Ansatz.[672] Für die Bewertung von Infrastrukturvermögen (z. B. Straßengrundstücke) sowie für weitere

---

669 Vgl. IDW ERS ÖFA 1, Tz. 19. Das IDW lässt offen, ob auch der Ansatz mit den Anschaffungskosten zulässig ist, sofern diese verfügbar sind. Da dies der führende Bewertungsgrundsatz für die laufende Rechnungslegung ist (vgl. Tz. 49), sollte dies analog für die Eröffnungsbilanz zulässig sein. Zudem sind Anschaffungskosten als dokumentierter Kaufpreis eine objektivierte Annäherung an die Wiederbeschaffungskosten.
670 Vgl. im Folgenden IDW ERS ÖFA 1, Tz. 20.
671 S. zu den baurechtlichen Bewertungsverfahren im Einzelnen unten, Kapitel 5.2.3.
672 Vgl. IDW ERS ÖFA 1, Tz. 23.

Flächen (z. B. Forst- und Grünflächen) erlaubt das IDW Sonderregelungen.[673] Auf die Problematik einer gegebenenfalls gesonderten Bewertung von bebauten Gemeinbedarfsflächen (z. B. Grund und Boden einer Schule) geht die Stellungnahme des IDW nicht ausdrücklich ein.
- Für die Bewertung von Gebäuden ist die ImmoWertV heranzuziehen, die vor allem auf die Art des Gebäudes und dessen Nutzung abstellt:[674] Bei typisierten Gebäuden (z. B. Wohnanlagen) kommt insbesondere das Vergleichswertverfahren zum Ansatz. Gebäude, mit denen durch Vermietung eine marktübliche Miete erzielt wird oder erzielbar wäre, sollen nach dem Ertragswertverfahren bewertet werden. Bei Gebäuden, denen kein wirtschaftlicher Nutzen zuzurechnen ist (z. B. Gebäude für Schulen oder soziale Einrichtungen), sollen die Ersatzbeschaffungskosten nach dem Sachwertverfahren bilanziert werden. Gleiches gilt für von der Verwaltung genutzte Gebäude ohne Marktnähe.
- Hingegen regelt das IDW, dass für Gebäude mit kulturellem Wert (z. B. historische Bauten und Baudenkmäler) primär nur ein ideeller Wert anzusetzen ist. Alternativ sollen Versicherungswerte oder der Barwert der künftigen Erhaltungsaufwendungen als indikativer Wertmaßstab herangezogen werden können.[675]

Sofern Vermögensgegenstände mit Zuwendungen anderer Körperschaften finanziert wurden, beeinflusst dies deren Bewertung mit dem Zeitwert schon begrifflich nicht. Ein Abzug von den Anschaffungs- und Herstellungskosten oder die Passivierung eines Sonderpostens sollen demnach nicht in Betracht kommen. Im Einzelfall ist für die jeweilige Zuwendung zu prüfen, ob Rückzahlungsverpflichtungen bestehen, die als Verbindlichkeiten oder Rückstellungen zu passivieren sind.[676]

---

673 Vgl. IDW ERS ÖFA 1, Tz. 25. Sonderregelungen in Form von Wertabschlägen sind insbesondere bei der Bewertung des Infrastrukturvermögens zu beachten, die für die öffentliche Verwaltung eine große Bedeutung hat.
674 Vgl. im Folgenden IDW ERS ÖFA 1, Tz. 26-30. Auf die Bewertung von Straßen, Plätzen und anderer für die öffentliche Hand relevanter Hoch- und Tiefbauwerke soll nicht weiter eingegangen werden.
675 Vgl. IDW ERS ÖFA 1, Tz. 34.
676 Vgl. IDW ERS ÖFA 1, Tz. 39.

5.2.2.2 Bewertung nach den IPSAS

Grundstücke fallen nach den IPSAS unter den Begriff Vermögenswert (Asset), der in etwa dem des Vermögensgegenstands nach handelsrechtlichem Verständnis entspricht.[677] Im Rahmen der Eröffnungsbilanz sind Vermögenswerte grundsätzlich so zu bilanzieren, als seien die IPSAS schon immer angewendet worden.[678] Die Wertbegriffe für Grundstücke ergeben sich nach dem Konzept der IPSAS im Wesentlichen aus zwei Standards.[679] IPSAS 17 (Property, Plant, and Equipment) ist zunächst der zentrale Standard für die Bilanzierung von Sachanlagen, der von IPSAS 16 (Investment Property) ergänzt wird.[680]

Unter IPSAS 17 fallen Sachanlagen, die für Verwaltungszwecke, für die Produktion oder für die Erbringung von Dienstleistungen genutzt werden.[681] Als Aktivierungsvoraussetzung muss der öffentlichen Verwaltung ein wirtschaftlicher Nutzen zufließen oder ein sog. Servicepotenzial nutzbar sein.[682] Damit tragen die IPSAS der Besonderheit der öffentlichen Verwaltung Rechnung, dass sich eine Aktivierung als Vermögenswert nicht nur ertrags-, sondern auch sachzielorientiert, beispielsweise aus der Erfüllung hoheitlicher Aufgaben, begründet.[683] Ferner müssen die Anschaffungs- und Herstellungskosten oder der Zeitwert (Fair Value) verlässlich ermittelt werden können.[684] Die Bewertung von Sachanlagen in der IPSAS-Eröffnungsbilanz (also im Rahmen der Doppik-Umstellung) darf wahlweise zu Anschaffungs- und Herstellungskosten oder zum Zeitwert erfolgen.[685] Jedoch gilt – ähnlich wie nach ÖFA 1 – in den Fällen, in denen Sachanlagen unentgeltlich oder zu einem symbolischen Preis erworben wurden, der Zeitwert

---

677 Ein kompakter Vergleich der Ansatz- und Bewertungsvorschriften nach HGB, IFRS und IPSAS findet sich bei Bolsenkötter 2007.
678 S. IPSAS 3, Tz. 19, 24.
679 Die IPSAS gelten als nicht prinzipienbasiert aufgebaut, sondern werden in textlich umfangreichen sog. Standards verlautbart. Für wichtige Bilanzposten bzw. Bilanzierungsthemen wird jeweils ein Standard erlassen, sodass die IPSAS insgesamt beinahe 2.000 Seiten umfassen.
680 Daneben können weitere Standards einschlägig sein, beispielsweise IPSAS 13, der den Ansatz von Leasingobjekten bestimmt, s. IPSAS 17, Tz. 7.
681 S. IPSAS 17, Tz. 13.
682 S. IPSAS 17, Tz. 14.
683 Vgl. Vogelpoth et al. 2002, S. 1362.
684 S. IPSAS 17, Tz. 14.
685 S. IPSAS 17, Tz. 96.

zwingend als Surrogat für die Anschaffungskosten.[686] Im Rahmen der laufenden Bilanzierung sollen Zugänge mit den Anschaffungs- und Herstellungskosten erfasst werden,[687] wobei beim unentgeltlichen Erwerb wiederum der Zeitwert als Surrogat anzusetzen ist.[688]

IPSAS 16 regelt die Bilanzierung in dem Sonderfall, dass die öffentliche Verwaltung Immobilien als Finanzinvestition zu Renditezwecken (Investment Property) hält.[689] Dies ist der Fall, wenn das Vermögen nicht für die oben nach IPSAS 17 genannten Fälle der Verwaltung, Produktion oder Erbringung von Dienstleistungen genutzt wird, sondern um Mieteinnahmen und/oder Wertsteigerungen zu erzielen, deren Zahlungszuflüsse von den anderen Aktivitäten der Verwaltung unabhängig sind.[690] Das entscheidende Merkmal von IPSAS 16 ist, dass die bilanzierende Körperschaft ein einheitlich auszuübendes Wahlrecht hat, ihr gesamtes Investment Property zu Anschaffungskosten oder zum Zeitwert zu bewerten.[691] Sofern der Zeitwertansatz gewählt wird, sind die Wertveränderungen zum jeweiligen Bilanzstichtag auszuweisen.[692] Während sich die Bewertung des Investment Property in der Eröffnungsbilanz nicht zwingend von der Bewertung des Verwaltungsvermögens unterscheidet, muss das Investment Property in der Bilanz separat ausgewiesen werden.[693]

Die Bewertung von Immobilien kann also in der IPSAS-Eröffnungsbilanz zu den Anschaffungskosten oder zum Zeitwert erfolgen. Um die IPSAS mit den Regelungen der öffentlichen Verwaltung und kirchlichen Haushaltsordnungen vergleichen zu können, ist der Begriff Zeitwert (Fair Value) näher zu bestimmen. In den IPSAS bedeutet Fair Value »the price at which the property could be exchanged between knowledgeable, willing parties in an arm's length transaction«[694]. Nach der einschlägigen Kommentierung kann dabei der Verkehrswertdefinition nach § 194 BauGB gefolgt

---

686 S. IPSAS 17, Tz. 96.
687 S. IPSAS 17, Tz. 26. Die IPSAS unterstellen, dass die Anschaffungs- und Herstellungskosten dem Fair Value entsprechen, vgl. Vogelpoth et al. 2002, S. 1366.
688 S. IPSAS 17, Tz. 27.
689 S. IPSAS 16, Tz. 7.
690 S. IPSAS 16, Tz. 9, 10. Beispiele sind nicht betriebsnotwendige Grundstücke, Grundstücke ohne konkrete Zweckbestimmung oder zu marktüblichen Bedingungen vermietete Gebäude, vgl. IPSAS 16, Tz. 12.
691 S. IPSAS 16, Tz. 39.
692 S. IPSAS 16, Tz. 47.
693 S. die Bilanzgliederung nach IPSAS 1, Tz. 88.
694 IPSAS 16 Tz. 45.

werden.[695] Somit können – wie nach IDW ERS ÖFA 1 – die Vorschriften und Bewertungsverfahren der ImmoWertV vollumfänglich angewendet werden.[696]

IPSAS 17 enthält daneben Vorschriften zur Bilanzierung von Kulturgütern (Heritage Assets).[697] Demnach kann die Aktivierung von Kulturgütern wahlweise entweder unterbleiben oder aber erfolgen, soweit die Ansatzkriterien von IPSAS 17[698] erfüllt sind.[699] Hierunter fallen historische Gebäude, archäologische Stätten, Kunstwerke und ähnliche Güter, insbesondere wenn diese vorrangig einen kulturellen (nicht monetären) Wert haben, nicht veräußerbar sind, nicht ersetzbar sind und deren Nutzungsdauer nicht verlässlich geschätzt werden kann.[700]

5.2.2.3 Bewertungsaspekte ausgewählter Bundesländer mit Rechenbeispiel

Trotz des Leittextes der Innenministerkonferenz[701] aus dem Jahr 2003 entstanden in den doppischen Gemeindeordnungen der Bundesländer eine Vielzahl unterschiedlicher Bewertungsvorgaben für die Eröffnungsbilanz. Die Haushaltsordnungen der Bundesländer folgen in der Regel dem Grundsatz, dass Grund und Boden sowie Gebäude in der Eröffnungsbilanz zu fortgeführten Anschaffungskosten zu bilanzieren sind. Uneinheitliche Bewertungsvorgaben entstehen auch hier, wenn die Anschaffungskosten unbekannt sind. Die daraus resultierende Bandbreite soll nachfolgend anhand

---

695 Vgl. in der Kommentierung zu den IFRS Lüdenbach und Hoffmann 2013, § 16 Tz. 85; in der Kommentierung aus Sicht des Baurechts Kleiber et al. 2010, S. 480 (Tz. 212). Dass sich das deutsche Wertermittlungsrecht konzeptionell nicht wesentlich vom Ansatz der IPSAS unterscheidet, zeigen im Übrigen die Vorschriften des BauGB zur Wertermittlung (§§ 192-199 BauGB) schon dem Wortlaut nach. Diese dienen gerade der Ermittlung eines Verkehrswerts.

696 Ein Vergleich deutscher und angelsächsischer Bewertungsverfahren findet sich bei Zülch 2003, S. 148-154.

697 S. IPSAS 17 Tz. 2 (b), 9.

698 Dann müssten also deren Anschaffungs- und Herstellungskosten oder deren Zeitwert ermittelbar sein. S. zur Bilanzierung von Heritage Assets weiterführend Glanz 2012.

699 Diese Wahlrecht kann in der Diskussion um die Bilanzierung von nicht realisierbaren kirchlichen Immobilien keine zusätzlichen Argumente liefern, da es weiterführend gerade darum gehen soll, ein solches Wahlrecht zu vermeiden.

700 S. IPSAS 17 Tz. 10.

701 S. oben, Kapitel 2.3.1.3.

stichprobenartig ausgewählter Bundesländer verdeutlicht werden. Die Darstellung der Bewertungen lehnt sich an die tabellarische Übersicht von *Mühlenkamp/Glöckner* an, die die Vorschriften über die Bewertung von Sachanlagen der Bundesländer auswertet und vergleicht.[702]

Grund und Boden ist demnach – jeweils soweit keine Anschaffungskosten vorliegen – wie folgt zu bewerten:

- Baden-Württemberg: Es kommen Erfahrungswerte in Form von Bodenrichtwerten zum Ansatz. Die Bodenrichtwerte sind auf das Anschaffungsjahr, höchstens jedoch bis zum Jahr 1974 zurückzuindizieren.[703]
- Bayern: Der Grundstückswert ist anhand der Bodenrichtwerte zum Bilanzstichtag zu schätzen.[704] Bei Gemeinbedarfsflächen sind 25 bis 50 % des Bodenrichtwertes für erschließungsfreies Bauland anzusetzen.[705]
- Brandenburg: Grundstücke, deren Anschaffungskosten[706] nicht bekannt sind, sind zum Bodenrichtwert am Bilanzstichtag zu bewerten. Bei Gemeinbedarfsflächen sind Abschläge des Gutachterausschusses zu berücksichtigen. Ohne Empfehlung des Gutachterausschusses sind pauschal 20 bis 40 % des Bodenrichtwerts anzusetzen.[707]
- Nordrhein-Westfalen: Grundsätzlich sind vorsichtig geschätzte Zeitwerte anzusetzen.[708] Bodenrichtwerte sollen bei kommunalnutzungsorientierten Grundstücken mit 25 bis 40 % des Werts des umgebenden erschlossenen Baulands angesetzt werden.[709]

---

702 Die Bewertungsgrundsätze der jeweiligen Bundesländer wurden zunächst der tabellarischen Übersicht von Mühlenkamp und Glöckner 2009 für Grund und Boden (s. dort Abschnitt 1, S. 75-78) sowie für Gebäude (s. dort Abschnitt 1, S. 70-74) entnommen. Sie werden des Weiteren um die Primärquellen der jeweiligen Landesvorschriften ergänzt. Die Angaben beziehen sich auf Grundstücke im Innenbereich; Vorschriften zum Außenbereich und zu Infrastrukturvermögen werden ausgeklammert. Sofern möglich, wird auf Regelungen zur Eröffnungsbilanz abgestellt.
703 S. § 62 Abs. 1 bis Abs. 4 GemHVO-BW sowie Bilanzierungsleitfaden-BW, S. 52-53.
704 S. § 92 Abs. 1 und 2 KommHV-Doppik-Bayern sowie BewertR-Bayern, Tz. 7.2.2.3.
705 S. BewertR-Bayern, Anlage 1, Punkt 15.1.
706 S. § 67 Abs. 1 in Verbindung mit § 50 Abs. 1 KomHKV-Brandenburg.
707 S. BewertL-Brandenburg, Tz. 5.8.
708 S. § 54 Abs. 1 S. 1 GemHVO-NRW.
709 S. § 55 Abs. 1 GemHVO-NRW.

- Saarland: Grundstücke sind zu Bodenrichtwerten anzusetzen.[710] Für bleibende Gemeinbedarfsflächen sind pauschalierte Abschläge von 50 % auf den Bodenrichtwert abzuziehen.[711]
- Sachsen: Grund und Boden ist mit Ersatzwerten (Bodenrichtwerten) zu erfassen.[712] Gemeinbedarfsflächen sind mit 10 bis 30 % des Bodenrichtwerts anzusetzen.[713]

Für Gebäude gelten folgende Surrogate für Anschaffungskosten:[714]
- Baden-Württemberg: Es sollen fortgeschriebene Erfahrungswerte zum Ansatz kommen. Diese sind auf das Anschaffungsjahr, höchstens jedoch bis zum Jahr 1974 zurückzuindizieren.[715] Als Bewertungsverfahren für Gebäude empfehlen die Bewertungsrichtlinien die Verwendung rückindizierter Versicherungswerte, lassen aber auch Normalherstellungskosten oder andere Vergleichswerte zu.[716]
- Bayern: Es sollen Erfahrungswerte zum Ansatz kommen, die auf den Anschaffungszeitpunkt zurückzuindizieren sind. Als Bewertungsverfahren für Gebäude ist grundsätzlich das Sachwertverfahren auf der Grundlage von Normalherstellungskosten zu verwenden.[717]
- Brandenburg: Gebäude sollen nach einem vereinfachten Sachwertverfahren auf Grundlage der Normalherstellungskosten bewertet werden. Der Gebäudewert ist auf das Anschaffungsjahr zurückzuindizieren.[718]
- Nordrhein-Westfalen: Gebäude sind nach dem Sachwertverfahren auf Grundlage der Normalherstellungskosten zu bewerten. Gebäude, die in marktähnlicher Weise genutzt werden, können nach dem Ertragswertverfahren bewertet werden.[719]

---

710 S. § 52 Abs. 2 und 3 KommHVO-Saarland sowie § 2 Sonderrichtlinien-Saarland.
711 S. § 3 Abs. 3 Sonderrichtlinien-Saarland.
712 S. § 61 Abs. 7 SächsKomHVO-Doppik sowie Bewertungsrichtlinie-Sachsen, Tz. 6.1.1 Abs. 3.
713 S. Bewertungsrichtlinie-Sachsen, Anlage 1, S. V.
714 Zur Quelle s. Fußnote 702.
715 S. § 62 Abs. 1 bis Abs. 3 GemHVO-BW.
716 S. Bilanzierungsleitfaden-BW, S. 53, 60.
717 S. § 92 Abs. 1 und 2 KommHV-Doppik-Bayern sowie BewertR-Bayern, Tz. 7.2.3.4.
718 S. BewertL-Brandenburg, Tz. 5.8.3.
719 S. § 55 Abs. 1 GemHVO-NRW.

- Saarland: Es kommt das Sachwertverfahren auf Grundlage der Normalherstellungskosten zur Anwendung. Dabei soll eine Rückindizierung längstens auf das Jahr 1990 erfolgen.[720]
- Sachsen: Gebäude sind nach dem Sachwertverfahren auf Grundlage der Normalherstellungskosten zu bewerten. Dabei soll eine Rückindizierung auf den Zeitpunkt der Anschaffung erfolgen.[721]

Anhand von Rechenbeispielen wurde in der Literatur verdeutlicht, dass sich insbesondere die Parameter Rückindizierung und Abschlag für Gemeinbedarfsflächen[722] auf die Höhe des Bilanzansatzes auswirken. Die nachfolgende Tabelle 18 veranschaulicht dies für die Bewertung eines fiktiven Schulgebäudes mit Herstellungsjahr 1977 und einer Nutzungsdauer von 80 Jahren (Sachwertverfahren, Gemeinbedarfsfläche) zum 01.01.2004. Hier wurden drei Bundesländer ausgewählt, deren Bewertungsannahmen zu auffallend stark abweichenden Ergebnissen führen:

Tabelle 18: Bewertungsunterschiede bei Grundstücken im Kommunalrecht[723]

Wert (Euro)	Baden-Württemberg	Saarland	Nordrhein-Westfalen
Sachzeitwert Gebäude	1.916.000	1.996.000	1.814.000 *
Gebäudewert nach Rückindizierung	892.000 *	1.595.000 *	-
Bodenwert	224.000 *	224.000	224.000
Bodenwert (als Gemeinbedarfsfläche)	-	112.000 * (50 % des Bodenwerts)	90.000 * (40 % des Bodenwerts)
Bilanzansatz als Summe der mit * gekennzeichneten Positionen	1.116.000	1.707.000	1.904.000
Abweichung zum höchsten Wert (1.904.000 Euro)	-41 %	-10 %	-

---

720 S. § 53 Abs. 2 und 3 KommHVO-Saarland sowie § 3 Abs. 2 Sonderrichtlinien-Saarland.
721 S. § 61 Abs. 3 und 4 SächsKomHVO-Doppik sowie Bewertungsrichtlinie-Sachsen, Tz. 6.2.3 Abs. 4.
722 S. zu Begriff und Bewertung von Gemeinbedarfsflächen unten, Kapitel 5.2.3.2.
723 Die nachfolgende Tabelle wurde aus den Rechenbeispielen für die Bundesländer Baden-Württemberg, Saarland und Nordrhein-Westfalen aus Marettek et al. 2006, S. 113-132, zusammengestellt. Die mit * gekennzeichneten Positionen sind diejenigen, die nach dem jeweiligen Haushaltsrecht bei der Berechnung des Bilanzwerts zu berücksichtigen sind. Die Werte wurden auf TEUR gerundet.

Das Rechenbeispiel ergibt eine Bandbreite, die von 1.116 TEUR bis 1.904 TEUR reicht. Die Bewertung des Schulgrundstücks würde in Baden-Württemberg um 41 % niedriger ausfallen als in Nordrhein-Westfalen. Ein erheblicher Wertabschlag folgt aus der Rückindizierung des Gebäudewerts, die sich in Baden-Württemberg auf das Anschaffungsjahr bezieht, im Saarland pauschal auf das Jahr 1990. Im Ergebnis sind bei den kommunalen Bewertungsverfahren ebenso wie beim Beispiel der Bewertung einer Kirche Bewertungsbandbreiten zu beobachten, die die Vergleichbarkeit der Jahresabschlüsse beeinträchtigen.

5.2.2.4 Implikationen für die Rechnungslegung der EKD

Die Vorschriften für die öffentliche Verwaltung stellen in mehrfacher Hinsicht eine Referenz für die kirchliche Bilanzierung dar. Schon die nicht gewinnorientierte Tätigkeit von Kommunen und Kirchen weist Gemeinsamkeiten auf.[724] Ebenso sehen sich Kommunen wie Kirchen bei der Erstellung der Eröffnungsbilanz mit der Bewertung von Grundstücken konfrontiert, für die keine Anschaffungskosten vorliegen. Zu weiteren Parallelen führen Sonderimmobilien und Gemeinbedarfsflächen.

Die Konzepte des IDW sowie der IPSAS stellen im Wesentlichen auf die Art der Nutzung von Immobilien ab und verweisen dann auf die Verfahren des Baurechts. Einzelne Bewertungsparameter vorzugeben, ist diesen Konzepten fremd. Die Regelungen der Bundesländer beinhalten hingegen konkretere Bewertungsvorschriften, um die Rechtsanwendung bei der Umstellung auf die Doppik zu erleichtern. Jedoch verdeutlichen sie auch, dass die Bundesländer – ebenso wie die Landeskirchen – vor dem Hintergrund nicht-verbindlicher Leittexte inhaltlich divergierende Vorschriften erlassen haben.

Das Beispiel der Bewertung einer Schule zeigt, dass Wertansätze einer Immobilie zwischen den Bundesländern erheblich abweichen können. Dabei wurde stets das Sachwertverfahren angewendet und wurden lediglich die Parameter Rückindizierung (Gebäude) und Abschläge wegen Gemeinbedarfs (Grund und Boden) verändert. Mit einer weiteren Erhöhung der Bandbreite ist also zu rechnen, wenn daneben noch verschiedene Bewertungsverfahren treten, beispielsweise Ertragswerte oder die im kirchlichen Bereich favorisierten Versicherungswerte.

---

724 S. zu den Gemeinsamkeiten und Unterschieden oben, Kapitel 2.3.2.2.

5 Die Immobilienbewertung in der Eröffnungsbilanz

Die in den Bundesländern uneinheitliche Bilanzierung führt dazu, dass die Defizite der kameralistischen Rechnungslegung nicht wirksam beseitigt werden können:[725] Unterschiedlich bewertetes Vermögen führt zu abweichenden Bilanzansätzen und Abschreibungen. Dies konterkariert die einheitliche Darstellung des Vermögens in der Eröffnungsbilanz. In der Folge führt dies zu unterschiedlichem Reinvermögen, abweichenden Abschreibungen in der Ergebnisrechnung (‚Ressourcenverbrauch') sowie einer uneinheitlichen Datengrundlage für Systeme, die auf der Finanzbuchhaltung aufbauen. Hier sind exemplarisch Kostenrechnung, Controlling und Statistiken zu erwähnen.

In den Eröffnungsbilanzen der EKD und der Landeskirchen sind aufgrund der methodischen Unterschiede ähnliche Divergenzen zu befürchten. Für sakrale Gebäude maximieren sich die Bewertungsunterschiede, da diese teilweise mit dem Erinnerungswert ausgewiesen werden. Die Vereinfachungen im kommunalen und im kirchlichen Bereich sind operativ motiviert und sollen möglicherweise die politische Akzeptanz der Doppik erhöhen. Dieser Ansatz konterkariert einheitliche Rechnungslegungsvorschriften. Allgemein gehaltene Konzepte wie die des IDW oder der IPSAS verzichten darauf, konkrete Verfahren und Parameter vorzugeben. Sie verweisen stattdessen auf baurechtliche Bewertungsvorschriften. Diese werden nachfolgend umrissen und hinsichtlich ihrer Eignung für Zwecke der Bilanzierung gewürdigt.

5.2.3 Verkehrswertermittlung von Grundstücken nach baurechtlichen Vorschriften

5.2.3.1 Grundzüge der Wertermittlung von Immobilien

Um ein Surrogat für Anschaffungskosten zu erhalten, stellen alle bisher vorgestellten Bilanzierungsvorschriften mehr oder minder[726] auf Begriffe ab, die sich an baurechtliche Vorschriften anlehnen. Beispiele sind ‚Zeitwert', ‚Sachwert', ‚Normalherstellungskosten', ‚Ertragswert' und andere. Die Rechtsgrundlagen hierfür sind in den Verfahren des deutschen Baurechts zu finden.

---

725 Vgl. zu den nachfolgend genannten Defiziten der Kameralistik Engels und Eibelshäuser 2010, S. 52-58.
726 Eine Ausnahme bilden die Vorschriften, die auf Versicherungswerte abstellen.

5.2 Bilanzierung von Grundstücken

§ 194 BauGB definiert den Verkehrswert als einen Marktwert, der im gewöhnlichen Geschäftsverkehr erzielt werden kann.[727] Dafür werden die Aufgaben und Befugnisse von Gutachterausschüssen festgelegt, die unter anderem darin bestehen, flächendeckend Bodenrichtwerte zu ermitteln und die dafür notwendigen Daten zu erheben.[728] Ferner ermächtigt § 199 Abs. 1 BauGB zum Erlass einer Rechtsverordnung, die die Verfahren zur Bestimmung von Verkehrswerten im Einzelnen regelt.[729] Die auf dieser Grundlage verlautbarte Immobilienwertermittlungsverordnung (ImmoWertV) bestimmt die konzeptionellen Grundlagen der Wertermittlung[730] und wird durch die sog. Wertermittlungsrichtlinien (WertR 2006) sowie deren Anlagen ergänzt.

Die Wertermittlung kann entsprechend Abschnitt 3 der ImmoWertV in drei Varianten – dem Vergleichs-, dem Ertrags- und dem Sachwertverfahren – durchgeführt werden.[731] Während beim Vergleichswertverfahren der Verkehrswert unmittelbar aus Marktpreisen ermittelt wird, handelt es sich beim Ertrags- und beim Sachwertverfahren um die deduktive Ermittlung des Verkehrswerts.[732] Die Wertermittlungsverfahren stellen sich im Wesentlichen wie folgt dar:

- Das Vergleichswertverfahren basiert auf der Annahme, den Verkehrswert anhand einer ausreichenden Anzahl von Vergleichspreisen ableiten zu können.[733] Seine vorrangige Bedeutung liegt in der Ermittlung des Bodenwerts unbebauter Grundstücke und des Bodenwertanteils bebauter Grundstücke.[734] Statt auf unmittelbare Vergleichspreise kann

---

727 S. § 194 BauGB. S. zur Abgrenzung der Wertbegriffe in verschiedenen Rechtsgebieten wie der Bilanzierung oder dem Versicherungswesen weiterführend Kleiber et al. 2010, S. 117 (Tz. 1)-S. 121 (Tz. 14).
728 S. §§ 196, 197 BauGB.
729 Vgl. Kleiber et al. 2010, S. 557 (Tz. 1).
730 Im Folgenden wird, in Anlehnung an Kleiber et al. 2010, S. 121 (Tz. 15), die Bewertung nach dem BauGB als ‚Wertermittlung' bezeichnet. Die baurechtliche Wertermittlung soll so vom bilanziellen Begriff der ‚Bewertung' unterschieden werden.
731 S. § 8 Abs. 1 S. 1 ImmoWertV, wonach auch eine Kombination der Verfahren zulässig ist.
732 Vgl. Kleiber et al. 2010, S. 942 (Tz. 6).
733 S. § 15 Abs. 1 S. 1 ImmoWertV.
734 Vgl. Kleiber et al. 2010, S. 1232 (Tz. 4), S. 1270 (Tz. 149).

5 Die Immobilienbewertung in der Eröffnungsbilanz

dabei auch auf Boden(richt)werte[735] abgestellt werden. Für die Bewertung bebauter Grundstücke ist das Vergleichswertverfahren nur bedingt anwendbar, beispielsweise für gleichartige, typisierte Gebäude. In anderen Fällen sind Zu- oder Abschläge nötig oder es muss auf die nachfolgenden Verfahren ausgewichen werden.[736]

- Das Ertragswertverfahren orientiert sich am nachhaltig erzielbaren Ertrag eines Grundstücks.[737] Der Ertragswert ist somit ein stichtagsbezogener Zukunftserfolgswert, der als Barwert der zukünftigen Grundstückserträge berechnet wird.[738] Anwendungsbeispiele sind Mietwohngrundstücke, die zu mehr als 80 % Wohnzwecken dienen, sowie Geschäftsgrundstücke, die zu mehr als 80 % eigenen oder fremden sowie öffentlichen Zwecken dienen.[739] Das Ertragswertverfahren ist nach den Wertermittlungsrichtlinien ausdrücklich auch bei Gemeinbedarfsgrundstücken anzuwenden, soweit z. B. für Verwaltungsgebäude, Kindergärten oder Schulen auch Erträge aus einer Nutzung durch privatwirtschaftliche Einrichtungen zugrunde gelegt werden können.[740]

- Das Sachwertverfahren ist vorrangig für Gebäude geeignet, deren Wert nicht durch deren Ertragsverhältnisse, sondern vor allem durch die Herstellungskosten geprägt wird.[741] Die Herstellungskosten werden als sog. Normalherstellungskosten (NHK) aus Kostenkennwerten hergeleitet, die marktüblich für die Neuerrichtung einer mit dem Bewertungsobjekt vergleichbaren baulichen Anlage zu erbringen sind.[742] Dabei fließen die Preisverhältnisse am Wertermittlungsstichtag mittels Baupreisindizes ein.[743] Neben den Herstellungskosten werden objektspezifische wertbeeinflussende Merkmale wie Alterswertminderungen oder Baumängel berücksichtigt.[744] Die Tabellen zu den Normalherstellungs-

---

735 Von Boden<u>richt</u>werten spricht man, wenn der Bodenwert mittels durchschnittlicher Lagewerte umliegender Grundstücke berechnet wird, s. § 16 Abs. 1 S. 2 ImmoWertV und WertR 2006, Tz. 2.3.3. Im Folgenden werden die Begriffe Bodenwert und Bodenrichtwert gleichbedeutend verwendet.
736 Vgl. Kleiber et al. 2010, S. 1233 (Tz. 6), S. 1264 (Tz. 136 ff.).
737 S. § 17 Abs. 1 S. 1 ImmoWertV.
738 Vgl. Kleiber et al. 2010, S. 1524 (Tz. 4).
739 S. WertR 2006, Tz. 3.1.2.1.
740 S. WertR 2006, Tz. 3.1.2.2. Vgl. auch Kleiber et al. 2010, S. 1823 (Tz. 3).
741 S. SW-RL, Tz. 2 Abs. 1.
742 S. SW-RL, Tz. 4.1.1.
743 S. § 22 Abs. 3 ImmoWertV sowie SW-RL, Tz. 4.1.2.
744 S. SW-RL, Tz. 6.

kosten beinhalten unter anderem Kostenkennwerte für Geschäftshäuser, Bürogebäude, Gemeindezentren, Kindergärten, Schulen, Altenheime sowie Krankenhäuser.[745] Das Sachwertverfahren deckt somit auch einen wesentlichen Teil der Immobilien kirchlicher Körperschaften ab. Der Bodenwert eines bebauten Grundstücks fließt grundsätzlich separat in das Sachwertverfahren ein.[746]

Bei allen Bewertungsverfahren sind die allgemeinen Wertverhältnisse auf dem Grundstücksmarkt als sog. Marktanpassung sowie objektspezifische Grundstücksmerkmale zu berücksichtigen.[747] Somit ist beispielsweise auch der Sachwert kein ausschließlich an den Herstellungskosten orientierter Wert.[748] Des Weiteren ist der Sachwert nur bedingt ein vergangenheitsorientierter Wert. Insbesondere werden im Sachwertverfahren nicht die historischen Rekonstruktionskosten ermittelt, wie sie zum Zeitpunkt der Errichtung eines Gebäudes galten. Vielmehr ist das Verfahren darauf gerichtet, die Ersatzbeschaffungskosten nach den Verhältnissen am Wertermittlungsstichtag zu simulieren.[749]

Die drei Bewertungsverfahren sind grundsätzlich gleichrangig.[750] Welches Verfahren für die Wertermittlung anzuwenden ist, ergibt sich aus den Merkmalen des Bewertungsobjekts und dem Bewertungsziel.[751] Allerdings können Vorschriften anderer Rechtsgebiete auch unmittelbar auf ein Bewertungsverfahren verweisen.[752] Dies zeigte sich bei den Bilanzierungsvorschriften zur Eröffnungsbilanz im kommunalen und kirchlichen Bereich, die mitunter direkt die Anwendung des Sachwertverfahrens verlangen und einzelne Parameter für dessen Handhabung vorgeben.

5.2.3.2 Gemeinbedarfsgrundstücke als Sonderfall der Wertermittlung

Besondere Wertermittlungsverfahren, die für Kommunen, aber auch für Kirchen einschlägig sind, gelten für sog. Gemeinbedarfsgrundstücke. Dies

---

745 S. SW-RL, Anlage 1.
746 Vgl. die Beispiele bei Kleiber et al. 2010, S. 1827 (Tz. 13, 17).
747 S. § 8 Abs. 2 ImmoWertV.
748 Vgl. Kleiber et al. 2010, S. 951-952 (Tz. 19).
749 Vgl. Kleiber et al. 2010, S. 952 (Tz. 22), S. 1824 (Tz. 6).
750 S. § 8 Abs. 1 S. 1 letzter Hs. ImmoWertV.
751 S. § 8 Abs. 1 S. 2 ImmoWertV. Vgl. Kleiber et al. 2010, S. 953 (Tz. 25).
752 Vgl. Kleiber et al. 2010, S. 952 (Tz. 20).

5 Die Immobilienbewertung in der Eröffnungsbilanz

sind Grundstücke, die einer dauerhaften Zweckbindung unterliegen. Die Zweckbindung dokumentiert sich baurechtlich primär durch Festsetzungen im Sinne der Baunutzungsverordnung (BauNVO).[753] Da Gemeinbedarfsflächen dem gewöhnlichen Geschäftsverkehr entzogen sind, haben sie »begrifflich keinen Marktwert (Verkehrswert)«[754]. Dies bedeutet jedoch nicht, dass Gemeinbedarfsflächen wertlos sind. Vielmehr ist auf Grundlage der Eigenschaften dieser Grundstücke ein bedarfsspezifischer Wert zu ermitteln. Dabei werden sog. bleibende, abgehende oder künftige Gemeinbedarfsflächen unterschieden:[755]

- Bleibende Gemeinbedarfsflächen sind solche, die für den Gemeingebrauch genutzt wurden und weiterhin werden. Sie sind grundsätzlich mit dem Verkehrswert zum Zeitpunkt der öffentlichen Zweckbestimmung zu bewerten, wobei Lage, Nutzbarkeit und ähnliche Faktoren zu berücksichtigen sind. Soweit das Grundstück einen nachhaltigen Ertrag erwirtschaftet, ist dieser der Bewertung zugrunde zu legen.[756] Flächen, für die eine unentgeltliche Übertragung vorgeschrieben ist, müssen zum Erinnerungswert angesetzt werden.[757]
- Abgehende Gemeinbedarfsflächen sind solche, die künftig privatwirtschaftlich genutzt werden sollen. Sie sind zum Verkehrswert anzusetzen.[758]
- Künftige Gemeinbedarfsflächen sind solche, die bislang privatwirtschaftlich genutzt wurden. Sie sind nach den entschädigungsrechtlichen Bestimmungen zu bewerten.[759]

Für die baurechtliche Wertermittlung von Gemeinbedarfsgrundstücken spielen pauschale Wertabschläge zunächst keine Rolle. Sie unterscheiden sich dadurch von den bilanziellen Wertansätzen der Kirchen und Kommu-

---

753 Anlagen für kirchliche, kulturelle, soziale, gesundheitliche und sportliche Zwecke sind grundsätzlich in allen Gebieten nach §§ 2-9 BauNVO zulässig. Vgl. zur Festsetzung von Gemeinbedarfsanlagen Fickert und Fieseler 2008, Vorbem. §§ 2-9, 12-14, Tz. 11-11.7.
754 Kleiber et al. 2010, S. 2263 (Tz. 598) (im Original hervorgehoben).
755 S. WertR 2006, Tz. 5.1.
756 S. WertR 2006, Tz. 5.1.1.1 und 5.1.1.2.
757 S. WertR 2006, Tz. 5.1.1.3.
758 S. WertR 2006, Tz. 5.1.2.
759 S. WertR 2006, Tz. 5.1.3.

nen, die versuchen, die Bewertung von Gemeinbedarfs- bzw. dem kirchlichen Veräußerungsverbot unterliegenden Grundstücken über pauschale Wertabschläge auf den Bodenwert zu erfassen.

5.2.3.3 Wertermittlung kirchlicher Grundstücke als Sonderimmobilien

Die Wertermittlung kirchlicher und kirchlich genutzter Grundstücke ist in der baurechtlichen Immobilienbewertung nicht unbekannt.[760] Aus Sicht des Bauplanungsrechts handelt es sich bei kirchlichen Grundstücken mitunter um sog. Anlagen für kirchliche Zwecke im Sinne der §§ 2-9 BauNVO.[761] Eine kirchliche Nutzung ergibt sich beispielsweise in Form von Kirchengebäuden, Gemeindesälen, Klöstern, Friedhöfen, Wohnhäusern, Kindergärten, Schulen oder Altersheimen.[762]

Für Zwecke der Wertermittlung unterteilt *Kleiber* kirchliche Grundstücke in (1) solche, die quasi-privatwirtschaftlich sind, da sie einer Nutzung dienen, die auch auf nicht-kirchlichen Flächen ausgeübt werden könnte (z. B. Pfarrhaus, Kindergarten) und (2) andere, die als Res Sacrae[763] dem bleibenden Kirchenbedarf gewidmet sind (z. B. Kirchen, Klöster):[764]

- Quasi-privatwirtschaftliche Flächen können entsprechend den allgemeinen Grundsätzen bewertet werden, die bereits oben erläutert wurden.[765]
- Für die Wertermittlung der als Res Sacrae gewidmeten Flächen sollen die für kommunale Gemeinbedarfsflächen entwickelten Grundsätze sinngemäß angewendet werden. Demnach ist für den Bodenwert und eventuelle bauliche Anlagen zwischen künftigem, bleibendem und abgehendem Kirchenbedarf zu unterscheiden.[766] Da die Bewertung von

---

760 Vgl. als grundlegende Beiträge insbesondere Kleiber 2010 oder Kleiber et al. 2010, S. 2336-2347.
761 Bewertungsfragen im Zusammenhang mit land- und forstwirtschaftlichem Besitz sollen in dieser Arbeit nicht weiter thematisiert werden.
762 Vgl. Kleiber 2010, S. 172-173.
763 Als Res Sacrae werden kirchliche Gegenstände wie Kirchengebäude, Friedhöfe oder Glocken bezeichnet, die den Status einer öffentlichen Sache im Sinne des Verwaltungsrechts innehaben, vgl. Campenhausen und de Wall 2006, S. 260.
764 Vgl. Kleiber et al. 2010, S. 2338 (Tz. 716).
765 S. zu den allgemeinen Bewertungsverfahren (Vergleichs-, Ertrags- und Sachwertverfahren) oben, Kapitel 5.2.3.1.
766 Vgl. Kleiber et al. 2010, S. 2338 (Tz. 716).

5 Die Immobilienbewertung in der Eröffnungsbilanz

Gemeinbedarf bereits erläutert wurde, sollen nachfolgend nur Besonderheiten für kirchliche Grundstücke hervorgehoben werden.[767]

- Bei der Wertermittlung von bleibendem Kirchenbedarf kommt laut *Kleiber* häufig das Sachwertverfahren zur Anwendung. Für die Ermittlung des Bodenwertanteils ist es laut *Kleiber* »grundsätzlich abzulehnen«[768], auf die Bodenwerte angrenzender, privatwirtschaftlich genutzter Flächen abzustellen, sofern die zu bewertende Fläche aufgrund ihrer sakralen Widmung keinen Ertrag erzielt. Vielmehr seien Hilfskonstruktionen unter Berücksichtigung der später möglichen Bebaubarkeit und Nutzung im Rahmen individueller Bewertungen nötig.
- Für die Bewertung sakraler Gebäude kommt insbesondere das Sachwertverfahren in Betracht, das gedanklich keine Rekonstruktionskosten, sondern »neuzeitliche Ersatzbeschaffungskosten«[769] ermittelt. Einen Sonderfall stellen architektonisch, künstlerisch oder historisch bedeutsame Kirchen dar, bei denen wertmäßige Aufstockungen denkbar sind.[770] Eine generelle Anwendung von Versicherungswerten (z. B. auf Grundlage der Tabellen von *Lohrmann*[771]), wie sie die EKD und einige oben genannte Landeskirchen vorsehen, kritisiert *Kleiber*. Er verweist darauf, dass Versicherungswerte zu einer Addition von Einzelposten und somit zu überhöhten Wertansätzen führen.[772]

Auch der Wertermittlung von abgehendem Kirchenbedarf kommt angesichts der steigenden Zahl von Umnutzungen kirchlicher Gebäude eine wachsende Bedeutung zu.[773] Nicht nur eine kirchliche Verwendung kann sich an die Nutzung als Sakralgebäude anschließen. Vielmehr kommt auch eine Veräußerung an Dritte, durchaus mit kommerziellem Hintergrund, in Betracht. Veräußerte Kirchen werden im Anschluss mitunter als Sparkassen, Restaurants, Wohnhäuser oder Ausstellungsräume genutzt. Auch ein

---

767 Auf die Wertermittlung von künftigen Gemeinbedarfsgrundstücken wird nicht eingegangen, da in diesem Fall die für bilanzielle Zwecke relevanten Anschaffungskosten bekannt sind.
768 Kleiber 2010, S. 189.
769 Kleiber 2010, S. 195.
770 Vgl. Kleiber et al. 2010, S. 2343 (Tz. 722-723).
771 S. Lohrmann 1989.
772 Vgl. zu dieser Kritik Kleiber 2010, S. 195.
773 Vgl. zu den Verwertungskriterien in der Evangelischen und Katholischen Kirche beispielsweise Zentrum Ökumene der Evangelischen Kirche in Hessen und Nassau 2010; Deutsche Bischofskonferenz 2003.

Abriss mit anschließender neuer Bebauung, beispielsweise mit Altenheimen, kommt in Betracht.[774] Sofern die religiöse Nutzung aufgegeben wird, können die für privatwirtschaftliche Grundstücke einschlägigen Wertermittlungsgrundsätze entsprechend zur Anwendung kommen. Bei der Ermittlung des Verkehrswerts werden insbesondere Umstrukturierungskosten zu beachten sein.[775]

Als Zwischenergebnis lässt sich festhalten, dass das Wertermittlungsrecht Lösungsansätze für die Anwendungsfälle der öffentlichen Verwaltung und der kirchlichen Betätigung anbietet, die die spezifischen Merkmale von Sonderimmobilien berücksichtigen. Allerdings kann die Wertermittlung nicht vorgeben, ob der so ermittelte Verkehrswert auch ein geeigneter Ansatz für die Eröffnungsbilanz ist.

5.2.3.4 Implikationen für die Rechnungslegung der EKD

Auf Grundlage der bisherigen Analyse der baurechtlichen Verkehrswertvorschriften stellt sich die Frage, welche Eigenschaften für oder gegen eine Anwendung im Rahmen der kirchlichen Doppik sprechen.

Für die Anwendung baurechtlicher Verkehrswertvorschriften spricht, dass sie differenzierte Bewertungsverfahren zur Verfügung stellen, die zu Surrogaten für Anschaffungskosten führen können. Die Wahl des Verfahrens orientiert sich insbesondere an der Nutzung der Immobilie. Wie für kirchliche Körperschaften sinnvoll, berücksichtigt die Wertermittlung beispielsweise, dass eine Kirche nicht nach denselben Grundsätzen zu bewerten sein kann wie ein Verwaltungsgebäude, das ertragreich vermarktet werden könnte. Für die Bewertung von Grund und Boden wird eine fehlende Marktnähe in Abschlägen für Gemeinbedarf berücksichtigt, ohne jedoch pauschale Sätze anzubieten. Kirchenrechtliche Widmungen und Veräußerungsverbote sind Besonderheiten, die die baurechtlichen Vorschriften durchaus erkennen. Die Anwendung baurechtlicher Vorschriften erscheint jedoch komplex, zumal sie häufig die Beauftragung von Sachverständigen bedingt. Letzteres verursacht zwar Gutachterkosten, könnte aber auch die Aussagekraft der Bewertung festigen.

---

774 Vgl. zu diesen Beispielen Kleiber et al. 2010, S. 2344-2346 (Tz. 725). Weitere Beispiele finden sich bei Kippes 2010.
775 Vgl. Kleiber et al. 2010, S. 2346 (Tz. 726-727).

5 Die Immobilienbewertung in der Eröffnungsbilanz

Gegen die Anwendung baurechtlicher Verkehrswertvorschriften spricht, dass seitens der EKD, der Landeskirchen sowie der oben genannten Bundesländer insbesondere einfache Bewertungsverfahren für die Eröffnungsbilanz gewünscht werden.[776] Dies führt dazu, dass Bewertungen von den jeweiligen Kirchenämtern ohne Sachverständige durchgeführt werden können. Eine Gebäudebewertung, die beispielsweise für alle Gebäudetypen ausschließlich auf der Grundlage von Versicherungswerten oder von Sachwerten erfolgt, gewährleistet einheitliche und bedingt nachvollziehbare Werte. Ob dies im Lichte der Anforderungen der Adressaten ausreicht, soll nachfolgend erörtert werden.

5.3 Kritische Würdigung der Immobilienbewertung

5.3.1 Würdigung der Bilanzierung von nicht realisierbaren Immobilien

5.3.1.1 Maßstab und Gegenstand der kritischen Würdigung

Die nachfolgende kritische Würdigung der Grundstücksbewertung in der Eröffnungsbilanz erfolgt vorrangig vor dem Hintergrund bilanzieller Anforderungen, die sich aus den Abschlusszwecken der Bestands- bzw. Kapitalerhaltung sowie Rechenschaft[777] ergeben:
- Die Grundstücksbewertung wirkt sich unmittelbar auf die Kapitalerhaltung aus, da mit einer Erhöhung des Anlagevermögens spiegelbildlich das Reinvermögen[778] in der Eröffnungsbilanz[779] steigt. Bei Gebäuden gleicht sich diese Erhöhung langfristig durch Abschreibungen wieder aus. Die Abschreibungen belasten jedoch künftige Gewinn- und Verlustrechnungen, was mit Erträgen kompensiert werden muss. Beim Grund und Boden können sich anfänglich eingeräumte Bewertungsspielräume auch durch Abschreibungen nicht mehr vermindern. Ferner kann in Grenzfällen durch die Grundstücksbewertung der Tatbestand

---

776 So bestimmt schon § 74 Abs. 3 HHR-EKD, dass Zeitwerte »nach einem vereinfachten Verfahren« ermittelt werden sollen.
777 S. zu den kirchlichen Abschlusszwecken oben, Kapitel 3.2.2.1 und 3.3.2.
778 Zum Reinvermögen s. oben, Kapitel 4.2.2.
779 Dies gilt entsprechend für Zugänge nach dem Bilanzstichtag der Eröffnungsbilanz. Vor allem betrifft dies die Fälle, in denen Immobilien trotz vorhandener und ermittelbarer Anschaffungskosten zu Erinnerungswerten ausgewiesen würden.

der bilanziellen Überschuldung verursacht (niedrige Bewertung) oder beseitigt (hohe Bewertung) werden.
- Die Bewertung des Grundstücksvermögens beeinflusst ferner die Rechenschaft über das anvertraute Vermögen sowie dessen Zusammensetzung und Höhe. Dies wirkt sich auf die Auswertung des Jahresabschlusses im Rahmen der Bilanzanalyse aus. Mit der Grundstücksbewertung steht und fällt das Reinvermögen und damit wesentliche Kennziffern zur Beurteilung der wirtschaftlichen Lage von kirchlichen Körperschaften, wie beispielsweise die ‚Reinvermögensquote'[780]. Aus Sicht der Rechenschaft sind ermessens- und wahlrechtsfreie Bilanzierungsvorschriften zu fordern. Die Einhaltung dieser Grundsätze erhöht die Aussagekraft einzelner Abschlüsse und gewährleistet die Vergleichbarkeit zwischen bilanzierenden Rechtsträgern. Die EKD selbst hat dies als Mindestanforderung an die kirchliche Rechnungslegung formuliert.

5.3.1.2 Begriff Vermögensgegenstand in der Haushaltsrichtlinie der EKD

Um die Bilanzierung von nicht realisierbaren Grundstücken, insbesondere von Kirchen und Kapellen, zu würdigen, soll zunächst erörtert werden, ob es sich bei diesen um Vermögensgegenstände im Sinne der Haushaltsrichtlinie der EKD handelt. Wenn dies zu bejahen ist, liegt bei der Bewertung solcher Immobilien zum Erinnerungswert ein Wahlrecht vor, das das Anschaffungskostenprinzip durchbricht.

Die Haushaltsrichtlinie regelt, dass Vermögen »die Gesamtheit aller Sachen, Rechte und Ansprüche einer kirchlichen Körperschaft«[781] ist. Vermögensgegenstände sind »einzeln bewertbare ... Gegenstände und Ansprüche, die zur Erfüllung kirchlicher Aufgaben eingesetzt werden können«[782]. Wenn also Vermögensgegenstände vorliegen, sind diese zu (fortgeführten) Anschaffungskosten anzusetzen.[783] Durch die Aussage, ein (Markt-)Wert von Kirchen und Kapellen sei gar nicht vorhanden,[784] entsteht der Eindruck,

---

780 Vgl. Evangelische Kirche in Deutschland 2012a, S. 11.
781 § 62 Abs. 1 S. 1 HHR-EKD.
782 § 83 Nr. 86 HHR-EKD. Das weitere Kriterium dieser Vorschrift, die »Aktivierungspflicht«, führt zu einem Zirkelschluss und wird daher nicht aufgegriffen.
783 S. §§ 66 Abs. 1, 74 Abs. 2 HHR-EKD.
784 Vgl. BBR-EKD, S. 2.

deren bilanzieller Charakter wäre unklar und es könnte sich bei diesen Immobilien nicht um Vermögensgegenstände handeln, da diese aus dem kirchlichen Verständnis nicht aktivierungsfähig sind. Vor diesem Hintergrund erscheint eine Klarstellung hilfreich, wie sich Veräußerungsverbote auf die Bilanzierung niederschlagen.

Zu diesem Zweck sollen nachfolgend hilfsweise auch handels- und steuerrechtliche Aktivierungskonzeptionen herangezogen werden. Deren Aktivierungskriterien können im Lichte der oben thematisierten (1) statischen und (2) dynamischen Bilanzauffassungen[785] gesehen werden:[786]

Ad (1): Die statisch geprägte Aktivierungskonzeption rückt im Sinne der gleichlautenden Bilanzauffassung den Gläubigerschutz in den Mittelpunkt. Ein Vermögensgegenstand ist folglich durch sein Schuldendeckungspotenzial gekennzeichnet, sodass sich die Aktivierung im Wesentlichen danach richtet, ob das zu bewertende Gut liquidiert werden kann.[787] Dafür wurden unter anderem die Kriterien ‚konkrete Einzelveräußerbarkeit' und ‚abstrakte Einzelveräußerbarkeit' entwickelt:[788]

- Die konkrete Einzelveräußerbarkeit stellt darauf ab, ob ein Gut selbstständig veräußert werden kann. Güter, die einem Veräußerungsverbot unterliegen, würden demnach nicht als Vermögensgegenstände qualifiziert.[789] Als Anwendungsfälle dachte man dabei z. B. an Nießbrauchs- oder Urheberrechte, für die ein gesetzliches Veräußerungsverbot gilt.[790]
- Im Rahmen der abstrakten Einzelveräußerbarkeit kommt es hingegen nur darauf an, ob ein Gut selbstständig veräußerungsfähig ist. Gesetzliche oder vertragliche Veräußerungsverbote sind dabei im Gegensatz zur konkreten Einzelveräußerbarkeit unerheblich und erlauben den Ansatz eines Vermögensgegenstands.

---

785 S. zu den Bilanzauffassungen oben, Kapitel 3.1.1.
786 S. zur Übersicht statischer und dynamischer Ansätze zur Konkretisierung von Vermögensgegenständen Thiele 2013, Tz. 31-52.
787 Vgl. Lamers 1981, S. 216.
788 Vgl. zu diesen nachfolgend erläuterten Kriterien mit weiteren Nachweisen Baetge et al. 2011, S. 158-161. Auf weitere Aktivierungsgrundsätze wie ‚selbstständige Verwertbarkeit' oder ‚Einzelvollstreckbarkeit' soll hier nicht weiter eingegangen werden; s. dazu Roß 1996.
789 S. zu Aktivierungsfragen bei Rechten Moxter 1978.
790 S. § 1059 BGB, § 29 Abs. 1 UrhG.

Ad (2): Hingegen stellt die dynamisch geprägte Aktivierungskonzeption nicht auf die Liquidierbarkeit eines einzelnen Guts ab, sondern darauf, ob es bei der Übertragung des gesamten Betriebs monetär oder wertmäßig berücksichtigt würde.[791] Alle Güter, die dabei selbstständig bewertbar und bilanziell greifbar sind, sollen als Vermögensgegenstände aktivierungsfähig sein.[792]

Die Zweifelsfälle, in denen die Kriterien der einzelnen handels- und steuerrechtlichen Aktivierungskonzeptionen untereinander zu unterschiedlichen Ergebnissen führen, betreffen vor allem Rechte mit gesetzlichem oder vertraglichem Veräußerungsverbot, Firmenwerte, erworbene Wettbewerbsverbote und andere Posten, die bei Aktivierung als sog. immaterielle Vermögensgegenstände zu bilanzieren sind. Im Bereich der Kirchen sind Veräußerungsverbote vor einem anderen Hintergrund zu sehen. Sie betreffen vor allem sakrale Vermögensgegenstände in Form greifbarer Sachanlagen, insbesondere Kirchen und Kapellen einschließlich des Grund und Bodens. Diese Immobilien sind zwar körperlich fassbar, mithin nicht lediglich Rechte, unterliegen aber aufgrund ihres Veräußerungsverbots ebenfalls gesetzesähnlichen Veräußerungsbeschränkungen. Unter dieser Prämisse ist fraglich, welchen Kriterien eine kirchliche Aktivierungskonzeption folgt:
- Würde man bei Kirchen und Kapellen auf die konkrete Einzelveräußerbarkeit abstellen, wären diese Immobilien wegen des Veräußerungsverbots keine Vermögensgegenstände und dürften überhaupt nicht in der Bilanz angesetzt werden. Nur in den Fällen, in denen einzelne sakrale Immobilien umgewidmet und zur Veräußerung bestimmt werden, wären diese auch aktivierungsfähig.[793]
- Sofern man auf die abstrakte Einzelveräußerbarkeit abstellt, könnten sakrale Immobilien auch bei einem bestehenden Veräußerungsverbot als Vermögensgegenstand aktiviert werden.
- Die dynamisch geprägte Aktivierungskonzeption scheint für kirchliche Zwecke unpassend, da hierfür die mögliche Veräußerung aller Vermögensgegenstände einer kirchlichen Körperschaft unterstellt werden müsste. Trotzdem sind die Kriterien dieser Konzeption, namentlich die

---

791 Vgl. mit weiteren Nachweisen Baetge et al. 2011, S. 161-163.
792 Diese Konzeption geht vor allem auf die Rechtsprechung des Bundesfinanzhofs zurück, vgl. Moxter 2007, S. 6-12.
793 Zu veräußernde Immobilien wären in diesem Fall dem Umlaufvermögen statt dem nicht realisierbaren Anlagevermögen zuzuordnen.

5 Die Immobilienbewertung in der Eröffnungsbilanz

selbstständige Bewertbarkeit (mittels Anschaffungskosten) und die bilanzielle Greifbarkeit, im Fall sakraler Immobilien ohne Weiteres erfüllt.
- Die Haushaltsrichtlinie der EKD stellt ihrerseits darauf ab, dass Vermögensgegenstände »einzeln bewertbare ... Gegenstände und Ansprüche [sind], die zur Erfüllung der kirchlichen Aufgaben eingesetzt werden können«[794]. Die Einzelbewertbarkeit ist eine schwächere Voraussetzung als die Einzelveräußerbarkeit, da sie rechtliche Einschränkungen wie Veräußerungsverbote außer Acht lässt. Sakrale Immobilien sind im Zeitpunkt ihres Zugangs bewertbar, da in diesem Fall Anschaffungskosten bekannt sind. Im Rahmen der Eröffnungsbilanz muss gegebenenfalls auf alternative Bewertungsverfahren abgestellt werden, die als Surrogate für Anschaffungskosten dienen. Dies stellt insofern lediglich ein technisches bzw. organisatorisches Problem dar. Zudem werden gerade sakrale Immobilien ,zur Erfüllung kirchlicher Aufgaben' genutzt, sodass die Unveräußerbarkeit nach der Definition der Haushaltsrichtlinie einer Aktivierung auch nicht entgegensteht.[795]

Kommt man vor diesem Hintergrund zu dem Schluss, dass Kirchen und Kapellen Vermögensgegenstände sind, so wäre im bilanziellen Sprachgebrauch deren sog. abstrakte Aktivierungsfähigkeit zu bejahen.[796] Dem folgt auch die Haushaltsrichtlinie, da sonst ein Ausweis (zu den Anschaffungskosten oder zum Erinnerungswert) nicht in Betracht käme. Wird nun das Vollständigkeitsgebot,[797] wonach sämtliche Vermögensgegenstände auch

---

794 § 83 Nr. 86 HHR-EKD.
795 Die gesetzlichen Anknüpfungspunkte des Haushaltsrechts der EKD sind damit nur wenig konkreter als die des Handelsrechts. Zur Auslegung der kirchlichen Aktivierungskonzeption wäre der Rückgriff auf ein System von Grundsätzen ordnungsmäßiger Buchführung hilfreich, da die handelsrechtlichen Kriterien vor allem durch Rechtsprechung und Verkehrsauffassungen geprägt wurden, vgl. Forster et al. 1998, § 246 Tz. 11. Dieser Rückgriff wird aber durch die Vermeidung des Begriffs Grundsätze ordnungsmäßiger Buchführung in der Haushaltsordnung erschwert (s. hierzu oben, Kapitel 3.3.3.1).
796 Vgl. zur abstrakten und konkreten Aktivierungsfähigkeit Forster et al. 1998, § 246 Tz. 22 und Baetge et al. 2011, S. 164.
797 Das Vollständigkeitsgebot ergibt sich aus § 246 Abs. 1 S. 1 HGB bzw. § 67 Abs. 2 S. 1 HHR-EKD.

in der Bilanz auszuweisen sind, durch ein Aktivierungsverbot[798] durchbrochen, wäre der Bilanzausweis in der Folge untersagt. Würde also die Vorgabe der Haushaltsrichtlinie, sakrale Gebäude nicht zu (fortgeführten) Anschaffungskosten zu bilanzieren, als Aktivierungsverbot interpretiert, käme ein Bilanzausweis überhaupt nicht in Betracht.

Die Haushaltsrichtlinie sieht jedoch für sakrale Immobilien im Fall der Option gemäß § 66 Abs. 2 S. 1 bzw. § 67 Abs. 5 HHR-EKD einen Ausweis vor, sodass diese zum Erinnerungswert angesetzt werden. Folglich kann kein Aktivierungsverbot vorliegen, da die Bilanzierung dem Grunde nach implizit bejaht wird. Auf der Wertebene erfolgt der Ansatz sakraler Gebäude »unabhängig von deren Bewertung«[799] mit 1 Euro, was sich sachlogisch nicht begründen lässt. Erinnerungswerte werden in der Buchführungspraxis lediglich dann verwendet, wenn ein Vermögensgegenstand planmäßig oder außerplanmäßig voll abgeschrieben wurde. Dies trifft auf diese sakralen Gebäude aber nicht zu.

5.3.1.3 Zulässigkeit von Erinnerungswerten für Kirchen und Kapellen

Versteht man Kirchen und Kapellen als abstrakt aktivierungsfähige Vermögensgegenstände, stellt sich die Frage, welche Vor- und Nachteile mit der Bewertung zum Erinnerungswert verbunden sind. Die Vorteile des einen Verfahrens entsprechen im Wesentlichen den Nachteilen des anderen Verfahrens, sodass nachfolgend nur die jeweiligen Vorteile dargestellt werden.

Für die Verwendung von Erinnerungswerten sprechen vor allem praktische Gründe, da für die Erstellung des Jahresabschlusses keinerlei Bewertungsarbeiten anfallen.[800] Insbesondere die Erstellung der Eröffnungsbilanz verursacht interne Umstellungskosten (beispielsweise für die Recherche in Archiven und die Erstellung eigener Bewertungen) sowie mitunter Kosten für externe Gutachter. Nachdem bei jedem Jahresabschluss auch dessen Kosten-Nutzen-Verhältnis abzuwägen ist, kann durch die Verwendung von Erinnerungswerten die Kostenseite reduziert werden. Die 1-Euro-Bewertung hat zudem den Vorteil, frei von Bewertungsunsicherheiten zu sein. Durch den Ausweis eines Erinnerungswerts wird die Mindestanforderung

---

798 Im Handelsrecht finden sich Aktivierungsverbote in § 248 HGB. Diese wurden in § 67 Abs. 4 S. 2 HHR-EKD teilweise übernommen.
799 § 67 Abs. 5 HHR-EKD.
800 Dabei handelt es sich nur vordergründig um eine Vereinfachung, da für die Bemessung von Substanzerhaltungsrücklagen kalkulatorische fortgeführte Anschaffungskosten und kalkulatorische Abschreibungen benötigt werden.

5 Die Immobilienbewertung in der Eröffnungsbilanz

an die Dokumentation erfüllt, da jedes kirchliche Gebäude zumindest buchhalterisch erfasst und als Merkposten an die Adressaten kommuniziert wird. Ferner kann sich eine kirchliche Körperschaft die Bewertung des zum sakralen Gebäude gehörenden Grund und Bodens ersparen, da dieser das bewertungsmäßige Schicksal der Gebäude teilt. Für diese Methodik spricht, dass alle Bodenwerte, die sich durch die Verwendung von pauschalen Abschlägen an der Bewertung von Gemeinbedarfsflächen orientieren, aus dem Blickwinkel der Unveräußerbarkeit willkürlich sind. Die Darstellung einer ‚finanziellen Bedürftigkeit' könnte größer erscheinen, wenn sakrale Gebäude nur zum Erinnerungswert bewertet werden, kirchliche Körperschaften ein niedrigeres Reinvermögen ausweisen und gleichzeitig beispielsweise Deckungslücken für die Substanzerhaltung gezeigt werden.

Für eine Bewertung zu Anschaffungskosten (oder zu Surrogaten) sprechen im Wesentlichen folgende Gründe:

1. Das Anschaffungskostenprinzip stellt einen Eckpfeiler der Doppik dar. Die Bilanz wird spätestens seit *Schmalenbach* als geeignetes Instrument gesehen, um Zahlungen zu periodisieren. Wenn in einer Periode ein bestimmter Betrag beispielsweise in ein völlig neues Kirchengebäude investiert wird und dieses Gebäude dennoch mit 1 Euro bewertet wird, folgt dies einem kameralen Verständnis von Ausgabe = Aufwand. Erst das Anschaffungskostenprinzip gewährleistet die buchungstechnische Umsetzung der Abkehr von einem rein zahlungsorientieren Berichtswesen hin zur Gewinnermittlung auf Grundlage des Periodisierungsgrundsatzes. Die Gewinnermittlung ist dabei nicht Selbstzweck, sondern Ausdruck des zugrunde liegenden Kapitalerhaltungs- und Rechenschaftskonzepts. An ein aus Sicht der Adressaten stringentes Kapitalerhaltungs- und Rechenschaftskonzept sind deshalb hohe Anforderungen zu stellen. Kirchen und Kapellen sind nicht nur Vermögensgegenstände im Sinne der Haushaltsrichtlinie, sondern spiegeln auch einen bedeutenden Teil der kirchlichen Tätigkeit wider. Schon aus diesem Grund erscheint es nachteilig, dass sich die Haushaltsrichtlinie nicht auf eine Bewertungsmethode festlegt.

2. Mit der Aktivierung wird das Problem der Marktfähigkeit sakraler Gebäude assoziiert. Dieses Problem resultiert nicht nur aus Veräußerungsverboten (Angebotsseite), sondern kann noch dadurch verschärft werden, dass sakrale Immobilien in ihrer bestehenden Form mitunter kaum Käufer finden (Nachfrageseite). Zum einen besteht jedoch der Zweck der bilanziellen Abbildung des Vermögens nicht in der Abbildung von Marktwerten, zum anderen können diese gar nicht vermieden werden. Denn jede durch Anschaffungskosten dokumentierte Investition entspricht dem ‚Marktwert' im Zeitpunkt des Zugangs. Dieser Begriff wird in den Gesetzesmaterialien insofern

missverständlich gebraucht. Ferner ist eine Darstellung von ‚tatsächlichen Verhältnissen', also etwa sämtlicher Erwartungen an künftige Marktverhältnisse, dem Jahresabschluss entgegen dem gesetzlichen Wortlaut der Generalnorm (s. § 53 Abs. 1 S. 2 HHR-EKD) ohnehin systemfremd.

3. Möglich ist im Rahmen des Jahresabschlusses lediglich eine an den kirchlichen Abschlusszwecken orientierte Bewertung, deren Prämissen offenzulegen sind. Die Kerntätigkeit von Kirchen verlangt besondere Aktivierungskriterien. Zum Vergleich sei nochmals auf die Anforderungen der IPSAS verwiesen, die diese für die öffentliche Verwaltung formulieren. Demnach reicht es aus, wenn Sachanlagen eine Dienstleistung ermöglichen oder ein Servicepotenzial besitzen.[801] Bei sakralen Gebäuden äußert sich dies durch die Nutzung für Gottesdienste oder auch durch das bloße Öffnen der sakralen Gebäude für die Allgemeinheit. Einer analogen Grundüberlegung folgend, sind sakrale Immobilien nach der Haushaltsrichtlinie der EKD Vermögensgegenstände. Die Aktivierung von Kirchen und Kapellen hängt aufgrund ihrer Nicht-Realisierbarkeit nicht ausschließlich von strengen Aktivierungskriterien wie der konkreten (also rechtlich jederzeit möglichen) Einzelveräußerbarkeit, sondern der schwächeren Einzelbewertbarkeit ab. Eine Prämisse für die Aktivierung von sakralen Gebäuden heißt demnach, dass es sich dabei um kirchliche Vermögensgegenstände handelt, deren durch Anschaffungskosten dokumentierter Wert in dieser Höhe zum bilanziellen Ansatz verpflichtet, so wie dies bei allen anderen Posten, die die Definition des Vermögensgegenstands erfüllen, auch geschieht.

4. Dass Kirchen und Kapellen eben nicht jederzeit veräußerbar sind und sich ein bilanziell dokumentierter und fortgeschriebener Wert nicht unmittelbar in Liquidität tauschen lässt, kommt bereits durch den Ausweis als nicht realisierbares Vermögen gegenüber den Adressaten zum Ausdruck und kann durch Anhangangaben weiter konkretisiert und klargestellt werden. Ferner können die Adressaten in den dafür geeigneten Rechenschaftsmedien, insbesondere in der Haushaltsplanung sehen, ob eine geplante Veräußerung von Vermögensgegenständen zu Einzahlungen führen soll.

5. Die EKD formulierte Vergleichbarkeit als eine zentrale Anforderung an die zukünftige Rechnungslegung. Diese Vergleichbarkeit ist, wie in Kapitel 5.2.1 gezeigt, derzeit zwischen der EKD und den Landeskirchen weder hinsichtlich der Bewertung von Immobilien im Allgemeinen noch hinsichtlich der Bewertung von Kirchen und Kapellen im Besonderen gegeben. Selbst wenn innerhalb einer Landeskirche jeweils nur eine Bewertungsvariante (Anschaffungskosten oder Erinnerungswert) zulässig ist, so können

---

801 S. oben, Kapitel 5.2.2.2.

5 Die Immobilienbewertung in der Eröffnungsbilanz

aus dem Kreis verschiedener Landeskirchen keine vergleichbaren Jahresabschlüsse erwartet werden. Die wirtschaftliche Tragweite dieser Bewertungsfrage liegt darin, dass die Bilanzsumme der kirchlichen Körperschaften bei einer fiktiven Konsolidierung möglicherweise im Milliardenbereich höher oder niedriger ausfällt.[802] An die Haushaltsrichtlinie der EKD ist vor diesem Hintergrund die Forderung zu stellen, ein derart weitreichendes Wahlrecht aufzuheben.

6. Auch die Rechenschaftsfunktion des Jahresabschlusses kann nur durch einen Ausweis von Anschaffungskosten erfüllt werden. Der Ausweis eines Erinnerungswerts bietet keinen Informationsgehalt, der über die Dokumentation des bloßen Vorhandenseins eines Vermögensgegenstands hinausgeht. Die Bewertung zum Erinnerungswert führt nicht nur zu einer Minimierung der Kosten für die Erstellung des Jahresabschlusses, sondern auch zu einer Minimierung des Aussagegehalts für die Adressaten. Nur der Ausweis von intersubjektiv nachvollziehbaren und nachprüfbaren fortgeführten Anschaffungskosten ermöglicht den gesetzlichen Vertretern den ihnen obliegenden Verwendungsnachweis über die anvertrauten Mittel. Ferner benötigen die kirchlichen Organe eine Bemessungsgrundlage für Steuerungsentscheidungen. Weiterführende Informationssysteme wie beispielsweise Kostenrechnung, Controlling und statistische Auswertungen bauen auf den in der Finanzbuchhaltung erfassten Buchwerten auf. Bei einer Bewertung zum Erinnerungswert müsste diese Bemessungsgrundlage – unter anderem für die Berechnung von Substanzerhaltungsrücklagen – erst neu ermittelt werden. Ob in solchen Nebenrechnungen vom sonst obligatorischen Konzept der fortgeschriebenen Anschaffungskosten abgewichen wird, ist für die Adressaten nicht erkennbar und entfaltet beispielsweise bei der Berechnung von Substanzerhaltungsrücklagen unmittelbare bilanzielle Folgewirkungen.

---

802 S. zu dieser exemplarischen Rechnung oben, Kapitel 5.1.2.

5.3.2 Einzelfragen hinsichtlich der Verwendung von Zeitwerten bezüglich aller Immobilienarten

5.3.2.1 Einschränkung des Zeitwertbegriffs im Lichte bestehender Bewertungsmöglichkeiten

Für die Bewertung von Grund und Boden sowie Gebäuden gilt bei der EKD sowie den oben betrachteten Landeskirchen das Primat des Anschaffungskostenprinzips, soweit man von der bereits erörterten 1-Euro-Bewertung für Kirchen und Kapellen absieht. Das Anschaffungskostenprinzip gilt für alle Vermögensgegenstände des Anlagevermögens, unabhängig von deren Zuordnung zum realisierbaren oder nicht realisierbaren Anlagevermögen. Im Rahmen der laufenden Bilanzierung müssen nach den Regelungen der Doppik Anschaffungskosten aktiviert werden. Da in der Eröffnungsbilanz jedoch für viele Vermögensgegenstände keine Anschaffungskosten vorliegen, kommen Surrogate in Form von Zeitwerten zum Ansatz. Die kritische Würdigung erstreckt sich darauf, welche Zeitwerte nach den Regelungen der EKD anzuwenden sind. Hierbei ist zwischen der allgemeinen Regelung der Haushaltsrichtlinie der EKD und der restriktiven Regelung der Bilanzierungs- und Bewertungsrichtlinien zu unterscheiden.

Gemäß der Haushaltsrichtlinie sollen »kirchliche Gebäude ... mit vorsichtig geschätzten Zeitwerten nach einem vereinfachten Verfahren«[803] bewertet werden. Grundsätzlich würde die Haushaltsrichtlinie also eine Bewertung mit dem Vergleichs-, Ertrags- oder Sachwertverfahren erlauben. Demgegenüber schränken die Bilanzierungs- und Bewertungsrichtlinien der EKD ein,[804] dass sich die Bewertung »generell an einem Substanzwert«[805] orientieren soll, der sich nach einem Versicherungswert oder dem Sachwertverfahren richtet. Der Zeitwertbegriff der Haushaltsrichtlinie wird also auf zwei Verfahren eingeschränkt, wovon nur das Sachwertverfahren Gegenstand des Wertermittlungsrechts ist und Versicherungswerte eben keine Substanzwerte im Sinne des Wertermittlungsrechts verkörpern. Die

---

803 § 74 Abs. 3 HHR-EKD.
804 Die über den Wortlaut der Haushaltsordnung hinausgehende Einschränkung ist durch § 74 Abs. 9 HHR-EKD gedeckt, wonach die Bilanzierungs- und Bewertungsrichtlinien Näheres zur Eröffnungsbilanz regeln können.
805 BBR-EKD, S. 7.

Bilanzierungs- und Bewertungsrichtlinien der EKD begründen die Einschränkung damit, dass es aus Sicht des Ressourcenverbrauchskonzepts nicht auf den Marktwert ankäme.[806]

Für eine solche Einschränkung sprechen nur allgemeine Erwägungen, die auf Vereinfachungen bei der Erstellung der Eröffnungsbilanz abzielen. Dies kommt auch darin zum Ausdruck, dass »innerhalb der Landeskirche nur ein Bewertungsverfahren zulässig sein«[807] soll. Eine ähnlich restriktive Festlegung auf bestimmte Verfahren findet sich auch bei kommunalen Haushaltsordnungen.[808]

Gegen die Festlegung auf bestimmte Wertermittlungsverfahren spricht, dass sich die Bewertung von Gebäuden insbesondere an deren Nutzung oder Nutzbarkeit orientiert. Andere Vorschriften, beispielsweise die der IPSAS oder des IDW,[809] verwenden den Begriff Zeitwert nur im Sinne eines Verweises auf das Wertermittlungsrecht, das den inhaltlich gleichbedeutenden Begriff Verkehrswert verwendet.[810] Im Wertermittlungsrecht kommen zur Ermittlung eines Zeit- bzw. Verkehrswerts ausdrücklich mehrere Verfahren, namentlich das Vergleichs-, Ertrags- oder Sachwertverfahren, in Betracht. Welches Verfahren im Einzelnen anzuwenden ist, ergibt sich aus Art bzw. Nutzung der jeweiligen Immobilie. Die Bilanzierungs- und Bewertungsrichtlinien widersprechen dem Gedanken einer nutzungsabhängigen Immobilienbewertung, indem sie restriktiv nur auf Versicherungswerte oder nur auf das Sachwertverfahren abstellen. Ein Teil des Gebäudebestands entfällt beispielsweise auf Verwaltungsbauten und ähnliche Gebäude, die aufgrund ihrer Eigenschaften nach dem Wertermittlungsrecht nicht zu Sachwerten, sondern mit dem Ertragswertverfahren zu bewerten sind. Gerade die letztgenannte Variante wurde z. B. von der Evangelischen Kirche im Rheinland, obwohl zunächst geboten, später wieder untersagt.[811]

---

806 Vgl. BBR-EKD, S. 7, 12.
807 BBR-EKD, S. 12.
808 S. oben, Kapitel 5.2.2.3.
809 S. zum Zeitwertansatz oben, Kapitel 5.2.2.1 (IDW ERS ÖFA 1) und 5.2.2.2 (IPSAS).
810 S. zu den baurechtlichen Wertermittlungsvorschriften oben, Kapitel 5.2.3.1.
811 S. zur Entwicklung der Vorschriften der Evangelischen Kirche im Rheinland oben, Kapitel 5.2.1.2.

5.3.2.2 Vor- und Nachteile von Versicherungswerten

Nach den Bilanzierungs- und Bewertungsrichtlinien der EKD kommen für die Gebäudebewertung – vorrangig gegenüber Sachwerten – Versicherungswerte zum Ansatz. Auch zwei von drei untersuchten Landeskirchen folgen dem Versicherungswertansatz.[812] Die konzeptionellen Besonderheiten von Versicherungswerten sollen nachfolgend am Beispiel von Kirchen dargestellt werden. Sie gelten aber umso mehr für Gebäude des realisierbaren Anlagevermögens, die nutzungsabhängig im Rahmen des Wertermittlungsrechts ohnehin zu Sach- oder Ertragswerten zu erfassen wären.

Für Kirchengebäude sollen die Vor- und Nachteile von Versicherungswerten exemplarisch erörtert werden. Als Grundlage der Bewertung dient die Wertsammlung von *Lohrmann*[813]. Diese Versicherungswertermittlung bezweckt, Neubaukosten von Gebäuden zu ermitteln, wobei den entsprechenden Bewertungstabellen die Preise von 1914 zugrunde liegen. Die Bewertung des Gebäudes und seiner wesentlichen Bauwerkteile erfolgt getrennt von der Bewertung der inneren Einrichtung (z. B. Altäre, Orgeln). Der nach den Preisverhältnissen von 1914 berechnete Neuwert bildet die Versicherungssumme. Im Schadensfall wird der Neuwert um den Bauindex erhöht, sodass für den Versicherungsfall der gleitende Neuwert zum Schadenszeitpunkt entschädigt würde.[814] Daneben wird ein Zeitwert berechnet, der sich nach dem Versicherungswert abzüglich einer geschätzten Abschreibung bemisst.[815]

Die Vorteile der Bewertungstabellen für die Ermittlung von Versicherungswerten liegen darin, dass diese eine differenzierte Gebäudebewertung ermöglichen. Die Tabellen von *Lohrmann* berücksichtigen für Kirchen beispielsweise verschiedene Bauwerkteile (Kirchenschiffe, Turmschäfte, Turmhelme), daneben Fassadenelemente, Portale, Fensterformen und Bauplastiken.[816] Ein weiterer Vorteil von Versicherungswerten besteht darin,

---

812 S. oben, Kapitel 5.2.1.4.
813 Vgl. hierzu Lohrmann 1989. Die von Lohrmann verwendeten Bewertungstabellen richten sich nach den Preisen von 1914.
814 Vgl. hierzu Lohrmann 1989, S. 9, 11.
815 Ein Bewertungsbeispiel findet sich bei Lohrmann 1989, S. 139-158. Demnach wird für eine Kirche mit Baubeginn 1415 eine Abschreibung von 20 % gegenüber dem Versicherungswert unterstellt, vgl. Lohrmann 1989, S. 143. Die Bilanzierungs- und Bewertungsrichtlinien der EKD sagen nichts darüber, welcher dieser beiden Werte anzusetzen ist.
816 Vgl. hierzu die entsprechenden Tabellen in Lohrmann 1989.

dass diese den entsprechenden Verträgen entnommen werden können und sich die bilanzielle Bewertung gegenüber anderen Verfahren beschleunigt. Ferner fallen keine Kosten für Sachverständige an.

Der Ansatz von Versicherungswerten birgt jedoch folgende Nachteile:
- Da die Versicherungswerte vom Basisjahr 1914 ausgehen, sind sie nach haushaltsrechtlichen Vorgaben zu indizieren. Im Rahmen der Gebäudebewertung wird eine Indexierung über einen Zeitraum von bis zu 10 Jahren für noch akzeptabel gehalten.[817] »Keineswegs ist die Preisindexreihe für eine bedenkenlose Wertanpassung von Neubauwerten im Zeitraum 1914 bis 2000 gedacht.«[818] Jede Indizierung führt rechnerisch zu hohen Endwerten. Ausweislich eines Beispiels der EKD sind die Anschaffungskosten von 1914 bis 1999 um den Faktor 10,25 zu erhöhen, bevor sie um die verstrichene Nutzungsdauer vermindert werden.[819] Gleichzeitig bedeutet dies nicht, dass indizierte Versicherungswerte in jedem Fall zu überhöhten Wertansätzen führen müssen. Denkbar ist auch, dass sich eine historische Bauausführung derart verbessert hat, dass von höheren Wiederbeschaffungskosten auszugehen wäre (z. B. durch die Verwendung von Beton- statt Holzdecken).[820]
- Konzeptionell unterscheidet sich der Versicherungswert vom Sachwert dadurch, dass der Sachwert nicht den Rekonstruktionskosten entspricht. Der Sachwert bezieht sich auf die Errichtung eines »in vergleichbarer Weise nutzbaren Neubaus am Wertermittlungsstichtag ... unter Zugrundelegung neuzeitlicher, wirtschaftlicher Bauweisen«[821]. Normalherstellungskosten verstehen sich also als »neuzeitliche Ersatzbeschaffungskosten«[822]. *Kleiber* kritisiert, dass auf Rekonstruktionskosten basierende Werte wie die Versicherungswerte von *Lohrmann* im Verhältnis zum Verkehrswert »völlig übersetzte Sachwerte ergeben müssen«[823].

---

817 Vgl. Kleiber et al. 2010, S. 1865 (Tz. 141); Metzmacher und Krikler 2004, S. 11-15.
818 Metzmacher und Krikler 2004, S. 13.
819 S. BBR-EKD, Anlage 5.
820 Vgl. Kleiber et al. 2010, S. 1824 (Tz. 6), S. 1864 (Tz. 136).
821 SW-RL, Tz. 4.1 Abs. 1.
822 Kleiber et al. 2010, S. 2342 (Tz. 720).
823 Kleiber et al. 2010, S. 2342 (Tz. 720), dort Fn. 235. Kleiber 2010, S. 195, vergleicht dies damit, als würde man ein Auto als Summe einzeln gekaufter Teile bewerten anstatt eine (niedrigere) Gesamtbewertung vorzunehmen.

- Um von Versicherungswerten zu einem Verkehrswert zu gelangen, müsse »mit extrem hohen Marktanpassungsabschlägen«[824] gearbeitet werden. Die hohen Abschläge deuten demnach darauf hin, dass Rekonstruktionskosten konzeptionell nicht geeignet sind, Verkehrswerte zu berechnen.[825] Eben diese Fehleranfälligkeit berücksichtigen auch die Bilanzierungs- und Bewertungsrichtlinien der EKD. Sie erlauben, ausgehend vom Versicherungswert, Pauschalwertberichtigungen von 20 bis 30 %.
- Ferner vernachlässigen Versicherungswerte auch bauliche Änderungen wie beispielsweise grundlegende Sanierungen. Manche Haushaltsordnungen schaffen deshalb zusätzliche Hilfskonstruktionen, wonach Sanierungen werterhöhend berücksichtigt werden müssen oder sogar zu einem fiktiven Zugangsjahr führen.[826]

Vor dem Hintergrund dieser Faktoren erscheint mit Blick auf die Darstellung der Vermögenslage in der Eröffnungsbilanz wünschenswert, dass Versicherungswerte gegenüber den Verfahren des Wertermittlungsrechts nicht vorrangig, sondern nachrangig wären.

5.3.2.3 Vor- und Nachteile von Sachwerten

Alternativ zu Versicherungswerten lässt die EKD auch Sachwerte für die Gebäudebewertung zu. Im Gegensatz dazu ist das Sachwertverfahren das für die Evangelisch-lutherische Landeskirche Hannovers alleine zulässige Verfahren der Gebäudebewertung.[827] Das Sachwertverfahren ist ein rechnerischer Ansatz »zur Ermittlung der Herstellungskosten der Grundstückssubstanz«[828].

Für das Sachwertverfahren spricht, dass kirchliche Körperschaften ähnlich wie Kommunen über zahlreiche Immobilien verfügen, die nicht nach dem Ertragswertverfahren bewertet werden können. Dies ist insbesondere bei sakralen Immobilien wie Kirchen und Kapellen der Fall, da »bei der Errichtung einer Kirche nicht die Rendite, sondern allein die Bereitstellung

---

824 Kleiber et al. 2010, S. 2343 (Tz. 724).
825 Vgl. Kleiber et al. 2010, S. 2343 (Tz. 724).
826 So beispielsweise die Evangelische Kirche im Rheinland, s. oben, Kapitel 5.2.1.2.
827 S. hierzu wiederum oben, Kapitel 5.2.1.1.
828 Kleiber et al. 2010, S. 1824 (Tz. 7).

einer sakralen Einrichtung im Vordergrund steht«[829]. Konzeptionell simulieren Sachwerte Ersatzbeschaffungskosten nach den Verhältnissen am Wertermittlungsstichtag.[830] Sie orientieren sich daher zeitlich enger am Stichtag der Eröffnungsbilanz als Versicherungswerte von 1914, die über lange Zeitreihen indiziert werden. Die Methodik des Sachwertverfahrens scheint somit für Näherungswerte bilanzieller Anschaffungskosten besser geeignet. Zudem ist die Bewertung aufgrund der in der Sachwertrichtlinie definierten Vorgehensweise intersubjektiv nachvollziehbar. Der Sachwert als neuzeitliche Ersatzbeschaffungskosten beinhaltet im Vergleich zum Versicherungswert bereits die Überlegung, »dass ein Käufer nicht bereit ist, die möglicherweise höheren Kosten der Vergangenheit in seine Preisvorstellungen einfließen zu lassen, wenn eine Ersatzbeschaffung preisgünstiger ist«[831]. Diese Überlegung ist nicht nur für den Fall des Verkaufs, sondern auch für eine kircheninterne Reinvestition und somit für die Bewertung von Substanzerhaltungsrücklagen einschlägig. Die Gefahr einer Überbewertung von Gebäuden scheint außerdem beim Sachwertverfahren systembedingt vergleichsweise gering, so dass es auch dem Vorsichtsprinzip Rechnung trägt. Ein weiterer Vorteil des Sachwertverfahrens liegt darin, dass im Rahmen der sog. Marktanpassung die allgemeinen Wertverhältnisse auf dem Grundstücksmarkt zu berücksichtigen sind – ein Faktor, den die Versicherungswerte vernachlässigen.[832] Die Marktanpassung kann insbesondere bei kleinen Gemeinden zu Wertabschlägen im zweistelligen Prozentbereich führen.[833]

Die Sachwertrichtlinie enthält auch Kostenkennwerte, die für Gebäude des nicht realisierbaren Anlagevermögens einschlägig sind. Namentlich enthält Anlage 1 zur Sachwertrichtlinie 2010 Normalherstellungskosten (zum Kostenstand 2010) z. B. für Gemeindezentren sowie Sakral- und Friedhofsgebäude.[834] Die Kostenkennwerte sind nach Gebäudestandard anzupassen und gegebenenfalls sachverständig mit weiteren Abschlägen zu versehen.[835] Ferner sind bei jeder Bewertung objektspezifische Grundstücksmerkmale durch Sachverständige zu berücksichtigen.[836]

---

829 Kleiber et al. 2010, S. 2342 (Tz. 719).
830 Vgl. Kleiber et al. 2010, S. 952 (Tz. 22), S. 1824 (Tz. 6).
831 Kleiber et al. 2010, S. 2342 (Tz. 720).
832 S. § 8 Abs. 2 Nr. 1 ImmoWertV.
833 Vgl. Kleiber et al. 2010, S. 2343 (Tz. 724).
834 S. SW-RL, Anlage 1 Tz. 7, 17.3 und 17.4.
835 S. SW-RL, Tz. 4.1.1.2.
836 S. SW-RL, Tz. 6.

5.3 Kritische Würdigung

Bei der Bewertung von Kirchen und Kapellen spricht gegen Sachwerte auf Basis von Normalherstellungskosten, dass sie die für Sakralgebäude spezifischen Gebäudemerkmale nicht so differenziert abbilden, wie dies in den Versicherungswerttabellen geschieht. Die Standardstufen für Normalherstellungskosten sind um weitere objektspezifische Grundstücksmerkmale im Sinne von § 8 Abs. 3 ImmoWertV zu ergänzen, was zu erheblichen Wertzuschlägen oder -abschlägen führen kann. *Kleiber* schlägt deshalb vor, Kirchen einzuteilen in (1) einfache Kirchen, (2) Kirchen mit architektonisch oder kirchengeschichtlich besonderem Rang und (3) Kirchen mit herausragendem sakralem Denkmalwert.[837] Objektspezifische Grundstücksmerkmale im Sinne von § 8 Abs. 3 ImmoWertV können bei Kirchen mit architektonisch oder kirchengeschichtlich besonderem Rang oder Kirchen mit herausragendem sakralem Denkmalwert auch zu einer Wertaufstockung führen.[838] In Einzelfällen mögen auch nachahmende Rekonstruktionskosten zum Ansatz kommen.[839]

Nicht zuletzt scheint das Sachwertverfahren auch mit Blick auf die finanzgedeckten Rücklagen vorzugswürdig. Diese dienen zur Erhaltung der ‚Substanz'. Insofern sollte schon dem Wortlaut nach ein Surrogat für Anschaffungskosten dem Substanzwert eines Gebäudes möglichst nahe kommen. Genau diesem Zweck dient das Sachwertverfahren unter dem Primat neuzeitlicher Ersatzbeschaffungskosten.

5.3.2.4 Bewertungsaspekte bei Grund und Boden

Im Gegensatz zu den daraufstehenden Gebäuden erscheint die Bewertung von Grund und Boden vergleichsweise einfach, da für viele Flächen Bodenrichtwerte vorhanden sind. Die für die bilanzielle Abbildung kritische Frage liegt wiederum in deren Eignung als Surrogat für Anschaffungskosten begründet. Bei der Übersetzung von Bodenrichtwerten zu Bilanzwerten wirken sich vor allem Rückindizierungen und Wertabschläge für Gemeindebedarf aus, die nachfolgend gewürdigt werden sollen.

Rückindizierungen dienen dazu, die Preisverhältnisse des Zugangsjahrs durch Abzinsung zu simulieren, um so zu den bei Anschaffung geltenden

---

837 Vgl. Kleiber et al. 2010, S. 2342 (Tz. 720).
838 Vgl. Kleiber et al. 2010, S. 2343 (Tz. 722).
839 Vgl. Kleiber et al. 2010, S. 2343 (Tz. 723), der hierfür das Beispiel der Dresdner Frauenkirche nennt. Das Beispiel scheint für bilanzielle Zwecke nur bedingt geeignet, da für die Dresdner Frauenkirche die im Rahmen der Neuerrichtung entstanden Anschaffungskosten vorliegen, s. hierzu Fußnote 201.

Werten zu gelangen. Ein Nachteil liegt darin, dass die Indizierung Unschärfen verursacht, die sich aus der Verwendung von Indextabellen ergeben. Ohne Rückindizierung wird von der Möglichkeit Gebrauch gemacht, im Rahmen der doppischen Eröffnungsbilanz ein Bild der dann herrschenden Preisverhältnisse wiederzugeben. Die EKD spricht sich – entgegen einigen Landeskirchen – nicht ausdrücklich für eine Rückindizierung des Grund und Bodens aus. Demgegenüber verlangt beispielsweise die Evangelisch-lutherische Landeskirche Hannovers eine generelle Rückindizierung auf 60,8 % des Bodenrichtwerts. Dies wirkt sich unmittelbar auf die Darstellung der Vermögenslage aus. Dabei bleiben jedoch das tatsächliche Zugangsjahr und mithin der Einzelbewertungsgrundsatz außer Acht.

Dass ferner Wertabschläge für Gemeinbedarf vorgenommen werden, ist eine Konvention, die auch in der kommunalen Rechnungslegung vorzufinden ist. Diese kann durch die Nicht-Realisierbarkeit entsprechender Grundstücke begründet werden, die eine befriedigende bilanzielle Abbildung schwierig erscheinen lässt. Das Dilemma liegt darin, dass ohne die Auflösung des Veräußerungsverbots sowie möglicher baurechtlicher Einschränkungen auch die von der EKD vorgesehene Bandbreite von 25 bis 40 % des Bodenrichtwerts noch zu hoch gegriffen sein kann. Gleichzeitig wurden die entsprechenden Bodenrichtwerte bei angrenzenden Grundstücken realisiert, sodass jeder Abschlag auf den Bodenrichtwert den Wert dieser Fläche vergleichsweise zu niedrig darstellt. Eine Auflösung des Wertungswiderspruchs erscheint schwierig, sodass eine befriedigende Rechenschaft vor allem von der Offenlegung der Bewertungsannahmen gegenüber den Adressaten abhängt. Im Haushaltsrecht der EKD ist widersprüchlich, dass Gebäude des nicht realisierbaren Anlagevermögens – sieht man von der 1-Euro-Bewertung bei Kirchen ab – zu fortgeführten Anschaffungskosten oder einem Surrogat zu bewerten sind und der Grund und Boden mit Wertabschlägen zu versehen ist, obwohl beide Komponenten des Grundstücks einer Veräußerungsbeschränkung unterliegen. Wie bereits oben erörtert, steht die Beschränkung der Veräußerbarkeit jedenfalls dem kirchlichen Begriff des Vermögensgegenstands nicht entgegen.[840]

Eine vor dem Hintergrund des öffentlichen Interesses an den kirchlichen Immobilien wünschenswerte einheitliche Bewertung ist somit weder für den Gebäudebestand noch für den Grund und Boden erkennbar.

---

840 S. oben, Kapitel 5.3.1.2.

5.3.3 Gesamtschau der Problematik der Grundstücksbewertung

5.3.3.1 Tabellarische Zusammenfassungen zur Immobilienbewertung

Kirchliche Bilanzen weisen einige Positionen auf, die sich von denen gewerblicher Unternehmen oder kommunaler Einrichtungen nicht unterscheiden. Hierzu zählen beispielsweise Forderungen, Verbindlichkeiten, wesentliche Teile der Rückstellungen oder Rechnungsabgrenzungsposten. Besonderheiten treten vor allem bei den rund 75.000 Gebäuden auf, die großteils den Landeskirchen und ihren Körperschaften gehören und auch mehr als 20.000 Kirchen und Kapellen umfassen. Tabelle 19 fasst das Spannungsfeld der wirtschaftlichen Bedeutung zusammen:

Tabelle 19: Aspekte der wirtschaftlichen Bedeutung kirchlicher Immobilien[841]

Kriterium	Kritikpunkte
Wirtschaftliche Bedeutung und öffentliche Wahrnehmung	• Der Immobilienbestand hat eine hohe wirtschaftliche Bedeutung für die kirchlichen Körperschaften. • Einerseits verkörpern Immobilien Vermögensgegenstände, die in der Öffentlichkeit als Reichtum wahrgenommen werden, andererseits resultieren aus den Immobilien spezifische finanzielle Verpflichtungen, die als ‚finanzielle Bedürftigkeit' interpretiert werden können.
Bedeutung für die Darstellung der Vermögens-, Finanz- und Ertragslage	• Die Erfassung und Bewertung von Immobilien (Aktivseite) spiegelt sich im Reinvermögen (Passivseite) der Bilanz. • Bewertungsspielräume und Vereinfachungen, die insbesondere für die Eröffnungsbilanz eingeräumt werden, schlagen sich unmittelbar auf die Höhe des Reinvermögens nieder. • Spätere Abschreibungen belasten die Ertragslage umso mehr, je höher die anfängliche Bewertung (abnutzbarer) Gebäude ausfällt.
EKD-weite Vergleichbarkeit	• Die Grundstücksbewertung nach der Haushaltsrichtlinie der EKD stellt aufgrund der kirchenrechtlichen Rahmenbedingungen keine verbindliche Vorgabe für die Landeskirchen dar. • Keine der untersuchten Landeskirchen setzt die Bewertungsmethoden der Haushaltsrichtlinie ohne Abweichungen um.

Tabelle 20 stellt die konkreten bilanziellen Besonderheiten kirchlicher Immobilien dar. Dabei sind vor allem Problemkreise der Bewertung von Gemeinbedarfsflächen, der Durchbrechung des Anschaffungskostenprinzips

---

841 Eigene Darstellung.

5 Die Immobilienbewertung in der Eröffnungsbilanz

bei sakralen Gebäuden und der Wahl von geeigneten Bewertungsverfahren einschlägig:

Tabelle 20: Bilanzielle Aspekte der Immobilienbewertung[842]

Kriterium	Kritikpunkte
Bewertung von Grund und Boden	• Die Bewertung von Grund und Boden orientiert sich an den Bodenrichtwerten. • Die Art der Nutzung des Grund und Bodens wird von der EKD und den Landeskirchen unterschiedlich als wertbeeinflussender Faktor berücksichtigt. • Grund und Boden von Kirchen und Kapellen wird teilweise mit dem Erinnerungswert angesetzt, teilweise lediglich mit Abschlägen auf den Bodenrichtwert.
Bewertung von Gebäuden im Allgemeinen	• Die Vorschriften der EKD und der Landeskirchen schreiben bei der Gebäudebewertung uneinheitliche Bewertungsverfahren vor. • Dabei stehen Versicherungswerte im Vordergrund, die nicht zu den baurechtlich anerkannten Standardverfahren gehören. • Teilweise wird die Anwendung anerkannter Verfahren (z. B. Ertragswertverfahren für Verwaltungsgebäude) explizit ausgeschlossen.
Bewertung von sakralen Gebäuden im Besonderen	• Kirchen und Kapellen werden uneinheitlich zum Versicherungs- oder Erinnerungswert bilanziert. • Der Ausweis des sakralen Anlagevermögens erfolgt generell in einer separaten Bilanzposition, sodass auch für den Fall, dass dieses zu Anschaffungskosten oder einem Surrogat bewertet wird, dessen Unveräußerbarkeit aus der Bilanz erkennbar ist.
Anwenderfreundlichkeit für die Ersteller von Eröffnungsbilanzen	• Die Bewertungsvereinfachungen für die Eröffnungsbilanz tragen insbesondere einer standardisierten, vereinfachten und kostengünstigen Bilanzerstellung Rechnung. • Als Bewertungsmethode zur Zeitwertermittlung stehen deshalb, auch bei den Landeskirchen, Versicherungswerte im Vordergrund.
Aussagefähigkeit für externe Adressaten	• Die durch Vereinfachungsvorschriften gewonnene Anwenderfreundlichkeit für die Eröffnungsbilanz geht zulasten einer dogmatisch akzeptierten Bewertung, die die spezifische Nutzung von Gebäuden berücksichtigt. • Verwaltungsgebäude sind beispielsweise nach baurechtlichen Vorschriften sowie den Vorgaben der internationalen Rechnungslegung nach dem Ertragswertverfahren zu bewerten, was von den Landeskirchen mitunter explizit untersagt wird. • Die Aussagefähigkeit der nach kirchlichen Vorschriften ermittelten Buchwerte relativiert sich vor dem Hintergrund der Bewertungsmethoden und sollte den Adressaten zumindest durch umfangreiche Anhangangaben erläutert werden.

---

842 Eigene Darstellung.

Ferner verpflichten kirchengesetzliche Vorgaben zum sog. ‚Grundsatz der Finanzdeckung', wonach kirchliche Körperschaften Finanzanlangen in Höhe der Abschreibungen ihres Gebäudebestands bilden müssen. Somit resultieren aus der bilanziellen Bewertung des Bilanzpostens Gebäude automatisch haushaltsrechtlich bedingte Liquiditätsanforderungen. Tabelle 21 zeigt deren wesentliche finanzielle Auswirkungen:

Tabelle 21: Auswirkungen der Gebäudebewertung auf die Liquidität[843]

Kriterium	Kritikpunkte
Liquiditätsbedarf aufgrund finanzgedeckter Rücklagen	• Das Erfordernis finanzgedeckter Rücklagen führt zu einem Liquiditätsbedarf. • Die Zuführung finanzgedeckter Rücklagen richtet sich (mit oder ohne Abschläge) nach den Abschreibungen. • Die für künftige Gebäudemaßnahmen gebundene Liquidität steht für andere kirchliche Tätigkeitsfelder nicht zur Verfügung.
Finanzielle Bedeutung	• Die finanzielle Bedeutung des Immobilienbestands geht über die Anfangsinvestition hinaus. Dies resultiert zunächst aus laufenden Ausgaben für Instandhaltungen. • Zudem verlangen die dargestellten Haushaltsordnungen infolge des Grundsatzes finanzgedeckter Rücklagen, dass für spätere – fiktive – Ersatzinvestitionen Liquidität thesauriert wird. • Dies beeinflusst das System der Finanzzuweisungen in den Landeskirchen und somit den innerkirchlichen Finanzausgleich und lässt eine erhöhte Verteilung von Liquidität zugunsten jener Körperschaften vermuten, die einen großen bzw. hoch bewerteten Gebäudebestand besitzen.

5.3.3.2 Grundstücksbewertung und das Dilemma des ‚Reichtums' der Kirchen

Sowohl im Rechnungsstil der Doppik als auch dem der erweiterten Kameralistik werden Immobilien bewertet und in der Bilanz ausgewiesen. Hierdurch erfolgt die Rechenschaft über einen wesentlichen Posten des kirchlichen Vermögens. Diese Möglichkeit war mit den buchhalterischen Mitteln der Kameralistik nicht gegeben. Die Konzepte der EKD und der untersuchten Landeskirchen haben grundsätzlich gemeinsam, dass Neuzugänge beim realisierbaren Anlagevermögen einheitlich zu Anschaffungs- und Herstellungskosten erfolgen. Für die Ermittlung von Surrogaten (Zugänge vor dem

---

843 Eigene Darstellung.

Stichtag der Eröffnungsbilanz) haben sich unterschiedliche Bewertungsschemata ausgeprägt. Diese beeinträchtigen zwar die Vergleichbarkeit kirchlicher Jahresabschlüsse, lassen jedoch den grundsätzlichen Willen erkennen, Rechenschaft über den Immobilienbestand abzulegen.

Problematischer gestaltet sich die Bilanzierung des nicht realisierbaren Anlagevermögens. Bei sakralen Immobilien bestehen durchaus berechtigte Bedenken, diese zu ‚bewerten', ihnen also ausweislich der Bilanz einen Wert zuzuschreiben. Auch außerhalb der Kirchen findet die Aussage, dass sakrale Immobilien keinen Markt- oder Liquidationswert haben, wohl nicht unerheblichen Zuspruch. Die EKD verspricht sich,»dass mit dem Einstellen von Kirchen und Kapellen in die Bilanz mit einem Euro bei der Öffentlichkeit kein falsches Bild vom ‚Reichtum' der Kirche erweckt werden könne«[844].

Die EKD bzw. die Landeskirchen befinden sich deshalb in einem Dilemma: Einerseits können sakrale Gebäude am Markt nicht den Betrag erzielen, der ausweislich der fortgeschriebenen Anschaffungs- und Herstellungskosten (oder der Surrogate) in der Vergangenheit investiert wurde. Andererseits sehen sich die Kirchen bei einer Bewertung zu 1 Euro der Kritik ausgesetzt, über ihr Vermögen nicht vollständig Rechnung zu legen und erhebliche stille Reserven zu verbergen. Dies erscheint vor dem Hintergrund der öffentlichen Kritik an der Finanzberichterstattung der Kirchen bedenklich.

Die Lösung für dieses Dilemma ist in einer stringenten Argumentationskette zu suchen. Diese ist auch im Rahmen der kirchlichen Jahresabschlüsse an die Adressaten zu vermitteln. In diesem Rahmen ist zu erläutern, dass

- Kirchen und Kapellen im Sinne der kirchlichen Bilanzauffassung zu den Vermögensgegenständen zählen,
- der Begriff Vermögensgegenstand in diesem Zusammenhang nicht mit einer Marktfähigkeit gleichzusetzen ist, sondern sich aus der Nutzbarkeit für sakrale Zwecke ergibt,
- sich der Buchwert aus den fortgeschriebenen Anschaffungs- und Herstellungskosten ergibt, die nach dem Periodisierungsgrundsatz auf die Nutzungsdauer verteilt werden, sowie
- schließlich der Ausweis als nicht realisierbares Anlagevermögen bedeutet, dass das darunterfallende Vermögen aufgrund seiner Zweckbindung, Unveräußerbarkeit und eingeschränkten Marktfähigkeit nur bedingt als ‚Reichtum' zu interpretieren ist.

---

844 BBR-EKD, Anlage 3, S. 14.

5.4 Handlungsvorschläge

Die Immobilienbewertung der EKD und der ausgewählten Landeskirchen gibt Anlass zu folgenden Handlungsvorschlägen:

1. Das Wahlrecht, wonach sakrale Immobilien zum Erinnerungswert ausgewiesen werden können, ist zu streichen. Es konterkariert nicht nur die Vergleichbarkeit und Transparenz kirchlicher Jahresabschlüsse in hohem Maße, sondern widerspricht aus bilanzieller Sicht auch der vollständigen Aktivierung aller Vermögensgegenstände. Durch den Ausweis als nicht realisierbares Vermögen kommen die Veräußerungsbeschränkungen hinreichend zum Ausdruck.

2. Es erscheint fraglich, ob die Haushaltsordnungen Einschränkungen zugunsten konkreter Bewertungsverfahren (z. B. Versicherungswerte) erlauben sollten. Dies könnte zwar vor dem Hintergrund vergleichbarer und intersubjektiv nachvollziehbarer Bewertungen für bestimmte Bereiche als zulässig erachtet werden. Im Übrigen ist jedoch zu fordern, dass sich die Bewertungsverfahren an den baurechtlich anerkannten Schemata orientieren. Versicherungswerte sind für bilanzielle Zwecke abzulehnen. Insbesondere bei nicht marktfähigen Gebäuden sind Sachwerte deshalb vorzuziehen, da sie neuzeitliche Ersatzbeschaffungskosten darstellen und somit konzeptionell den spiegelbildlich zu erfassenden Substanzerhaltungsrücklagen bzw. den anzusparenden Finanzanlagen entsprechen.

3. Die Bilanzierungs- und Bewertungsrichtlinien enthalten detaillierte Bewertungsvorgaben. Es ist wünschenswert, dass diese die Art und Nutzung von Immobilien differenziert berücksichtigen. So erscheint beispielsweise im Bereich des nicht realisierbaren Anlagevermögens durchaus eine Clusterbildung zulässig, um pauschale Abschläge auf Boden- oder Gebäudewerte nachvollziehbar und differenziert zu gestalten. Bei Immobilien des realisierbaren Anlagevermögens erscheint eine Clusterbildung nicht notwendig, da hier auch kein Grund für pauschale Abschläge auf Boden- oder Gebäudewerte besteht.

4. Es widerspricht dem Einzelbewertungsgrundsatz, dass sich die Bemessung von Substanzerhaltungsrücklagen auf die Bilanzierung des Anlagevermögens auswirkt und das Anschaffungskostenprinzip durchbricht. Dahingehende Vorschriften sind zu streichen.

5. Zwischen der EKD und den Landeskirchen, insbesondere jenen, die die Doppik-Umstellung noch nicht vollzogen haben, ist stärker als bisher auf einheitliche, vergleichbare und transparente Bewertungsvorschriften für Immobilien hinzuwirken.

6 Zusammenfassung

Den Ausgangspunkt der Untersuchung bilden die in Kapitel 2 umrissenen rechtlichen Rahmenbedingungen der Doppik-Reform der EKD. Die EKD sowie ihre Landeskirchen genießen verfassungsgemäße Selbstbestimmungsrechte. Diese umfassen die Vermögensverwaltung im Allgemeinen und die Verlautbarung von Rechnungslegungsvorschriften im Besonderen. Mit einer im Jahr 2002 initiierten Reform soll die Abkehr vom Rechnungsstil der Kameralistik erreicht werden. Diese Initiative führte zu einer doppischen Haushaltsrichtlinie, die der EKD selbst und ihren Landeskirchen als Leittext dient. Um festzustellen, inwieweit die Haushaltsrichtlinie der EKD in den Reformansätzen der Landeskirchen verwirklicht ist, wurden die Evangelisch-lutherische Landeskirche Hannovers, die Evangelische Kirche im Rheinland und die Evangelische Landeskirche in Baden betrachtet. Im Ergebnis wird die Haushaltsrichtlinie der EKD von keiner der drei ausgewählten Landeskirchen unmittelbar angewendet.

Die Umstellung auf die Doppik ist ein Baustein, mit dem finanzielle Zielorientierung, Transparenz, Vollständigkeit und Vergleichbarkeit kirchlicher Finanzen verbessert werden sollen. Den fachlichen Rahmen hierfür bilden insbesondere handelsrechtliche Vorschriften. Prägend wirkte aber auch die Doppik-Reform der öffentlichen Verwaltung, da die Betätigung kirchlicher und öffentlicher Körperschaften Schnittmengen aufweist.

Kapitel 3 untersucht die Zwecksetzungen von handelsrechtlichen und kirchlichen Jahresabschlüssen und grenzt diese voneinander ab. Für das Handelsrecht gelten Kapitalerhaltung und Rechenschaft als die wesentlichen Zwecke. Diese werden, da nicht eindeutig gesetzlich definiert, unter anderem aus den Grundsätzen ordnungsmäßiger Buchführung abgeleitet. Die handelsrechtliche Kapitalerhaltungsfunktion dient insbesondere dem Gläubigerschutz. Die Rechenschaftsfunktion soll eine Selbstinformation der Organe und eine standardisierte Finanzberichterstattung an externe Adressaten gewährleisten. Die handelsrechtliche Generalnorm, wonach Jahresabschlüsse ein den tatsächlichen Verhältnissen entsprechendes Bild der Vermögens-, Finanz- und Ertragslage vermitteln sollen, wird durch die Grundsätze ordnungsmäßiger Buchführung stark relativiert.

Die Haushaltsrichtlinie der EKD enthält hingegen Aussagen, wonach kirchliche Jahresabschlüsse andere Zwecke verfolgen als handelsrechtliche

Jahresabschlüsse. Kirchliche Abschlüsse sollen nicht dem Gläubigerschutz dienen, ihre Funktionen werden aber auch nicht abschließend definiert und expliziert. Eine Analyse einzelner Vorschriften der Haushaltsrichtlinie und anderer Gesetzesmaterialien kommt zu dem Ergebnis, dass kirchliche Rechnungslegung der Bestandserhaltung, der Allokationseffizienz, der Anreizsetzung und der Rechenschaft dient. Um den Rechnungsstil der Doppik als vorzugswürdig gegenüber der Kameralistik darzustellen, müsste die EKD begründen können, dass das, was gemessen werden soll, mit der Doppik auch (besser) gemessen werden kann. Ein Beispiel ist die Messung des Reinvermögens, die z. B. von der Bewertung sakraler Immobilien abhängt. Die Haushaltsrichtlinie verfolgt hier kein eindeutiges Konzept, sondern räumt ein Wahlrecht zwischen Zeit- und Erinnerungswerten ein. Ein eindeutiger Abschlusszweck bleibt daher verborgen, insbesondere wenn die erhebliche Größenordnung des Immobilienbestands berücksichtigt wird.

Die Haushaltsrichtlinie der EKD verpflichtet durch konkrete Vorgaben über finanzgedeckte Rücklagen zu einer konservativen Bilanzierung und Haushaltsführung. Mithin können in kirchlichen Abschlüssen in hohem Maße gläubigerschützende und kapitalerhaltende Eigenschaften erkannt werden, die deutlich über die handelsrechtlichen hinausgehen. Die Vorschriften der EKD vermeiden den Begriff Grundsätze ordnungsmäßiger Buchführung. Dies erscheint kritisch, da die EKD ohnehin wesentliche Bewertungsgrundsätze aus dem Handelsrecht übernommen hat und außerdem Grundsätze ordnungsmäßiger Buchführung zur Auslegung und Fortentwicklung des Bilanzrechts benötigt. Die aus dem HGB übernommene Forderung nach einem den tatsächlichen Verhältnissen entsprechenden Bild der Vermögens-, Finanz- und Ertragslage ist hingegen entbehrlich. Hierfür sind vergangenheitsorientierte Informationen weniger dienlich als Prognosen über künftige Entwicklungen. Letztere ließen sich beispielsweise mit einem Lagebericht strukturieren. Einen solchen sieht die Haushaltsrichtlinie jedoch nicht vor.

Kapitel 4 befasst sich mit formellen und materiellen Aspekten der kirchlichen Rechnungslegung. In formeller Hinsicht haben sich die EKD und die untersuchten Landeskirchen im Zuge ihrer Reformen verpflichtet, Jahresabschlüsse bestehend aus Bilanz, Gewinn- und Verlustrechnung sowie Anhang und Kapitalflussrechnung zu erstellen. Eine Ausnahme bildet die Evangelische Landeskirche in Baden, die den Rechnungsstil der erweiterten Kameralistik anwendet. Sie weist deshalb keine Gewinn- und Verlustrechnung aus.

6 Zusammenfassung

Die Haushaltsrichtlinie der EKD beinhaltet indes keine Publizitätsvorschriften für Jahresabschlüsse und schafft somit keine Rahmenbedingungen für die Rechenschaft gegenüber externen Adressaten. Gegenwärtig ist der Zugang zu Finanzinformationen der Landeskirchen und ihrer Körperschaften uneinheitlich und nicht auf elektronischen Plattformen standardisiert. Gemeinsame Standards sind auch für die Konsolidierung kirchlicher Jahresabschlüsse auf Ebene der Landeskirchen zu fordern, für die kirchliche Vorschriften weder verlautbart wurden noch im Entwurf vorliegen.

Unter materiellen Gesichtspunkten sind jene Vorschriften zu betrachten, die die Bewertung von Vermögen und Schulden bestimmen. Vor dem Hintergrund, dass die Landeskirchen der EKD rund 75.000 Immobilien besitzen, darunter über 20.000 Kirchen und Kapellen, kommt der Bewertung von Immobilien eine erhebliche Bedeutung für Eröffnungsbilanzen kirchlicher Körperschaften zu. Da fortgeführte Anschaffungskosten beim Umstieg von der Kameralistik selten verfügbar sind, müssen die einzelnen Rechtsträger zahlreiche Immobilien neu bewerten. Die Bilanzierungs- und Bewertungsrichtlinien der EKD schränken den dabei gebotenen Grundsatz einer Bewertung zu Zeitwerten im Ergebnis deutlich ein. Für Gebäude sollen nur Versicherungs- oder Sachwerte angesetzt werden. Für Grund und Boden muss beim nicht realisierbaren Anlagevermögen mit Abschlägen von bis zu 75 % gegenüber dem Bodenrichtwert gerechnet werden. Kirchen und Kapellen können generell mit 1 Euro ausgewiesen werden.

Auch beim Ausweis des Reinvermögens von bilanziell überschuldeten Körperschaften räumt die Haushaltsrichtlinie sehr weitgehende Gestaltungsspielräume ein. Diese führen nicht nur dazu, dass negatives Reinvermögen wegen der Bezeichnung als Ausgleichsposten nicht mehr aus der Bilanz hervorsticht, sondern dass ein – nicht vorhandenes – Reinvermögen passivisch ausgewiesen werden darf. Bei den Rücklagen bestehen ebenfalls hohe Bewertungsbandbreiten. Problematisch erscheinen insbesondere die Substanzerhaltungsrücklagen, die einerseits von der Bewertung der Immobilien abhängen, andererseits durch die vorhandenen Finanzanlagen begrenzt sind.

Kapitel 5 widmet sich Einzelfragen der Immobilienbewertung. Dafür werden neben den Bewertungsvorschriften der EKD auch die der Evangelisch-lutherischen Landeskirche Hannovers, der Evangelischen Kirche im Rheinland und der Evangelischen Landeskirche in Baden ausgewertet. Im Ergebnis sind die Vorschriften der Landeskirchen weder untereinander noch mit jenen der EKD vergleichbar. Ein wesentliches Ziel der Doppik-Reform wurde somit nicht erreicht. Bei der Gebäudebewertung scheinen die untersuchten Kirchen Versicherungswerte zu bevorzugen, was der einfacheren Datenerhebung geschuldet ist. Die Fortschreibung von Versicherungswerten stellt jedoch kein anerkanntes Verfahren der baurechtlichen Wertermittlungsvorschriften dar und ist weder für die Ermittlung von Verkehrswerten noch für den bilanziellen Ansatz abschließend geeignet. Im Bereich des nicht realisierbaren Anlagevermögens ist Sachwerten der Vorzug zu geben. Dies resultiert unter anderem daraus, dass Sachwerte als geeignetere Bemessungsgrundlage für Substanzerhaltungsrücklagen erscheinen. Beim realisierbaren Anlagevermögen ist kritisch, dass das Ertragswertverfahren vermieden wird, obwohl Art und Nutzung z. B. bei Verwaltungsgebäuden einen solchen Zeitwertansatz rechtfertigen.

Ein Blick auf die Vorschriften für die öffentliche Verwaltung zeigt, dass beispielsweise den International Public Sector Accounting Standards (IPSAS) jede Einschränkung auf bestimmte Bewertungsverfahren fremd ist, während einzelne Bundesländer wiederum divergierende Bewertungsvereinfachungen einräumen. Anhand eines Rechenbeispiels wurde gezeigt, dass bei kirchlichen Körperschaften einer Landeskirche nicht mit Jahresabschlüssen gerechnet werden kann, die sich mit jenen aus anderen Landeskirchen vergleichen lassen. Die Ziele der Vergleichbarkeit und Transparenz wurden aufgrund der gesetzgeberischen Kompetenzverteilung zwischen der EKD und den Landeskirchen verfehlt.

Die wirtschaftliche Bedeutung des Immobilienbestands und dessen erhebliche Bedeutung für die Vermögens-, Finanz- und Ertragslage im kirchlichen Jahresabschluss sind mit einer zunehmenden öffentlichen Wahrnehmung verknüpft. Dass eine EKD-weite Vergleichbarkeit schon heute nicht mehr erreichbar scheint, ist vor dem Hintergrund eines weit gestreuten Adressatenkreises der Großkirchen zu beklagen. Die Immobilienbewertung bringt zum Ausdruck, dass eine gemeinsame Bilanzauffassung in der EKD und ihren Landeskirchen nicht erreicht wurde.

Aufgrund der Ergebnisse der vorgenannten Untersuchung wurden Handlungsvorschläge unterbreitet. Dabei ist zunächst die Doppik als einheitlicher und einziger Rechnungsstil zu fordern, ohne eine Option für die erweiterte Kameralistik einzuräumen. Im Bereich der materiellen Vorschriften sollte auf eine Vermeidung von Ermessensspielräumen hingewirkt werden. Diese bestehen vor allem bei der Immobilienbewertung, den Finanzanlagen, den Rücklagen und dem Reinvermögen bilanziell überschuldeter Körperschaften. Ferner sind kurzfristig einheitliche Publizitätsregeln zu erarbeiten sowie mittelfristig Konzepte zur Konsolidierung kirchlicher Körperschaften auf Ebene der Landeskirchen. Im Bereich der Immobilienbewertung erscheinen erhebliche Bemühungen notwendig, um ansatzweise vergleichbare Jahresabschlüsse zu erhalten. Einheitliche Bewertungsstandards sollten informationsfeindliche Erinnerungswerte für sakrale Immobilien abschaffen und sich den differenzierten Verfahren der baurechtlichen Wertermittlungsvorschriften öffnen. Dem durchaus Rechnung zu tragenden Dilemma, dass nicht jeder kirchliche Vermögensgegenstand unmittelbar marktfähig ist, ist durch einen differenzierten Ausweis des nicht realisierbaren Vermögens sowie entsprechenden Anhangangaben im Rahmen kirchlicher Jahresabschlüsse zu begegnen.

Rechtsquellenverzeichnis

Gesetze, Richtlinien und ähnliche Verlautbarungen ausgewählter Landeskirchen
Evangelische Kirche in Deutschland:
BBR-EKD: Richtlinien für die Erfassung, Bewertung und Bilanzierung des kirchlichen Vermögens und der Schulden vom 08.01.2013.
GO-EKD: Grundordnung der Evangelischen Kirche in Deutschland vom 13.07.1948 (ABl. S. 233) in der Fassung vom 20.11.2003 (ABl. 2004 S. 1), zuletzt geändert durch Kirchengesetz vom 07.11.2012 (ABl. S. 451).
HHO-EKD: Verordnung über das Haushalts- und Rechnungswesen der Evangelischen Kirche in Deutschland (Haushaltsordnung der EKD – HHO-EKD) vom 01.06.2012 (ABl. S. 166).
HHR-EKD: Ordnung für das kirchliche Finanzwesen auf der Basis der kirchlichen Doppik (mit Ausführungsbestimmungen) vom 05.09.2008 (ABl. S. 310), geändert am 03.12.2010 (ABl. 2011 S. 11), erneut bekannt gemacht am 15.09.2012 (ABl. S. 286).
Ordnung für das kirchliche Finanzwesen (mit Ausführungsbestimmungen) vom 29.05.1999 (ABl. S. 250).
Ordnung für das kirchliche Finanzwesen auf der Basis der erweiterten Kameralistik (mit Ausführungsbestimmungen) vom 05.09.2008 (ABl. S. 289), geändert am 03.12.2010 (ABl. 2011 S. 6), erneut bekannt gemacht am 15.09.2012 (ABl. S. 317).

Evangelische Kirche im Rheinland:
KF-VO-Rheinland: Verordnung über das Kirchliche Finanzwesen in der Evangelischen Kirche im Rheinland (KF-Verordnung – KF-VO) vom 26.11.2010 (KABl. 2011 S. 17), zuletzt geändert durch Verordnung vom 29.11.2013 (KABl. S. 274).
KF-VO-Rheinland 2007: Verordnung über das Kirchliche Finanzwesen in der Evangelischen Kirche im Rheinland (KF-Verordnung – KF-VO) vom 25.05.2007 (KABl. S. 223).
NKF-Einführungsgesetz-Rheinland: Kirchengesetz zur Regelung der Einführung des Neuen Kirchlichen Finanzwesens in der Evangelischen Kirche im Rheinland vom 14.01.2011 (KABl. S. 161).

Evangelische Landeskirche in Baden:
BewBilRL-Baden: Richtlinien für die Erfassung, Bewertung und Bilanzierung des kirchlichen Vermögens und der Schulden (Bewertungs- und Bilanzierungsrichtlinien – BewBilRL) vom 15.11.2011 (GVBl. S. 241).
KVHG-Baden: Kirchliches Gesetz über die Vermögensverwaltung und die Haushaltswirtschaft in der Evangelischen Landeskirche in Baden (KVHG) vom 15.04.2011 (GVBl. S. 113), geändert durch Gesetz vom 25.10.2012 (GVBl. S. 264).

Rechtsquellenverzeichnis

SuberhR-RVO-Baden: Rechtsverordnung über die Bildung von Substanzerhaltungsrücklagen (SuberhR-RVO) vom 15.11.2011 (GVBl. S. 276).

Evangelisch-lutherische Landeskirche Hannovers:
Bewertungsrichtlinie-Hannover: Richtlinie für die Erfassung, Bewertung und den Nachweis des kirchlichen Vermögens und der Schulden in der Evangelisch-lutherischen Landeskirche Hannovers vom 01.03.2012 (Rundverfügung K 4 / 2012).
FAG-Hannover: Kirchengesetz über den Finanzausgleich in der Evangelisch-lutherischen Landeskirche Hannovers (FAG) vom 13.12.2006 (KABl. S. 183), geändert durch das Kirchengesetz vom 07.12.2011 (KABl. S. 262).
FAVO-Hannover: Rechtsverordnung über den Finanzausgleich in der Evangelisch-lutherischen Landeskirche Hannovers (FAVO) vom 13.12.2006 (KABl. S. 191), zuletzt geändert durch Rechtsverordnung vom 01.08.2012 (KABl. S. 225).
HhG-Hannover: Kirchengesetz über das Haushalts-, Kassen- und Rechnungswesen der Konföderation evangelischer Kirchen in Niedersachsen (HhG) vom 22.05.1984 (KABl. S. 53), zuletzt geändert durch Kirchengesetz vom 27.09.2008 (KABl. S. 196).
KGO-Hannover: Kirchengemeindeordnung (KGO) vom 28.04.2006 (KABl. S. 62), zuletzt geändert durch Kirchengesetz vom 13.12.2012 (KABl. S. 327).
KKO-Hannover: Kirchenkreisordnung (KKO) vom 14.03.2000 (KABl. S. 47), zuletzt geändert durch Kirchengesetz vom 13.12.2012 (KABl. S. 328).
KonfHO-Doppik-Hannover: Ausführungsverordnung des Rates der Konföderation evangelischer Kirchen in Niedersachsen über das Haushalts-, Kassen und Rechnungswesen im Rechnungsstil der doppelten Buchführung (KonfHO-Doppik) vom 02.07.2012 (KABl. S. 195).

Evangelisch-Lutherische Kirche in Norddeutschland:
FusV-Nordkirche: Vertrag über die Bildung einer Evangelisch-Lutherischen Kirche in Norddeutschland vom 05.02.2009 (GVOBl. S. 94), zuletzt geändert durch Vertrag vom 07.07.2010 (GVOBl. 2011 S. 2).

Gesetze und andere Verlautbarungen ausgewählter Bundesländer
Baden-Württemberg:
Bilanzierungsleitfaden-BW: Leitfaden zur Bilanzierung nach den Grundlagen des Neuen Kommunalen Haushalts- und Rechnungswesens (NKHR) in Baden-Württemberg, Fassung vom Januar 2011.
GemHVO-BW: Verordnung des Innenministeriums über die Haushaltswirtschaft der Gemeinden (Gemeindehaushaltsverordnung – GemHVO) vom 11.12.2009 (GBl. S. 770) zuletzt geändert durch 16.04.2013 (GBl. S. 57).

Bayern:
BewertR-Bayern: Erfassung und Bewertung kommunalen Vermögens (Bewertungsrichtlinie – BewertR) vom 29.09.2008 (AllMBl. S. 558).

KommHV-Doppik-Bayern: Verordnung über das Haushalts-, Kassen- und Rechnungswesen der Gemeinden, der Landkreise und der Bezirke nach den Grundsätzen der doppelten kommunalen Buchführung (Kommunalhaushaltsverordnung-Doppik – KommHV-Doppik) vom 05.10.2007 (GVBl. S. 678), zuletzt geändert durch Verordnung vom 03.01.2011 (GVBl. S. 22).

Brandenburg:
BewertL-Brandenburg: Bewertungsleitfaden Brandenburg (BewertL Bbg) vom 23.09.2009.
KomHKV-Brandenburg: Verordnung über die Aufstellung und Ausführung des Haushaltsplans der Gemeinden (Kommunale Haushalts- und Kassenverordnung – KomHKV) vom 14.02.2008 (GVBl. II S. 14), zuletzt geändert durch Verordnung vom 28.06.2010 (GVBl. II S. 1).

Nordrhein-Westfalen:
GemHVO-NRW: Verordnung über das Haushaltswesen der Gemeinden im Land Nordrhein-Westfalen (Gemeindehaushaltsverordnung NRW – GemHVO NRW) vom 16.11.2004 (GV. NRW. S. 644), zuletzt geändert durch Gesetz vom 18.09.2012 (GV. NRW. S. 432).

Saarland:
KommHVO-Saarland: Kommunalhaushaltsverordnung (KommHVO) vom 10.10.2006 (ABl. S. 1842), zuletzt geändert durch Verordnung vom 02.09.2013 (ABl. I S. 281).
Sonderrichtlinien-Saarland: Sonderrichtlinien zur Bewertung in der Eröffnungsbilanz vom 06.11.2006 (ABl. S. 2090).

Sachsen:
Bewertungsrichtlinie-Sachsen: Entwurf einer Bewertungsrichtlinie zur Erstellung der Eröffnungsbilanz vom 29.11.2008.
SächsKomHVO-Doppik: Verordnung des Sächsischen Staatsministeriums des Innern über die kommunale Haushaltswirtschaft nach den Regeln der Doppik (Sächsische Kommunalhaushaltsverordnung-Doppik – SächsKomHVO-Doppik) vom 10.12.2013 (GVBl. S. 910).

Übrige Gesetze, Verordnungen, Standards und ähnliche Verlautbarungen
ADHGB 1861: Allgemeines Deutsches Handelsgesetzbuch - In der Expedition des Gesetz- und Regierungsblattes, zitiert nach: Beilage zum königlich bayerischen Gesetze vom 10.11.1861, "die Einführung des allgemeinen deutschen Handelsgesetzbuches betreffend", München 1862.
AktG 1870: Gesetz, betreffend Aktien-Gesellschaften und Kommanditgesellschaften auf Aktien vom 11. Juni 1870, zitiert nach: Jahrbuch für Staatsrecht, Verwaltung und Diplomatie des Norddeutschen Bundes und des Zollvereins, Berlin 1870.

AktG 1884: Gesetz, betreffend die Kommanditgesellschaften auf Aktien und die Aktiengesellschaften vom 18.07.1884 (RGBl. Nr. 22 S. 123), zitiert nach: Hundert Jahre modernes Aktienrecht, Berlin 1985.

AktG 1965: Aktiengesetz vom 06.09.1965 (BGBl. I S. 1089).

BauNVO: Verordnung über die bauliche Nutzung der Grundstücke (Baunutzungsverordnung – BauNVO) in der Fassung der Bekanntmachung vom 23.01.1990 (BGBl. I S. 132), zuletzt geändert durch Gesetz vom 11.06.2013 (BGBl. I S. 1548).

BGB: Bürgerliches Gesetzbuch (BGB) in der Fassung der Bekanntmachung vom 02.01.2002 (BGBl. I S. 42, 2909; 2003, 738), zuletzt geändert durch Gesetz vom 01.10.2013 (BGBl. I S. 3719).

Conceptual Framework: Conceptual Framework for General Purpose Financial Reporting by Public Sector Entities (des IPSASB) in der Fassung vom Januar 2013.

EHUG: Gesetz über elektronische Handelsregister und Genossenschaftsregister sowie das Unternehmensregister (EHUG) vom 10.11.2006 (BGBl. I S. 2553).

GG: Grundgesetz für die Bundesrepublik Deutschland (GG) vom 23.05.1949 (BGBl. I S. 1), zuletzt geändert durch Gesetz vom 11.07.2012 (BGBl. I S. 1478).

GmbHG: Gesetz betreffend die Gesellschaften mit beschränkter Haftung (GmbHG) vom 20.04.1892 (RGBl. S. 477), zuletzt geändert durch Gesetz vom 23.07.2013 (BGBl. I S. 2586).

HGB: Handelsgesetzbuch (HGB) vom 10.05.1897 (RGBl. S. 219), zuletzt geändert durch Gesetz vom 04.10.2013 (BGBl. I S. 3746).

HGB 1897: Handelsgesetzbuch für das Deutsche Reich vom 10.05.1897 (RGBl. S. 219), zitiert nach: Handelsgesetzbuch nebst dem Einführungsgesetze für das Deutsche Reich, Reutlingen o.J.

IDW ERS ÖFA 1: Entwurf IDW Stellungnahme zur Rechnungslegung: Rechnungslegung der öffentlichen Verwaltung nach den Grundsätzen der doppelten Buchführung vom 30.10.2001, IDW Fachnachrichten S. 661.

IDW RS HFA 5: IDW Stellungnahme zur Rechnungslegung: Rechnungslegung von Stiftungen (IDW RS HFA 5) vom 06.12.2013, IDW Fachnachrichten 2014, S. 61.

IDW RS HFA 17: Auswirkungen einer Abkehr von der Going-Concern-Prämisse auf den handelsrechtlichen Jahresabschluss vom 10.06.2011, IDW Fachnachrichten S. 438.

IDW RS HFA 30: IDW Stellungnahme zur Rechnungslegung: Handelsrechtliche Bilanzierung von Altersversorgungsverpflichtungen vom 10.06.2011, IDW Fachnachrichten S. 545.

IDW RS VFA 2: IDW Stellungnahme zur Rechnungslegung: Auslegung des § 341b HGB (neu) (IDW RS VFA 2) vom 08.04.2002, IDW Fachnachrichten S. 210.

ImmoWertV: Verordnung über die Grundsätze für die Ermittlung der Verkehrswerte von Grundstücken (Immobilienwertermittlungsverordnung – ImmoWertV) vom 19.05.2010 (BGBl. I S. 639).

IPSAS 1: International Public Sector Accounting Standard 1 "Presentation of Financial Statements", in der Fassung vom Dezember 2006, zuletzt geändert im Oktober 2011.

IPSAS 3: International Public Sector Accounting Standard 3 "Accounting Policies, Changes in Accounting Estimates and Errors", in der Fassung vom Dezember 2006, zuletzt geändert im Oktober 2011.

IPSAS 16: International Public Sector Accounting Standard 16 "Investment Property", in der Fassung vom Dezember 2006, zuletzt geändert im Oktober 2011.

IPSAS 17: International Public Sector Accounting Standard 17 "Property, Plant, and Equipment", in der Fassung vom Dezember 2006, zuletzt geändert im Oktober 2011.

KHBV: Verordnung über die Rechnungs- und Buchführungspflichten von Krankenhäusern (Krankenhaus-Buchführungsverordnung – KHBV) in der Fassung der Bekanntmachung vom 24.03.1987 (BGBl. I S. 1045), zuletzt geändert durch Gesetz vom 20.12.2012 (BGBl. I S. 2751).

Paulskirchenverfassung: Verfassung des Deutschen Reiches vom 28.03.1849 (RGBl. S. 101).

PBV: Verordnung über die Rechnungs- und Buchführungspflichten der Pflegeeinrichtungen (Pflege-Buchführungsverordnung – PBV) vom 22.11.1995 (BGBl. I S. 1528), zuletzt geändert durch Gesetz vom 20.12.2012 (BGBl. I S. 2751).

RegE BilMoG: Gesetzentwurf der Bundesregierung, Entwurf eines Gesetzes zur Modernisierung des Bilanzrechts (Bilanzrechtsmodernisierungsgesetz – BilMoG) vom 30.07.2008, Bundestagsdrucksache Nr. 16/10067.

RegE Hessen: Gesetzentwurf der Fraktionen der CDU und der FDP für ein Gesetz zur Änderung der Hessischen Gemeindeordnung und anderer Gesetze vom 10.05.2011, Drucksache 18/4031.

Siebente EG-Richtlinie: Siebente Richtlinie des Rates vom 13. Juni 1983 aufgrund von Artikel 54 Absatz 3 Buchstabe g) des Vertrages über den konsolidierten Abschluß (83/349/EWG) (ABl. L 193 S. 1).

Staatsgesetz, betreffend die Kirchenverfassungen der evangelischen Landeskirchen vom 08.04.1924 (G.S. 1924 S. 221 Nr. 30), zitiert nach: Ausgabe des Verlags Griebsch, Hamm 1928.

SW-RL: Bekanntmachung der Richtlinie zur Ermittlung des Sachwerts (Sachwertrichtlinie – SW-RL) vom 05.09.2012 (BAnz 18.10.2012).

UrhG: Gesetz über Urheberrecht und verwandte Schutzrechte (Urheberrechtsgesetz – UrhG) vom 09.09.1965 (BGBl. I S. 1273), zuletzt geändert durch Gesetz vom 01.10.2013 (BGBl. I S. 3728).

Vierte EG-Richtlinie: Vierte Richtlinie des Rates vom 25. Juli 1978 aufgrund von Artikel 54 Absatz 3 Buchstabe g) des Vertrages über den Jahresabschluß von Gesellschaften bestimmter Rechtsformen (78/660/EWG) (ABl. L 222 S. 11).

WertR 2006: Richtlinien für die Ermittlung der Verkehrswerte (Marktwerte) von Grundstücken vom 10.06.2006 (BAnz. Nr. 108a), mit Berichtigung vom 01.07.2006 (BAnz. Nr. 121 S. 4798).

WRV: Die Verfassung des Deutschen Reichs vom 11.08.1919 (RGBl. S. 1383) in der im Bundesgesetzblatt Teil III, Gliederungsnummer 401-2, veröffentlichten bereinigten Fassung.

Rechtsquellenverzeichnis

Gerichtsentscheidungen

Reichs-Oberhandelsgericht, Urteil vom 03.12.1873, Rep. 934/73, zitiert nach Entscheidungen des Reichs-Oberhandelsgerichts, XII. Band, Erlangen 1874.

Bundesverfassungsgericht, Urteil vom 14.12.1965, 1 BvR 413/60, BVerfGE 19, 206.

Bundesverfassungsgericht, Urteil vom 14.12.1965, 1 BvL 31/62, BVerfGE 19, 226.

Bundesverfassungsgericht, Beschluss vom 13.12.1983, 2 BvL 13/82, BVerfGE 66, 1.

Bundesverfassungsgericht, Urteil vom 19.12.2000, 2 BvR 1500/97, BVerfGE 102, 370.

Literaturverzeichnis

Adam, Berit (2004): Eine vergleichende Analyse der Internationalen Rechnungslegungsstandards für die öffentliche Verwaltung (IPSAS) mit ausgewählten kommunalen Reformkonzepten in Deutschland. In: *Der Gemeindehaushalt* (6), S. 125–132.

Adam, Berit (2005): Internationale Rechnungslegungsstandards für die öffentliche Verwaltung (IPSAS) – eine Analyse ihrer Leistungsfähigkeit. In: Frank Keuper und Christina Schäfer (Hg.): Führung und Steuerung öffentlicher Unternehmen. Probleme, Politiken und Perspektiven entlang des Privatisierungsprozesses. Berlin: Logos, S. 396–429.

Authaler, Theresa; Hornig, Frank; Mayr, Walter; Wensierski, Peter (2013): Das Lügen-Gebäude. In: *Der Spiegel* (42), S. 64–70.

Baetge, Jörg (1970): Möglichkeiten der Objektivierung des Jahreserfolges. Düsseldorf: Verlagsbuchhandlung des Instituts der Wirtschaftsprüfer (Schriftenreihe des Instituts für Revisionswesen der Westfälischen Wilhelms-Universität Münster, 2).

Baetge, Jörg; Kirsch, Hans-Jürgen; Thiele, Stefan (2011): Bilanzen. 11. Aufl. Düsseldorf: IDW-Verlag.

Baetge, Jörg; Zülch, Henning (2013): Rechnungslegungsgrundsätze nach HGB und IFRS (Abt. I/2). In: Joachim Schulze-Osterloh, Joachim Hennrichs und Jens Wüstemann (Hg.): Handbuch des Jahresabschlusses. Bilanzrecht nach HGB, EStG, IFRS, I. Köln: Schmidt.

Ballwieser, Wolfgang (1982): Zur Begründbarkeit informationsorientierter Jahresabschlußverbesserungen. In: *Schmalenbachs Zeitschrift für betriebswirtschaftliche Forschung* 34 (8/9), S. 772–793.

Ballwieser, Wolfgang (1986): Ergebnisse der Informationsökonomie zur Informationsfunktion der Rechnungslegung. In: Siegmar Stöppler (Hg.): Information und Produktion – Beiträge zur Unternehmenstheorie und Unternehmensplanung. Festschrift zum 60. Geburtstag von Waldemar Wittmann. Stuttgart: Poeschel, S. 21–40.

Ballwieser, Wolfgang (1991): Das Rechnungswesen im Lichte ökonomischer Theorie. In: Dieter Ordelheide, Bernd Rudolph und Elke Büsselmann (Hg.): Betriebswirtschaftslehre und ökonomische Theorie. Stuttgart: Poeschel, S. 97–124.

Ballwieser, Wolfgang (1996a): Ein Überblick über Ansätze zur ökonomischen Analyse des Bilanzrechts. In: *Betriebswirtschaftliche Forschung und Praxis* (5), S. 503–527.

Ballwieser, Wolfgang (1996b): Zum Nutzen handelsrechtlicher Rechnungslegung. In: Wolfgang Ballwieser, Adolf Moxter und Rolf Nonnenmacher (Hg.): Rechnungslegung – warum und wie. Festschrift für Hermann Clemm. München: C. H. Beck, S. 1–25.

Ballwieser, Wolfgang (2002): Informations-GoB – auch im Lichte von IAS und US-GAAP. In: *Kapitalmarktorientierte Rechnungslegung* 2 (3), S. 115–121.

Ballwieser, Wolfgang (2013a): Einige Anmerkungen zur Rechnungslegung der evangelischen Kirche. In: Walter Wallmann, Karsten Nowak, Peter Mühlhausen und Karl-Heinz Steingässer (Hg.): Moderne Finanzkontrolle und öffentliche Rechnungslegung. Denkschrift für Manfred Eibelshäuser. Köln: Luchterhand, S. 27–45.

Ballwieser, Wolfgang (2013b): Grundsätze ordnungsmäßiger Buchführung (Abschnitt B 105). In: Hans-Joachim Böcking, Edgar Castan, Gerd Heymann, Norbert Pfitzer und Eberhard Scheffler (Hg.): Beck'sches Handbuch der Rechnungslegung, I. München: Beck.

Ballwieser, Wolfgang; Zimmermann, Doris (2004): Bilanzrecht und Sprache. In: *Die Wirtschaftsprüfung, Sonderheft Wirtschaftsprüfung und Zeitgeist* 57, S. S73-S83.

Barth, Kuno (1963): Die Grundsätze ordnungsmäßiger Buchführung, betriebswirtschaftlich, handelsrechtlich und steuerlich – Ein geschichtlicher Aufriß. In: *Zeitschrift für handelswissenschaftliche Forschung*, S. 384–397.

Bauer, Dietrich (1989): Kirchlicher Finanzausgleich. In: Wolfgang Lienemann (Hg.): Die Finanzen der Kirche. Studien zu Struktur, Geschichte und Legitimation kirchlicher Ökonomie. München: Chr. Kaiser (Forschungen und Berichte der Evangelischen Studiengemeinschaft, 43), S. 109–129.

Becherer, Linus (2008): Bewertung einer Kirche. In: *Grundstücksmarkt und Grundstückswert* (2), S. 105–108.

Becherer, Linus (2011): Bewertung und Bilanzierung kirchlicher Immobilien. In: *Grundstücksmarkt und Grundstückswert* (1), S. 4–7.

Beisse, Heinrich (1988): Die Generalnorm des neuen Bilanzrechts. In: Georg Döllerer, Brigitte Knobbe-Keuk, Franz Klein und Adolf Moxter (Hg.): Handelsrecht und Steuerrecht. Festschrift für Dr. Dr. h.c. Georg Döllerer. Düsseldorf: IDW-Verlag, S. 25–44.

Beisse, Heinrich (1990): Rechtsfragen der Gewinnung von GoB. In: *Betriebswirtschaftliche Forschung und Praxis* (6), S. 499–514.

Beisse, Heinrich (1994): Zum neuen Bild des Bilanzrechtssystems. In: Wolfgang Ballwieser, Hans-Joachim Böcking, Jochen Drukarczyk und Reinhard H. Schmidt (Hg.): Bilanzrecht und Kapitalmarkt. Festschrift für Adolf Moxter. Düsseldorf: IDW-Verlag, S. 3–31.

Beulke, Eckart (1957/58): Bonner Grundgesetz und die Parität der Kirchen. In: *Zeitschrift für evangelisches Kirchenrecht* 6 (2), S. 127–153.

Blaschke, Klaus (2002): Die Kirchenfinanzierung in Deutschland. In: *Zeitschrift für evangelisches Kirchenrecht* 47, S. 395–416.

Bollmann, Ralph (2013): Kirchenfinanzen – Wie reich Deutschlands Kirchen wirklich sind. In: *Frankfurter Allgemeine Sonntagszeitung*, 20.10.2013 (42), S. 28–29. Online verfügbar unter http://www.faz.net/aktuell/politik/inland/limburg/kirchenfinanzen-wie-reich-deutschlands-kirchen-wirklich-sind-12624995.html, zuletzt geprüft am 07.01.2014.

Bolsenkötter, Heinz (2007): Vermögensgegenstände nach HGB, Vermögenswerte nach IAS/IFRS und IPSAS. Begriffe, Erfassung und Bewertung. In: Heinz Bolsenkötter

(Hg.): Die Zukunft des Öffentlichen Rechnungswesens. Reformtendenzen und internationale Entwicklung, Bd. 55. Baden-Baden: Nomos (Schriftenreihe der Gesellschaft für öffentliche Wirtschaft, 55), S. 91–120.

Böttcher, Hartmut (2007): Typen der Kirchenfinanzierung in Europa. In: *Zeitschrift für evangelisches Kirchenrecht* 52 (3), S. 400–424.

Brede, Helmut (2007): Eigenkapital und Eigenkapitalveränderungen im Öffentlichen Rechnungswesen. In: Heinz Bolsenkötter (Hg.): Die Zukunft des Öffentlichen Rechnungswesens. Reformtendenzen und internationale Entwicklung. Baden-Baden: Nomos (Schriftenreihe der Gesellschaft für öffentliche Wirtschaft, 55), S. 149–169.

Breidert, Ulrike; Rüdinger, Andreas (2008): Zur Eignung der handelsrechtlichen GoB für die Rechnungslegung der öffentlichen Verwaltung. Erste Erkenntnisse aus dem Reformprojekt in Hessen. In: *Der Konzern* (1), S. 32–42.

Brunotte, Heinz (1954): Die Grundordnung der Evangelischen Kirche in Deutschland. Ihre Entstehung und ihre Probleme. Berlin: Herbert Renner.

Brunotte, Heinz (1964): Die Evangelische Kirche in Deutschland. Geschichte, Organisation und Gestalt der EKD. Gütersloh: Gütersloher Verlagshaus Gerd Mohn (Evangelische Enzyklopädie, 1).

Campenhausen, Axel Frhr. von (1994a): Göttinger Gutachten. Kirchenrechtliche Gutachten in den Jahren 1980-1990. Tübingen: Mohr Siebeck (Jus Ecclesiasticum, 48).

Campenhausen, Axel Frhr. von; de Wall, Heinrich (2006): Staatskirchenrecht. Eine systematische Darstellung des Religionsverfassungsrechts in Deutschland und Europa. 4. Aufl. München: C. H. Beck.

Campenhausen, Axel Frhr. von; Munsonius, Hendrik (2009): Göttinger Gutachten III. Kirchenrechtliche Gutachten in den Jahren 2000-2008. Tübingen: Mohr Siebeck (Jus Ecclesiasticum, 88).

Campenhausen, Otto Frhr. von (1994b): Die Organisationsstruktur der evangelischen Kirche. In: Joseph Listl und Dietrich Pirson (Hg.): Handbuch des Staatskirchenrechts der Bundesrepublik Deutschland, Bd. 1. 2. Aufl. Berlin: Duncker & Humblot, S. 383–415.

Carstensen, Carsten (1996): Die ungeschmälerte Erhaltung des Stiftungsvermögens. In: *Die Wirtschaftsprüfung* 49 (22), S. 781–793.

Claessen, Herbert (2007): Grundordnung der Evangelischen Kirche in Deutschland. Kommentar und Geschichte. Hrsg. von Burkhard Guntau. Stuttgart: Otto Bauer.

Coenenberg, Adolf Gerhard (1975): Inflationsbereinigte Rechnungslegung – Diskussionsstand in Deutschland. In: *Die Aktiengesellschaft* 20 (5), S. 113–120.

Coenenberg, Adolf Gerhard; Haller, Axel; Schultze, Wolfgang (2012): Jahresabschluss und Jahresabschlussanalyse. Betriebswirtschaftliche, handelsrechtliche, steuerrechtliche und internationale Grundlagen – HGB, IAS/IFRS, US-GAAP, DRS. 22. Aufl. Stuttgart: Schäffer-Poeschel.

Deutsche Bischofskonferenz (2003): Umnutzung von Kirchen. Beurteilungskriterien und Entscheidungshilfen. Bonn (Arbeitshilfen, 175).

Döllerer, Georg (1959): Grundsätze ordnungsmäßiger Bilanzierung, deren Entstehung und Ermittlung. In: *Betriebs-Berater* 14 (34), S. 1217–1221.

Döllerer, Georg (1968): Statische oder dynamische Bilanz? In: *Betriebs-Berater* 23 (16), S. 637–641.

Ebers, Godehard Josef (1930): Staat und Kirche im neuen Deutschland. München: Max Hueber.

Eibelshäuser, Manfred (2006): Bilanzierungsgrundsätze und öffentliche Rechnungslegung. In: *Der Konzern* (9), S. 618–624.

Eibelshäuser, Manfred (2012): Erfahrungen mit der Doppik auf Landes- und kommunaler Ebene. In: *Die Wirtschaftsprüfung Sonderheft* (Sonderheft 2), S. S80-S84.

Engels, Dieter; Eibelshäuser, Manfred (2010): Öffentliche Rechnungslegung – Von der Kameralistik zur Doppik. Status – Reformen – Perspektiven. Köln: Carl Link Kommunalverlag.

Erchinger, Holger; Wendholt, Wolfgang (2008): Zum Referentenentwurf des Bilanzrechtsmodernisierungsgesetzes (BilMoG): Einführung und Überblick. In: *Der Betrieb* (Beilage 1 zu Heft 7), S. 4–6.

Evangelische Kirche im Rheinland (2013a): Das NKF-Projekt. Synodenbeschlüsse. Online verfügbar unter http://www.ekir.de/nkf/projekt/synodenbeschluesse.php, zuletzt geprüft am 07.01.2014.

Evangelische Kirche im Rheinland (2013b): Das Projekt "Einführung des Neuen Kirchlichen Finanzwesens (NKF) in der EKiR". Projektstand 2013. Online verfügbar unter http://www.ekir.de/nkf/projekt/projektentwicklung.php, zuletzt geprüft am 07.01.2014.

Evangelische Kirche in Deutschland (2006a): "Outputgesteuerter Haushalt – Zielorientiertes Rechnungswesen". Online verfügbar unter http://www.ekd.de/kirchenfinanzen/pdfs/konzept_fuer_ein_zielorientiertes_rechnungswesen.pdf, zuletzt geprüft am 07.01.2014.

Evangelische Kirche in Deutschland (2006b): Überblick der Vorschläge zur Novellierung des kirchlichen Haushalts-, Kassen- und Rechnungswesens. Online verfügbar unter http://www.ekd.de/kirchenfinanzen/pdfs/ueberblick_der_novellierungsvorschlaege.pdf, zuletzt geprüft am 07.01.2014.

Evangelische Kirche in Deutschland (2003): Mitgliederschwund der evangelischen Kirche dauert an. Online verfügbar unter http://www.ekd.de/aktuell_presse/news_2003_07_10_statistik.html, zuletzt geprüft am 07.01.2014.

Evangelische Kirche in Deutschland (2007): Der Finanzausgleich in der EKD. Online verfügbar unter http://www.ekd.de/kirchenfinanzen/pdfs/finanzausgleich.pdf, zuletzt geprüft am 07.01.2014.

Evangelische Kirche in Deutschland (2010): "RESONANZ" Umstellung des Rechnungswesens auf die Doppik. AUSZUG AUS DEM GROBKONZEPT, Zusammenfassung der Kernaussagen. Online verfügbar unter http://www.ekd.de/kirchenfinanzen/assets/100125_RESONANZ_Grobkonzept_Kapitel_0.pdf, zuletzt geprüft am 07.01.2014.

Evangelische Kirche in Deutschland (2012a): Finanzkennzahlen für die kirchliche Doppik. Online verfügbar unter http://www.ekd.de/kirchenfinanzen/assets/Finanzkennzahlen_in_der_kirchlichen_Doppik_2012.pdf, zuletzt geprüft am 07.01.2014.

Literaturverzeichnis

Evangelische Kirche in Deutschland (2012b): Grundkonzept für ein kirchliches Haushalts- und Rechnungswesen auf der Basis der kirchlichen Doppik. Online verfügbar unter http://www.ekd.de/kirchenfinanzen/assets/120911_Grundkonzept_fuer_die_kirchliche_Doppik.pdf, zuletzt geprüft am 07.01.2014.

Evangelische Kirche in Deutschland (2013a): Grundbesitz. Online verfügbar unter http://www.ekd.de/kirchenfinanzen/finanzen/674.html, zuletzt geprüft am 07.01.2014.

Evangelische Kirche in Deutschland (2013b): Haushalt 2014 der Evangelischen Kirche in Deutschland mit mittelfristiger Finanzplanung 2015 bis 2017. Online verfügbar unter http://www.ekd.de/kirchenfinanzen/assets/haushalt_ekd_2014(1).pdf, zuletzt geprüft am 07.01.2014.

Evangelische Kirche in Deutschland (2013c): Zahlen und Fakten zum kirchlichen Leben 2013. Online verfügbar unter http://www.ekd.de/download/zahlen_und_fakten_2013.pdf, zuletzt geprüft am 07.01.2014.

Evangelische Kirche in Deutschland (2013d): Kirchliche Bilanz. Online verfügbar unter http://ekd.de/kirchenfinanzen/finanzen/738.html, zuletzt geprüft am 07.01.2014.

Evangelische Kirche in Deutschland (2014): Die Gliedkirchen der EKD. Übersichtskarte. Online verfügbar unter http://www.ekd.de/kirche/gliedkirchen/karte.html, zuletzt geprüft am 07.01.2014.

Evangelische Kirche in Hessen und Nassau (2013): Jahresbericht der Evangelischen Kirche in Hessen und Nassau. Zahlen und Bilder aus den Jahren 2012/2013. Online verfügbar unter http://www.ekhn.de/fileadmin/content/ekhn.de/download/ekhn_jahresbericht/2012_13_Jahresbericht_gesamt.pdf, zuletzt geprüft am 07.01.2014.

Evangelische Landeskirche in Baden (2013): Verhandlungen der Landessynode der Evangelischen Landeskirche in Baden. 9. ordentliche Tagung vom 21. Oktober bis 25. Oktober 2012 (Amtszeit von Oktober 2008 bis Oktober 2014). Online verfügbar unter http://www2.ekiba.de/download/2012H_Verhandlungen_11_LS_09_Internet.pdf, zuletzt geprüft am 07.01.2014.

Evangelische Landeskirche in Württemberg (2013): "Die Staatsleistungen sind kein Geschenk, sondern Pachtzahlungen für eingezogenes Vermögen". Interview zum Geld der Kirche mit Finanzdezernent Oberkirchenrat Dr. Martin Kastrup. Online verfügbar unter http://www.elk-wue.de/arbeitsfelder/kirche-und-menschen/menschen-im-interview/dr-martin-kastrup-vollversion/, zuletzt geprüft am 07.01.2014.

Evangelisch-lutherische Landeskirche Hannovers (2013a): Aktenstück Nr. 34 A der XIII. Tagung der 24. Landessynode: Bericht des Finanzausschusses betr. Einführung der kaufmännischen Buchführung (Doppik). Online verfügbar unter http://www.landeskirche-hannovers.de/dms/evlka/wir-ueber-uns/landessynode/synode_24/dreizehnte-tagung-24-landessynode/aktenstuecke_13_24/Nr_34A/Nr_34A.pdf?1386592211/Nr_34A.pdf?1386592211, zuletzt geprüft am 03.04.2014.

Evangelisch-lutherische Landeskirche Hannovers (2013b): Evangelische Kirche gewinnt Rechtsstreit um Denkmalschutz. Kirchengemeinde will entwidmeten Nachkriegsbau verkaufen. Online verfügbar unter http://www.landeskirche-hannovers.de/evlka-de/presse-und-medien/nachrichten/2013/02/2013_02_26_, zuletzt geprüft am 07.01.2014.

Literaturverzeichnis

Evangelisch-lutherische Landeskirche Hannovers (2013c): Finanzausgleichsgesetz. Kirchengesetz zur Änderung des Finanzausgleichsgesetzes (FAG). Online verfügbar unter http://www.landeskirche-hannovers.de/evlka-de/wir-ueber-uns/landessynode/synoden-archiv/dreizehnte-tagung-der-24-landessynode/berichte/finanzausgleichsgesetz, zuletzt geprüft am 03.04.2014.

Fickert, Hans C.; Fieseler, Herbert (2008): Baunutzungsverordnung. Kommentar unter besonderer Berücksichtigung des deutschen und gemeinschaftlichen Umweltschutzes mit ergänzenden Rechts- und Verwaltungsvorschriften. 11. Aufl. Stuttgart: Kohlhammer.

Fischer, Erwin (1984): Trennung von Staat und Kirche. Die Gefährung der Religions- und Weltanschauungsfreiheit in der Bundesrepublik. 3. Aufl. Frankfurt am Main: Europäische Verlagsanstalt.

Förschle, Gerhart; Kropp, Manfred (2002): Eröffnungsbilanz des Einzelunternehmers (Abschnitt B.). In: Dieter Budde und Gerhart Förschle (Hg.): Sonderbilanzen. Von der Gründungsbilanz bis zur Liquidationsbilanz. 3. Aufl. München: C.H. Beck.

Forster, Karl-Heinz; Goerdeler, Reinhard; Lanfermann, Josef; Müller, Hans-Peter; Siepe, Günter; Stolberg, Klaus (1997): Adler/Düring/Schmaltz – Rechnungslegung und Prüfung der Unternehmen. Kommentar zum HGB, AktG, GmbHG, PublG nach den Vorschriften des Bilanzrichtlinien-Gesetzes. 6. Aufl. Stuttgart: Schäffer-Poeschel (Teilband 5).

Forster, Karl-Heinz; Goerdeler, Reinhard; Lanfermann, Josef; Müller, Hans-Peter; Siepe, Günter; Stolberg, Klaus (1998): Adler/Düring/Schmaltz – Rechnungslegung und Prüfung der Unternehmen. Kommentar zum HGB, AktG, GmbHG, PublG nach den Vorschriften des Bilanzrichtlinien-Gesetzes. 6. Aufl. Stuttgart: Schäffer-Poeschel (Teilband 6).

Frank, Johann (1970): Möglichkeiten und Formen gesamtkirchlicher Rechtsetzung. Karl Wagenmann zum 65. Geburtstag am 18. August 1970. In: *Zeitschrift für evangelisches Kirchenrecht* 15, S. 113–150.

Frerk, Carsten (2010): Violettbuch Kirchenfinanzen. Wie der Staat die Kirchen finanziert. Aschaffenburg: Alibri.

Frost, Herbert (1972): Strukturprobleme evangelischer Kirchenverfassung. Rechtsvergleichende Untersuchungen zum Verfassungsrecht der deutschen evangelischen Landeskirchen. Göttingen: Vandenhoeck & Ruprecht.

Frye-Grunwald, Brunhilde; Vogelbusch, Friedrich; van Lessen, Folkert (2011): Neues Finanzmanagement in den Kommunen und in den Kirchen – Gemeinsamkeiten und Unterschiede. In: *KVI im Dialog* (2), S. 10–18.

Geßler, Ernst (1965): Der Bedeutungswandel der Rechnungslegung im Aktienrecht. In: Volkmar Muthesius (Hg.): 75 Jahre Deutsche Treuhand-Gesellschaft 1890-1965. Frankfurt am Main: Deutsche Treuhandgesellschaft, S. 129–166.

Glanz, Stephan (2012): Bilanzierung von Kultur- und Naturalgütern (Heritage Assets). Internationale und Schweizer Harmonisierung in Sicht? In: Conrad Meyer und Dieter Pfaff (Hg.): Finanz- und Rechnungswesen Jahrbuch 2012. Zürich: WEKA, S. 133–160.

Gröpl, Christoph (2006): Verwaltungsdoppik oder Kameralistik – ein Vergleich. In: Winfried Kluth (Hg.): Jahrbuch des Kammer- und Berufsrechts 2005. Baden-Baden: Nomos, S. 80–111.

Großfeld, Bernhard; Dieckmann, Hans (1988): Gemeinsame Grundlagen des europäischen Bilanzrechts. In: *Die Wirtschaftsprüfung* (14), S. 419–429.

Gutenberg, Erich (1965): Bilanztheorie und Bilanzrecht. In: *Schmalenbachs Zeitschrift für betriebswirtschaftliche Forschung* (1), S. 13–20.

Hax, Karl (1957): Die Substanzerhaltung der Betriebe. Köln: Westdeutscher Verlag.

Herrmann, Renate (1969): Der Niederschlag der dynamischen Bilanzauffassung Schmalenbachs im Handels- und Steuerbilanzrecht. Würzburg: W. Schmitt und M. Meyer.

Hinz, Michael (2013a): Bild der Vermögens-, Finanz- und Ertragslage (Abschnitt B 106). In: Hans-Joachim Böcking, Edgar Castan, Gerd Heymann, Norbert Pfitzer und Eberhard Scheffler (Hg.): Beck'sches Handbuch der Rechnungslegung, I. München: Beck.

Hinz, Michael (2013b): Zweck und Inhalt des Jahresabschlusses und Lageberichts (Abschnitt B 100). In: Hans-Joachim Böcking, Edgar Castan, Gerd Heymann, Norbert Pfitzer und Eberhard Scheffler (Hg.): Beck'sches Handbuch der Rechnungslegung, I. München: Beck.

Hollerbach, Alexander (1989): § 139 Der verfassungsrechtliche Schutz kirchlicher Organisationen. In: Josef Isensee und Paul Kirchhof (Hg.): Handbuch des Staatsrechts der Bundesrepublik Deutschland. Heidelberg: C. F. Müller (VI Freiheitsrechte), S. 557–593.

Innenministerkonferenz der Länder, Arbeitskreis "Kommunale Angelegenheiten" Unterausschuss "Reform des Gemeindehaushaltsrechts" (2000): Eckpunkte für ein kommunales Haushaltsrecht zu einem doppischen Haushalts- und Rechnungssystem der Innenministerkonferenz (IMK) vom 9.-10. Oktober 2000. Bonn. Online verfügbar unter http://www.foev-speyer.de/doppik/Downloads/IMK%20Eckpunktepapier%2010%202000.pdf, zuletzt geprüft am 07.01.2014.

Institut der Wirtschaftsprüfer in Deutschland e.V. (2004): IDW Stellungnahme: Entwurf eines Gesetzes zur Änderung des kommunalen Wirtschafts- und Haushaltsrechts sowie weiterer kommunalverfassungsrechtlicher Vorschriften. In: *Die Wirtschaftsprüfung* (13), S. 719–722.

International Federation of Accountants (IFAC) (2007): IPSAS Adoption by Governments. Online verfügbar unter http://www.ifac.org/sites/default/files/publications/files/IPSAS_Adoption_Governments.pdf, zuletzt geprüft am 07.01.2014.

International Federation of Accountants (IFAC) (2012): Handbook of International Public Sector Accounting Pronouncements. New York.

International Federation of Accountants (IFAC) (2014): Members. Online verfügbar unter http://www.ifac.org/about-ifac/membership/members, zuletzt geprüft am 07.01.2014.

International Financial Reporting Standards Foundation (2013): IFRS application around the world. Analysis of the IFRS jurisdictional profiles. Online verfügbar unter http://www.ifrs.org/Use-around-the-world/Pages/Analysis-of-the-IFRS-jurisdictional-profiles.aspx, zuletzt geprüft am 07.01.2014.

Literaturverzeichnis

Jacobs, Otto H.; Schreiber, Ulrich (1979): Betriebliche Kapital- und Substanzerhaltung in Zeiten steigender Preise. Stuttgart: Poeschel.

Katz, Alfred (2012): § 77 Allgemeine Haushaltsgrundsätze. In: Richard Kunze, Otto Bronner und Alfred Katz: Gemeindeordnung für Baden-Württemberg. 4. Aufl. Stuttgart: Kohlhammer.

Kippes, Stephan (2010): Vertrieb und Marketing von kirchlichen Immobilien. In: Dagmar Reiß-Fechter (Hg.): Kirchliches Immobilienmanagement. Der Leitfaden. 2. Aufl. Berlin: Wichern-Verlag, S. 242–256.

Kirchhof, Paul (1994): § 22 Die Kirchen als Körperschaften des öffentlichen Rechts. In: Joseph Listl und Dietrich Pirson (Hg.): Handbuch des Staatskirchenrechts der Bundesrepublik Deutschland, Bd. 1. 2. Aufl. Berlin: Duncker & Humblot, S. 651–687.

Kleiber, Wolfgang (2010): Grundlagen der Bewertung von Spezial- und Sonderimmobilien. In: Dagmar Reiß-Fechter (Hg.): Kirchliches Immobilienmanagement. Der Leitfaden. 2. Aufl. Berlin: Wichern-Verlag, S. 168–209.

Kleiber, Wolfgang; Fischer, Roland; Schröter, Karsten (2010): Verkehrswertermittlung von Grundstücken. Kommentar und Handbuch zur Ermittlung von Marktwerten (Verkehrswerten), Versicherungs- und Beleihungswerten. 6. Aufl. Stuttgart: Deutscher Sparkassenverlag.

Kozikowski, Michael; Huber, Frank (2012): § 268. In: Helmut Ellrott, Gerhart Förschle, Bernd Grottel, Michael Kozikowski, Norbert Winkeljohann und Stefan Schmidt (Hg.): Beck'scher Bilanz-Kommentar. Handels- und Steuerbilanz §§ 238 bis 339, 342 bis 342e HGB mit IFRS-Abweichungen. 8. Aufl. München: Beck.

Kozikowski, Michael; Kreher, Markus (2012): § 253. In: Helmut Ellrott, Gerhart Förschle, Bernd Grottel, Michael Kozikowski, Norbert Winkeljohann und Stefan Schmidt (Hg.): Beck'scher Bilanz-Kommentar. Handels- und Steuerbilanz §§ 238 bis 339, 342 bis 342e HGB mit IFRS-Abweichungen. 8. Aufl. München: Beck.

Kropff, Bruno (1966): Bilanzwahrheit und Ermessensspielraum in den Rechnungslegungsvorschriften des Aktiengesetzes 1965. In: *Die Wirtschaftsprüfung* 19 (14/15), S. 369–380.

Lamers, Alfons (1981): Aktivierungsfähigkeit und Aktivierungspflicht immaterieller Werte. München: Florentz (Hochschulschriften zur Betriebswirtschaftslehre, 2).

Leffson, Ulrich (1986): Bild der tatsächlichen Verhältnisse. In: Ulrich Leffson, Dieter Rückle und Bernhard Großfeld (Hg.): Handwörterbuch unbestimmter Rechtsbegriffe im Bilanzrecht des HGB. Köln: O. Schmidt, S. 94–105.

Leffson, Ulrich (1987): Die Grundsätze ordnungsmäßiger Buchführung. 7. Aufl. Düsseldorf: IDW-Verlag.

Leimkühler, Claudia (2004): Unternehmensrechnung und ihre Überwachung in kirchlichen Verwaltungen. Eine Analyse aus Sicht der Katholischen Kirche in Deutschland. Frankfurt am Main: Peter Lang.

Leisner, Walter (1991): Staatliche Rechnungsprüfung kirchlicher Einrichtungen unter besonderer Berücksichtigung der karitativen Tätigkeit. Berlin: Duncker & Humblot (Schriften zum öffentlichen Recht, 600).

Liermann, Hans (1933): Deutsches Evangelisches Kirchenrecht. Stuttgart: Ferdinand Enke (Bibliothek des öffentlichen Rechts, V).

Lindner, Berend (2002): Entstehung und Untergang von Körperschaften des öffentlichen Rechts. Unter besonderer Berücksichtigung der Religions- und Weltanschauungsgemeinschaften. Frankfurt am Main: Peter Lang (Schriften zum Staatskirchenrecht, 6).

Lohrmann, Günther (1989): Bewertung von Kirchengebäuden und ihren Einrichtungen. Kassel: Hessische Brandversicherungsanstalt.

Lohse, Bernhard (1997): Martin Luther: eine Einführung in sein Leben und sein Werk. 3. Aufl. München: C. H. Beck.

Loibl, Roswitha (2008): Kirchenschätze. In: *Immobilien-Manager* (4), S. 50–52.

Lüdenbach, Norbert; Hoffmann, Wolf-Dieter (2013): Haufe IFRS-Kommentar. 11. Aufl. Freiburg im Breisgau: Haufe.

Lüder, Klaus (2003): Vom Ende der Kameralistik. Vortrag im Sommersemester 2003. Speyer: Deutsche Hochschule für Verwaltungswissenschaften Speyer (Speyerer Vorträge, 74).

Mahlstedt, Hans (2010): Rechtsgrundlagen. In: Dagmar Reiß-Fechter (Hg.): Kirchliches Immobilienmanagement. Der Leitfaden. 2. Aufl. Berlin: Wichern-Verlag, S. 210–218.

Mainusch, Rainer (1994): Staatliche Rechnungsprüfung gegenüber kirchlichen Einrichtungen. In: *Neue Zeitschrift für Verwaltungsrecht* 13 (8), S. 736–741.

Mainusch, Rainer (2004): Staatskirchenrechtliche Überlegungen zur kirchlichen Organisationsgewalt. In: *Zeitschrift für evangelisches Kirchenrecht* 49, S. 285–310.

Marettek, Christian; Dörschell, Andreas; Hellenbrand, Andreas (2006): Kommunales Vermögen richtig bewerten. Haufe Praxisratgeber zur Erstellung der Eröffnungsbilanz und als Grundlage der erweiterten Kameralistik. 2. Aufl. München: Haufe.

Marianek, Silvia; Vogelbusch, Friedrich (2009): Überlegungen zur Bilanzierung von Kirchen und Kapellen. In: *KVI im Dialog* (2), S. 6–16.

Mertes, Martin (2000): Controlling in der Kirche. Aufgaben, Instrumente und Organisation dargestellt am Beispiel des Bistums Münster. Gütersloh: Kaiser (Leiten, Lenken, Gestalten, 7).

Metzmacher, Wolfgang; Krikler, Manfred (2004): Gebäudeschätzung über die Bruttogeschossfläche. Arbeitshandbuch zur Ermittlung von Gebäudeschätzwerten im Hochbau. 2. Aufl. Köln: Bundesanzeiger-Verlag.

Moxter, Adolf (1976): Fundamentalgrundsätze ordnungsmäßiger Rechenschaft. In: Jörg Baetge, Adolf Moxter und Dieter Schneider (Hg.): Bilanzfragen. Festschrift zum 65. Gebrutstag von Prof. Dr. Ulrich Leffson. Düsseldorf: IDW-Verlag, S. 87–100.

Moxter, Adolf (1978): Aktivierungsgrenzen bei "immateriellen Anlagewerten". In: *Betriebs-Berater* (17), S. 821–825.

Moxter, Adolf (1982): Bilanzlehre. 2. Aufl. Wiesbaden: Gabler.

Moxter, Adolf (1984): Das Realisationsprinzip – 1884 und heute. In: *Betriebs-Berater* (28), S. 1780–1786.

Moxter, Adolf (1986): Bilanzlehre. Band II - Einführung in das neue Bilanzrecht. 3. Aufl. Wiesbaden: Gabler.

Moxter, Adolf (1987): Zum Sinn und Zweck des handelsrechtlichen Jahresabschlusses nach neuem Recht. In: Reinhard Goerdeler und Hans Havermann (Hg.): Bilanz- und Konzernrecht. Festschrift zum 65. Geburtstag von Dr. Dr. h.c. Reinhard Goerdeler. Düsseldorf: IDW-Verlag, S. 361–374.

Moxter, Adolf (1995): Zum Verhältnis von handelsrechtlichen Grundsätzen ordnungsmäßiger Bilanzierung und True-and-fair-view-Gebot bei Kapitalgesellschaften. In: Gerhart Förschle, Klaus Kaiser und Adolf Moxter (Hg.): Rechenschaftslegung im Wandel. Festschrift für Wolfgang Dieter Budde. München: C.H. Beck, S. 419–429.

Moxter, Adolf (2000): Rechnungslegungsmythen. In: *Betriebs-Berater* 55 (42), S. 2143–2149.

Moxter, Adolf (2003): Grundsätze ordnungsgemäßer Rechnungslegung. Düsseldorf: IDW-Verlag.

Moxter, Adolf (2007): Bilanzrechtsprechung. 6. Aufl. Tübingen: Mohr Siebeck.

Mühlenkamp, Holger; Glöckner, Andreas (2009): Rechtsvergleich kommunale Doppik. Eine Synopse und Analyse ausgewählter Themenfelder des neuen, doppischen kommunalen Haushaltsrechts der Bundesländer. Speyer: Deutsches Forschungsinstitut für Öffentliche Verwaltung (Speyerer Forschungsberichte, 260).

Münstermann, Hans (1966): Dynamische Bilanz: Grundlagen, Weiterentwicklung und Bedeutung in der neuesten Bilanzdiskussion. In: *Schmalenbachs Zeitschrift für betriebswirtschaftliche Forschung* 18, S. 512–531.

Nordmann, Hans-Georg (1982): Kirchliches Finanz- und Haushaltsrecht. In: *Zeitschrift für evangelisches Kirchenrecht* 27, S. 155–163.

Nowak, Karsten; Ranscht-Ostwald, Anja; Schmitz, Stefanie (2013): Öffentliches Rechnungswesen: Haushaltsplanung, Haushaltsrechnung und Haushaltssteuerung (Abschnitt B 990). In: Hans-Joachim Böcking, Edgar Castan, Gerd Heymann, Norbert Pfitzer und Eberhard Scheffler (Hg.): Beck'sches Handbuch der Rechnungslegung, II. München: Beck.

Organisation for Economic Co-Operation and Develepment (OECD) (2002): OECD Annual Report 2002. Online verfügbar unter http://www.oecd.org/about/2080 175.pdf, zuletzt geprüft am 07.01.2014.

Otto, Martin (2012): Landeskirchen. In: Hans Michael Heinig und Hendrik Munsonius (Hg.): 100 Begriffe aus dem Staatskirchenrecht. Tübingen: Mohr Siebeck, S. 154–158.

Peffekoven, Rolf (1980): Finanzausgleich. I: Wirtschaftstheoretische Grundlagen. In: Willi Albers (Hg.): Handwörterbuch der Wirtschaftswissenschaft, Bd. 2. Stuttgart, New York: Gustav Fischer, S. 608–636.

Pirson, Dietrich (1965): Universalität und Partikularität der Kirche. Die Rechtsproblematik zwischenkirchlicher Beziehungen. München: Claudius (Jus Ecclesiasticum, 1).

Rapp, Erich (2010): Finanzierung kirchlicher Immobilien – langfristige Perspektiven. In: Dagmar Reiß-Fechter (Hg.): Kirchliches Immobilienmanagement. Der Leitfaden. 2. Aufl. Berlin: Wichern-Verlag, S. 257–273.

Rieger, Wilhelm (1938): Über Geldwertschwankungen. Stuttgart: Kohlhammer.

Rosenstock, Susanne (2000): Die Selbstverwaltung evangelischer Kirchengemeinden. Frankfurt am Main: Peter Lang (Europäische Hochschulschriften, Reihe II Rechtswissenschaft, 2944).

Rossberg, P.; Saure, H.-W (2013): So reich ist die Kirche. Weingüter, TV-Produktion, Banken und Versicherungen. In: *Bild*, 17.10.2013, S. 1 und 6.

Roß, Norbert (1996): Gemeinsamkeiten und Unterschiede handels- und steuerrechtlicher Aktivierungskonzeptionen. In: Jörg Baetge (Hg.): Rechnungslegung und Prüfung 1996. Vorträge der Jahre 1993 - 1996 vor dem Münsteraner Gesprächskreis Rechnungslegung und Prüfung e.V. Düsseldorf: IDW-Verlag, S. 231–253.

Rückle, Dieter (1993): Bilanztheorie. In: Klaus Chmielewicz (Hg.): Handwörterbuch des Rechnungswesens. 3. Aufl. Stuttgart: Schäffer-Poeschel, Sp. 249-261.

Schäfer, Christoph (2013): Finanzskandal. Auch die Protestanten leiden unter Limburg. In: *Frankfurter Allgemeine Zeitung*, 24.12.2013, S. 11. Online verfügbar unter http://www.faz.net/aktuell/wirtschaft/menschen-wirtschaft/finanzskandal-auch-die-protestanten-leiden-unter-limburg-12725891.html, zuletzt geprüft am 08.01.2014.

Schilberg, Arno (2010): Kirchengemeinden und Landeskirche. Eine Verhältnisbestimmung. In: *Zeitschrift für evangelisches Kirchenrecht* 55 (1), S. 92–100.

Schildbach, Thomas (1987): Die neue Generalklausel für den Jahresabschluß von Kapitalgesellschaften – zur Interpretation des Paragraphen 264 Abs. 2 HGB. In: *Betriebswirtschaftliche Forschung und Praxis* 39 (1), S. 1–15.

Schmalenbach, Eugen (1906): Bedarf die Aktiengesellschaft der doppelten Buchführung? In: *Zeitschrift für handelswissenschaftliche Forschung* 1, S. 41–45.

Schmalenbach, Eugen (1919): Grundlagen dynamischer Bilanzlehre. In: *Zeitschrift für handelswissenschaftliche Forschung* 13, S. 1-60, 65-101.

Schmalenbach, Eugen (1988): Dynamische Bilanz. Unveränderter Nachdruck der 13. Auflage von 1962. Darmstadt: Wissenschaftliche Buchgesellschaft.

Schmidt, Adalbert (2010): Immobilien der Kirche – eine Übersicht. In: Dagmar Reiß-Fechter (Hg.): Kirchliches Immobilienmanagement. Der Leitfaden. 2. Aufl. Berlin: Wichern-Verlag, S. 22–29.

Schmidt, Fritz (1951): Die organische Tageswertbilanz. Unveränderter Nachdruck der 3. Auflage von 1929. Wiesbaden: Gabler.

Schneider, Dieter (1983): Rechtsfindung durch Deduktion von Grundsätzen ordnungsmäßiger Buchführung aus gesetzlichen Jahresabschlusszwecken? In: *Steuer und Wirtschaft* (2), S. 141–160.

Schneider, Dieter (1993): Geschichte der Buchhaltung und Bilanzierung. In: Klaus Chmielewicz (Hg.): Handwörterbuch des Rechnungswesens. 3. Aufl. Stuttgart: Schäffer-Poeschel, Sp. 712-721.

Schneider, Dieter (1994): Betriebswirtschaftslehre Band 2: Rechnungswesen. 1. Aufl. München: Oldenbourg.

Schneider, Dieter (1995): Betriebswirtschaftslehre Band 1: Grundlagen. 2. Aufl. München: Oldenbourg.

Schneider, Dieter (1997): Betriebswirtschaftslehre Band 2: Rechnungswesen. 2. Aufl. München: Oldenbourg.

Literaturverzeichnis

Schneider, Dieter (2001): Betriebswirtschaftslehre Band 4: Geschichte und Methoden der Wirtschaftswissenschaft. München: Oldenbourg.

Schreyer, Michaele (2004): Accounting in the public sector - European Commission perspectives -. In: *Die Wirtschaftsprüfung Sonderheft*, S. S7-S11.

Schwarz, Friedhelm (2005): Wirtschaftsimperium Kirche. Der mächtigste Konzern Deutschlands. Frankfurt am Main: Campus.

Scott, William R. (2011): Financial accounting theory. 6. Aufl. Toronto, Ontario: Pearson Canada.

Seibert, Ulrich; Decker, Daniela (2006): Das Gesetz über elektronische Handelsregister und Genossenschaftsregister sowie das Unternehmensregister (EHUG) – Der "Big Bang" im Recht der Unternehmenspublizität. In: *Der Betrieb* (45), S. 2246–2451.

Siegel, Theodor (2007): Anschaffungskosten und ihre Relevanz im System des Rechnungswesens. In: Hans-Jürgen Kirsch und Stefan Thiele (Hg.): Rechnungslegung und Wirtschaftsprüfung. Festschrift zum 70. Geburtstag von Professor Dr. Dr. h.c. Jörg Baetge. Düsseldorf: IDW-Verlag, S. 591–623.

Simon, Herman Veit (1910): Die Bilanzen der Aktiengesellschaften und der Kommanditgesellschaften auf Aktien. 4. Aufl. Berlin: Guttentag.

Solmecke, Henrik (2009): Auswirkungen des Bilanzrechtsmodernisierungsgesetzes (BilMoG) auf die handelsrechtlichen Grundsätze ordnungsmäßiger Buchführung. Düsseldorf: IDW-Verlag.

Solte, Ernst-Lüder (1994): Die Organisationsstruktur der übrigen als öffentliche Körperschaften verfaßten Religionsgemeinschaften und ihre Stellung im Staatskirchenrecht. In: Joseph Listl und Dietrich Pirson (Hg.): Handbuch des Staatskirchenrechts der Bundesrepublik Deutschland, Bd. 1. 2. Aufl. Berlin: Duncker & Humblot, S. 417–436.

Ständige Konferenz der Innenminister und -senatoren der Länder (2003): Beschlussniederschrift über die 173. Sitzung der Ständigen Konferenz der Innenminister und -senatoren der Länder am 21. November 2003 in Jena. TOP 26: Reform des Gemeindehaushaltsrechts; Von einem zahlungsorientierten zu einem ressourcenorientierten Haushalts- und Rechnungswesen. Jena.

Stiftung Frauenkirche Dresden (2014): Daten und Fakten. Online verfügbar unter http://www.frauenkirche-dresden.de/daten-fakten-aufbau.html, zuletzt geprüft am 07.01.2014.

Streim, Hannes (1994): Die Generalnorm des § 264 Abs. 2 HGB – Eine kritische Analyse. In: Wolfgang Ballwieser, Hans-Joachim Böcking, Jochen Drukarczyk und Reinhard H. Schmidt (Hg.): Bilanzrecht und Kapitalmarkt. Festschrift für Adolf Moxter. Düsseldorf: IDW-Verlag, S. 391–406.

Streitferdt, Lothar (1994): Ansätze zu einer betriebswirtschaftlich orientierten Reform des öffentlichen Rechnungswesens. In: Wolfgang Ballwieser, Hans-Joachim Böcking, Jochen Drukarczyk und Reinhard H. Schmidt (Hg.): Bilanzrecht und Kapitalmarkt. Festschrift für Adolf Moxter. Düsseldorf: IDW-Verlag, S. 861–882.

Stutz, Ulrich (1926): Die päpstliche Diplomatie unter Leo XIII. nach den Denkwürdigkeiten des Kardinals Domenico Ferrata. Berlin: de Gruyter.

Synode der Evangelischen Kirche in Hessen und Nassau (2013): Entwurf eines Kirchengesetzes über die Feststellung des Haushaltsplans der Evangelischen Kirche in Hessen und Nassau mit Gesamtbudget, Stellenplan und Anlagen für das Haushaltsjahr 2014. Drucksache Nr. 60/13. Online verfügbar unter http://www.kirchenrecht-ekhn.de/static/28132.pdf, zuletzt geprüft am 07.01.2014.

Thiele, Stefan (2013): § 246. In: Jörg Baetge, Hans-Jürgen Kirsch und Stefan Thiele: Bilanzrecht. Handelsrecht mit Steuerrecht und den Regelungen des IASB. München: Stollfuß.

Thomes, Eckhard M. (2006): Rechnungslegung der Katholischen Kirche. Besonderheiten dargestellt am Beispiel der Pensionsverpflichtungen gegenüber Priestern. Frankfurt am Main: Peter Lang (Europäische Hochschulschriften, Reihe V Volks- und Betriebswirtschaft, 3196).

Tubbesing, Günter (1979): "A True and Fair View" im englischen Verständnis und 4. EG-Richtlinie. In: *Die Aktiengesellschaft* 24 (4), S. 91–95.

Vogelbusch, Friedrich (2012): Transparenz in Welt und Kirche. In: *KVI im Dialog* (1), S. 12–20.

Vogelbusch, Friedrich; Spier, Fabian; Schneider Falko (2008): Finanzen – Von der Kameralistik zur Doppik. In: *KVI im Dialog* (1), S. 6–13.

Vogelpoth, Norbert (2004): Vergleich der IPSAS mit den deutschen Rechnungslegungsgrundsätzen für den öffentlichen Bereich. In: *Die Wirtschaftsprüfung Sonderheft*, S. S23-S40.

Vogelpoth, Norbert; Dörschell, Andreas (2001): Internationale Rechnungslegungsstandards für öffentliche Verwaltungen – Das Standards-Project des IFAC Public Sector Committee –. In: *Die Wirtschaftsprüfung* 54 (14/15), S. 752–762.

Vogelpoth, Norbert; Dörschell, Andreas; Viehweger, Catherine (2002): Die Bilanzierung und Bewertung von Sachanlagevermögen nach den International Public Sector Accounting Standards. In: *Die Wirtschaftsprüfung* 55 (24), S. 1360–1371.

Weber, Hermann (1966): Die Religionsgemeinschaften als Körperschaften des öffentlichen Rechts im System des Grundgesetzes. Berlin: Duncker & Humblot (Schriften zum öffentlichen Recht, 32).

Wick, Volker (2007): Die Trennung von Staat und Kirche. Tübingen: Mohr Siebeck (Jus Ecclesiasticum, 81).

Winkel, Burghard (2001): Zum Grundsatz der Unveräußerlichkeit kirchlichen Vermögens. In: *Zeitschrift für evangelisches Kirchenrecht* 46, S. 418–439.

Winter, Jörg (2001): Staatskirchenrecht der Bundesrepublik Deutschland. Eine Einführung mit kirchenrechtlichen Exkursen. Neuwied: Luchterhand.

Zentrum Ökumene der Evangelischen Kirche in Hessen und Nassau (2010): Wenn kirchliche Gebäude zum Verkauf anstehen. Kriterien für eine Entscheidung. Online verfügbar unter http://www.zentrum-oekumene-ekhn.de/fileadmin/content/Materialien/Dokumentationen/Broschueren/Wenn_kirchliche_Gebaeude.pdf, zuletzt geprüft am 07.01.2014.

Zülch, Henning (2003): Die Bilanzierung von Investment Properties nach IAS 40. Düsseldorf: IDW-Verlag (Schriften des Instituts für Revisionswesen der Westfälischen Wilhelms-Universität Münster).